STAR GUIDE TO SEX

Das Liebeshoroskop für alle Sternzeichen

JUDI JACOBS

evergreen

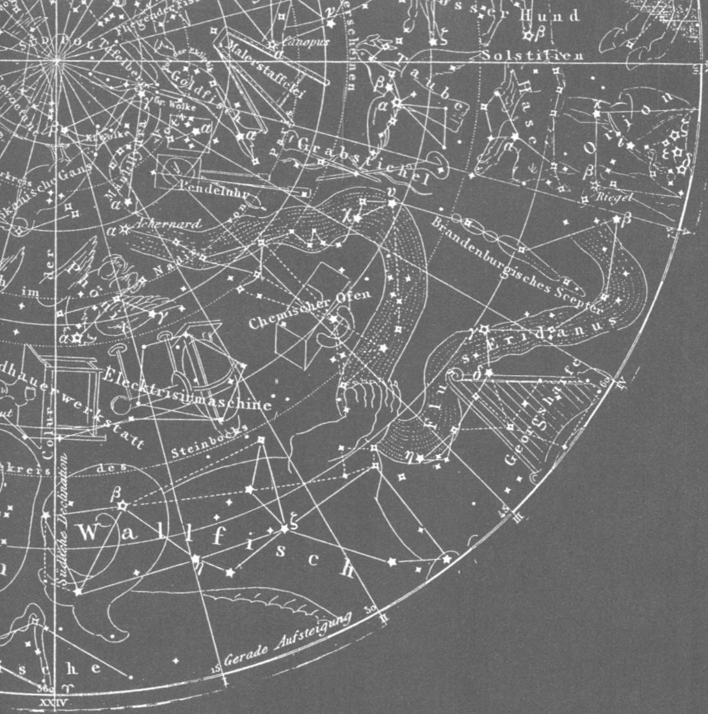

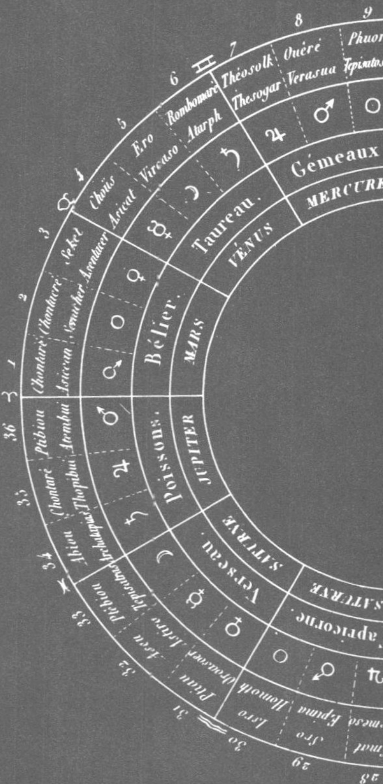

EVERGREEN is an imprint of
Benedikt Taschen Verlag GmbH

Hohenzollernring 53, D-50672 Köln

Übersetzung aus dem Englischen
(für APE, Overath): Gaby Horvath, Zug
Redaktion und Satz der deutschen Ausgabe:
Agents–Producers–Editors, Overath

Printed in China
ISBN 3-8228-6946-5

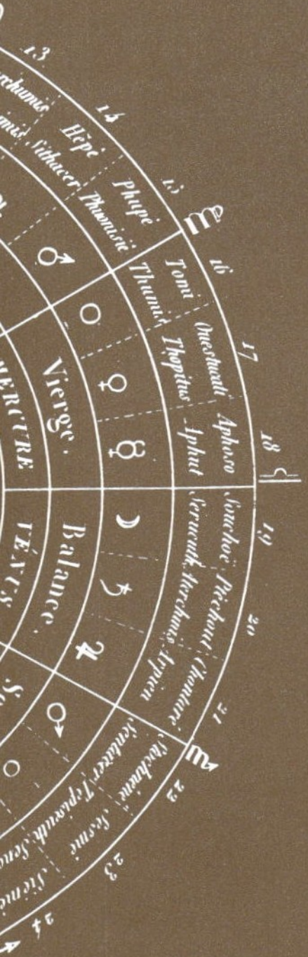

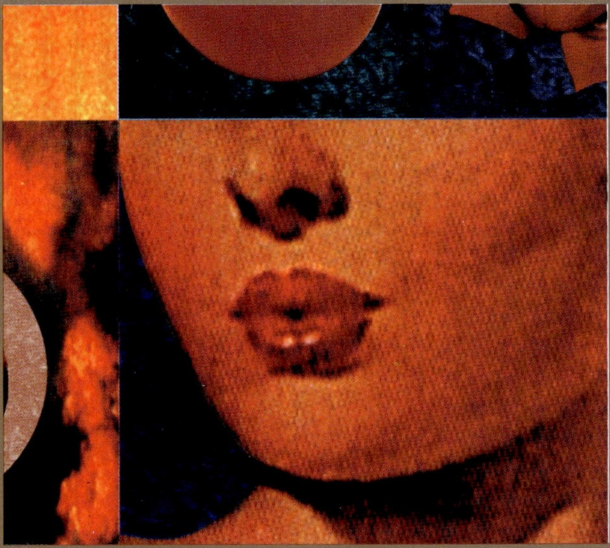

INHALT

STERNZEICHEN UND SEX

OB MAN ES NUN ROMANTIK, VERLANGEN, LIEBE ODER LUST NENNT, AUF DIE EINE ODER ANDERE WEISE BESCHÄFTIGT SEX JEDEN MENSCHEN. Fast jeder möchte wissen, wie er den richtigen Partner für sich gewinnen kann, ob ein Verhältnis von Dauer sein wird oder ein kurzes Abenteuer bleibt. Die Antwort ergibt sich aus der Kombination Ihres eigenen sexuellen Wesens mit dem Ihres Partners. Und hier kommt die Astrologie ins Spiel. Sie hilft Ihnen, sich selbst, Ihr Liebesleben und Ihre Partner besser verstehen zu lernen. Astrologen glauben, daß sich aus der Planetenkonstellation zum Zeitpunkt der Geburt das Grundmuster einer zukünftigen Persönlichkeit ergibt. Dieses für jeden einmalige Grundmuster nennt man Geburtshoroskop. Es erlaubt tiefe Einblicke in die eigene Persönlichkeit, Ihre Beziehungen zu anderen Menschen und gibt Auskunft über die sexuelle Ausstrahlung der einzelnen Sternzeichen, darüber, ob jemand eher prüde oder aufgeschlossen ist. So können potentiell harmonisierende Partner ausfindig gemacht, schnelle Verführungstaktiken aufgezeigt und intimste sexuelle Phantasien enthüllt werden.

Schon immer haben uns sexuelle Beziehungen fasziniert. Sie sind elementare Bestandteile des Lebens.

Mit Hilfe der Astrologie lassen sich die Wechselwirkungen zwischen Partnern analysieren. Durch die Gegenüberstellung der beiden individuellen Geburtshoroskope und die Kraftfelder der jeweiligen Energien können die eine Beziehung beherrschenden und ihr zugrunde liegenden Aspekte ermittelt werden. Durch die Identifizierung der sexuellen Eigenschaften und der individuellen Bedürfnisse eines jeden Partners ergeben sich Bereiche von Übereinstimmung oder Disharmonie.

Darüber hinaus gibt die Astrologie Hinweise darauf, welcher Sexualpartner Sie anzieht, wie ausgeprägt und offen oder wie versteckt Ihr Sexualtrieb sich äußert. Sie beschreibt, was Ihre sexuellen Phantasien vorwiegend anregt und ausmacht. Die Position des Mondes in den Tierkreiszeichen sagt etwas über tiefste innere Gefühle aus, die die Einstellung zum Sex tendenziell beeinflussen.

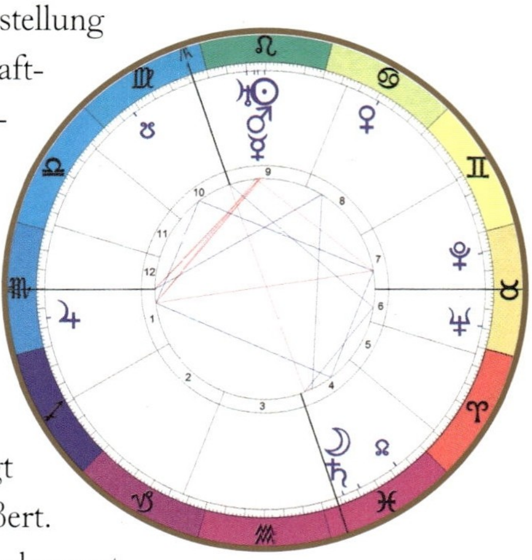

Das Geburtshoroskop kann Ihre Träume, Sehnsüchte und Ideale enthüllen.

Was Ihr Sternzeichen verrät

Um etwas über sich zu erfahren, sollten Sie das Sternzeichen – bzw. »Tierkreiszeichen« – unter dem Sie geboren wurden, kennen. Da alle Menschen, die unter demselben Sternzeichen geboren wurden, bestimmte gemeinsame Eigenschaften haben, lassen sich Rückschlüsse auf ihre Charaktere ziehen – und auf ihre Sexualität.

Sternzeichen können auf Anziehungskräfte hindeuten, was aber nicht heißt, daß man zusammenpassen muß. Basiert die Anziehung nur auf dem Einfluß eines magnetischen Sternzeichens, so mögen zwar die Funken sprühen, die Beziehung wird aber vermutlich nur von kurzer Dauer sein.

ASTROLOGISCHE SYMBOLE UND DATEN

Sternzeichen	Symbol	Daten	Planetenherrschaft	Symbole
Widder	♈	21. März–20. April	Mars	♂
Stier	♉	21. April–21. Mai	Venus	♀
Zwillinge	♊	22. Mai–21. Juni	Merkur	☿
Krebs	♋	22. Juni–23. Juli	Mond	☽
Löwe	♌	24. Juli–23. Aug.	Sonne	☉
Jungfrau	♍	24. Aug.–23. Sept.	Merkur	☿
Waage	♎	24. Sept.–23. Okt.	Venus	♀
Skorpion	♏	24. Okt.–22. Nov.	Mars, Pluto	♂ ♇
Schütze	♐	23. Nov.–22. Dez.	Jupiter	♃
Steinbock	♑	23. Dez.–20. Jan.	Saturn	♄
Wassermann	♒	21. Jan.–19. Feb.	Saturn; Uranus	♄ ♅
Fische	♓	20. Feb.–20. März	Jupiter; Neptun	♃ ♆

Lust und Libido

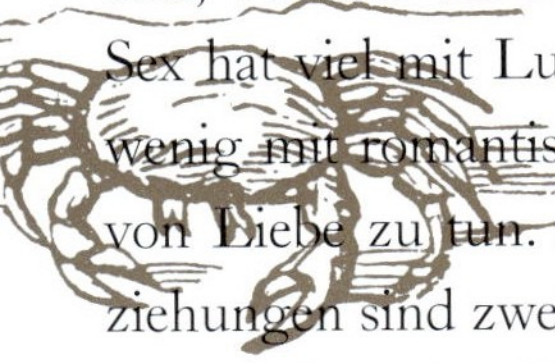

Sex ist eine der wesentlichen Lebensenergien, die sich in magnetischer Anziehungskraft äußert. Es sollte klar sein, worüber wir hier genau sprechen. Sex hat viel mit Lust und Libido und wenig mit romantischen Vorstellungen von Liebe zu tun. Auch Sex und Beziehungen sind zweierlei, da neben Sex noch viele andere Faktoren eine Partnerschaft prägen. Ein besseres Verständnis der Sexualität kann eine Beziehung aber durchaus fördern. Ein befriedigendes Sexualleben basiert nicht nur auf gegenseitiger Anziehung, sondern vielmehr auf der Vereinbarkeit sexueller Triebe und der Erfüllung individueller sexueller Bedürfnisse. Daher sind Sex und Libido Grundelemente einer Beziehung. Beide werden im Augenblick der Geburt am Himmel festgeschrieben.

Selbstdarstellung

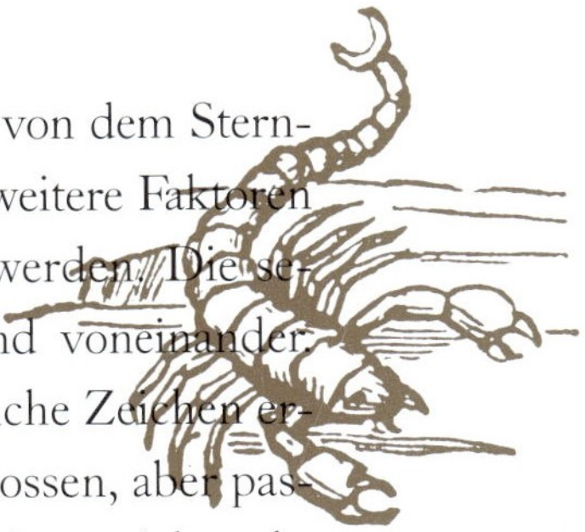

Wieviel von unserem ureigenen Sexualtrieb zum Ausdruck kommt, hängt von dem Sternzeichen ab, unter dem wir geboren wurden. Darüber hinaus ergeben sich weitere Faktoren wie »positive« oder »negative« Aspekte, die später ausführlich behandelt werden. Die sexuellen Eigenschaften der Sternzeichen unterscheiden sich grundlegend voneinander. Einige lassen sich eher vom Herzen leiten, andere von ihren Trieben. Manche Zeichen ergreifen gern die Initiative und sind kontaktfreudig; andere sind aufgeschlossen, aber passiv. Einige Zeichen leben eher in der Welt ihrer Phantasie; andere interessieren sich mehr für die reale Welt um sie herum. Bestimmte Zeichen sind reine Exhibitionisten; bei anderen bedarf es raffinierter Überredungskünste, bis sie ihre Gelüste preisgeben.

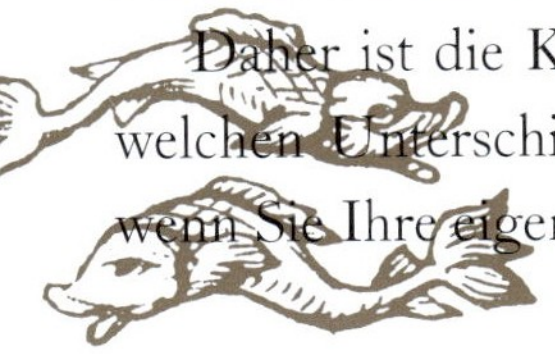

Daher ist die Kenntnis darüber, wie jedes Zeichen mit seiner Sexualität umgeht und welchen Unterschied es zwischen Lust und Liebe macht, von wesentlicher Bedeutung, wenn Sie Ihre eigene Sexualität und die anderer Menschen ergründen wollen.

PLANETEN-HERRSCHER

JEDEM STERNZEICHEN IST EIN PLANET ZUGEORDNET. MAN BEZEICHNET DIES ALS »PLANETENHERRSCHER«. Die Wesensverwandtschaft zwischen Sternzeichen und Planeten beeinflußt auch das sexuelle Verhalten. Der Planet gibt bestimmte Charakteristika an das Sternzeichen weiter. Die Sonne ist freundlich, der Mond kühler und introvertierter. Merkur ist redselig und intellektuell, Venus schenkt ihren Zeichen Sinnlichkeit und einen Hang zu Ausschweifungen, während Mars Virilität und Leidenschaft verleiht. Offenherzig und großzügig ist Jupiter, Saturn dagegen eher zurückhaltend; Uranus hat etwas Elektrisierendes; Neptun ist verträumt; Pluto zeigt herrische Züge, aber intensive Gefühle.

Einige Zeichen teilen sich einen Planeten, andere unterstehen zweien – dem eines traditionellen Planeten und dem eines erst später entdeckten. In diesem Fall übernimmt das Sternzeichen das Wesen beider Planeten.

Jeder Planet ist einem bestimmten Sternzeichen zugeordnet.

TRADITIONELLE HERRSCHER:

- Krebs ☽
- Löwe ☉
- Zwillinge ☿
- Jungfrau ☿
- Stier ♀
- Waage ♀
- Widder ♂
- Skorpion ♂
- Fische ♃
- Schütze ♃
- Wassermann ♄
- Steinbock ♄

NEUE HERRSCHER:

- Skorpion ♇
- Wassermann ♅
- Fische ♆

Oben: Die erotische Venus und der lustvolle, triebhafte Mars wurden häufig in klassischen Kunstwerken porträtiert – wie hier von Botticelli (1445–1510).

Links: Jupiter als Herrscher über Schützen und Fische wurde hier symbolisch mit dem Bogenschützen und den zwei Fischen dargestellt.

Planetarische Leidenschaften

Die sinnliche, weibliche Venus und der männliche Mars sind die astrologischen Hauptvertreter der Sexualität im Geburtshoroskop. Beide sind erotisch und leidenschaftlich, geben zusammen Hinweise auf die Libido und beeinflussen die sexuellen Anziehungskräfte des Menschen. Bei einem intensiven Zusammentreffen zwischen Ihrer Venus oder Ihrem Mars und der/dem eines anderen Menschen überwältigt Sie ein starkes, lustvolles Gefühl. Es wirkt wie das Verabreichen eines Liebestrankes. Vermischen Sie die richtigen Zutaten, rühren Sie gut um, treten Sie etwas zurück und warten Sie auf das schnell einsetzende, heftige Prickeln. Diese Verbindung muß einfach klappen.

Auch wenn die verliebte Venus sich selbst gern als romantisch und etwas oberflächlich beschreibt, ist sie tief in ihrem Innern erotisch und sirenenhaft. Sie verkörpert, genau wie Mars, Leidenschaft und unstillbares Verlangen. Venus verhält sich allerdings etwas subtiler als Macho Mars, der sich einfach nimmt, was er will und wann er es will. Er kann sein sexuelles Verlangen nicht kontrollieren. Venus dagegen wendet gern ihre weiblichen Listen an. Sie sieht etwas, was ihr gefällt, aktiviert ihre Magnete, lehnt sich zurück und harrt der Dinge, die da kommen. Nur wenige können ihren Verlockungen widerstehen.

Im Geburtshoroskop eines Mannes verkörpert Venus die Idealfrau und das Objekt seiner Phantasien. Im Horoskop einer Frau zeigt Venus, wie sie sich selbst sieht und ihre Weiblichkeit zum Ausdruck bringt – ob als durchgestylter Vamp oder als biederes und nettes Mädel von nebenan. In beiden Horoskopen beschreibt Venus unsere Fähigkeit zu menschlicher Nähe und mit dem Umgang mit intimen Beziehungen.

Im Horoskop einer Frau verkörpert Mars den Männertyp, der sie anzieht – ob Macho oder Softie, ob geradliniger Typ oder subtiler Verführer. Im Horoskop eines Mannes beschreibt Mars, wie er mit Frauen umgeht. Mars ist der Planet der Willensstärke und des Durchsetzungsvermögens, aber auch der Aggression. Einige der Marspositionen bewirken sehr direkte Verhaltensweisen, andere gewähren mehr Zeit.

Welcher Planet ist der stärkste?

Sonne, Venus und Mars setzen die stärksten Akzente in der Sexualität und prägen die Art, wie ein Mensch seine Leidenschaft nach außen hin zeigt. Welcher der Planeten dominiert, hängt von den jeweiligen Positionen in Ihrem individuellen Geburtshoroskop ab. Generell gilt die Regel, daß Sonne, Venus oder Mars in »positiven« Tierkreiszeichen die Wirkungen von Sonne, Venus oder Mars in »negativen« Tierkreiszeichen dominieren. Daher spiegelt das äußere Verhalten das kontaktfreudigere positive Zeichen wider. Erst wenn man jemanden näher kennenlernt, kommen auch die untergründigen »negativen« Positionen zum Ausdruck. Eine starke Mondposition kann sogar Stimmungen auslösen, die Priorität über die ungestümen Aktionen der Sternzeichen in ihrer Selbstdarstellung erlangen.

Der Mond

Der Mond beschreibt unsere emotionale Ausrichtung und unseren Umgang mit Gefühlen. Wenn wir fühlen, sind wir auf den Mond eingestellt. Wenn wir besonders starke Gefühle erleben, sind wir ganz von unserem Mond eingenommen. Er ist zyklisch, introvertiert und subjektiv und hat viel mit Fürsorge und dem Teilen von Gefühlen zu tun. Unser Sternzeichen in Verbindung mit der Stellung des Mondes bestimmt, wie wir unsere Gefühle ausleben. Wenn Ihr Mond in einem introvertierten »femininen« Sternzeichen steht, sind Sie stark von Ihren Gefühlen geprägt, zeigen diese aber nur verhalten. Wenn Ihr Mond in einem extrovertierten »maskulinen« Zeichen steht, wissen Sie womöglich kaum, was Sie wirklich fühlen. Einige Sternzeichen sind sehr gefühlsbetont, andere rein kopfgesteuert. Doch hat jeder seinen Mond, auch der kühlste Realist. Ein sehr emotionaler Mond kann das Sternzeichen völlig einnehmen, wenn es zu einer Beziehung kommt.

Der Mond verkörpert den Wunsch nach Heim und Familie. Er steht auch hinter der Sehnsucht, statt eines flüchtigen Sexabenteuers den Partner fürs Leben zu finden.

Oben: Der Mond spielt eine wichtige Rolle bei unserer emotionalen Einstellung zum Leben.

Planeten in Sternzeichen

VENUS IN:	
Widder	draufgängerisch
Stier	genußsüchtig
Zwillinge	kokett
Krebs	feminin
Löwe	umwerfend
Jungfrau	prüde
Waage	verlockend
Skorpion	unwiderstehlich
Schütze	promiskuitiv
Steinbock	kühl
Wassermann	phantasievoll
Fische	sentimental

MARS IN:	
Widder	unaufhaltsam
Stier	besitzergreifend
Zwillinge	rastlos
Krebs	umständlich
Löwe	enthusiastisch
Jungfrau	frustriert
Waage	träge
Skorpion	herrisch
Schütze	ausgelassen
Steinbock	hartnäckig
Wassermann	streitsüchtig
Fische	formbar

DER MOND

- im impulsiven Widder ist egozentrisch, spontan und direkt.
- im verläßlichen Stier ist hedonistisch, sinnlich und sicherheitsorientiert.
- in den redseligen Zwillingen ist launisch und witzig. Sie machen Versprechungen, die sie meist nicht halten.
- im sensiblen Krebs bewirkt Stimmungsumschwünge, ist besitzergreifend, anhänglich. Braucht ein stabiles Heim.
- im warmherzigen Löwen ist stolz, würdevoll und doch verspielt. Aber Vorsicht – er spielt gut Theater!
- in der perfektionistischen Jungfrau setzt hohe Ideale; das mitunter keusche Zeichen ist doch sehr fruchtbar.
- in der geselligen Waage ist charmant, diplomatisch und sucht verzweifelt nach einem Partner.
- im verschlossenen Skorpion ist stark gefühlsbetont, aber reserviert. Engerer Kontakt auf eigene Gefahr.
- im abenteuerlustigen Schützen ist rastlos, spontan, scheut Verpflichtungen. Dies ist der Mond der Kurtisanen.
- im konventionellen Steinbock ist vorsichtig, kühl und mit Gefühlsdingen überfordert.
- im unkonventionellen Wassermann ist androgyn, wählerisch, phantasievoll. Kann mit Gefühlen nicht umgehen.
- in den romantischen Fischen ist schwer durchschaubar, leicht zu beeinflussen, einfallsreich. Treu ist er nicht.

Die Eigenschaften im Kardinal-, Fix- und Wechselkreuz

Die Eigenschaften in den verschiedenen Kreuzen – Kardinal-, Fix- und Wechselkreuz – weisen darauf hin, wie die Sternzeichen sich verhalten. Die Zeichen, die sich auf dem Tierkreis gegenüberliegen oder im rechten Winkel zueinander stehen, haben die gleichen Eigenschaften. Diese schwächen die Elemente ab und beeinflussen untergründig ihre Wirkung.

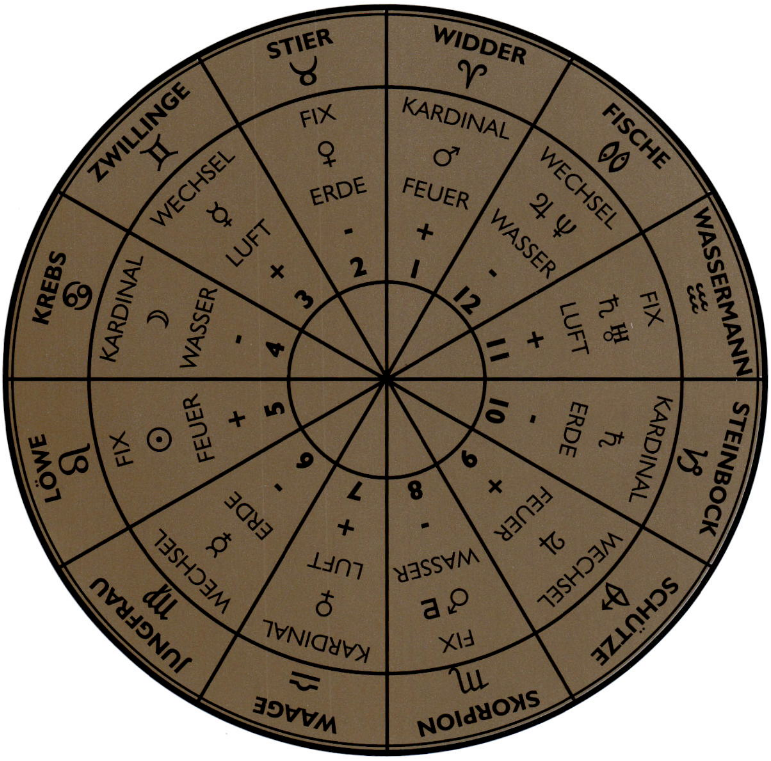

Oben: Ein Tierkreis. Sternzeichen, die sich gegenüberliegen oder im rechten Winkel zueinander stehen, weisen die gleichen Charakteristika auf. Die Lage der Sternzeichen im Kardinal-, Fix- oder Wechselkreuz wirkt auf die Elemente, die die Einstellung der jeweiligen Sternzeichen zu Liebe und Leben prägen.

KARDINALZEICHEN

Widder **Krebs** **Waage** **Steinbock**	Kardinalzeichen sind die aktivsten Sternzeichen. Sie sind kontaktfreudig, energisch und unternehmungslustig, setzen Dinge in Bewegung und lieben Herausforderungen.

FIXE ZEICHEN

Stier **Löwe** **Skorpion** **Wassermann**	Fixe Zeichen sind am wenigsten aktiv. Sie mögen keine Veränderungen und bevorzugen eine gewisse Routine; bringen Vorhaben lieber zu Ende, als neue anzufangen. Sie sind zuverlässig und loyal.

WECHSELZEICHEN

Zwillinge **Jungfrau** **Schütze** **Fische**	Wechselzeichen sind die flexibelsten Sternzeichen. Sie sind vielseitig, anpassungsfähig und lieben Veränderungen. Sie verabscheuen Routine.

SEXUELLE ELEMENTE

DER TIERKREIS IST IN VIER ELEMENTE UNTERTEILT: ERDE, LUFT, FEUER UND WASSER. Jedes Element sieht Sexualität aus einem anderen Blickwinkel. Für die Erdzeichen ist der Orgasmus ein rein physisches Erlebnis, für die Feuerzeichen stellt er einen Austausch an Energien dar, für die Wasserzeichen hingegen ist er eine emotionale Erfahrung und für die Luftzeichen ein Diskussionsthema. Man kann dies damit erklären, daß das Erdelement eng mit dem körperlichen Erleben verbunden ist, das Wasserelement mit den Gefühlen, das Luftelement mit dem Verstand und das Feuerelement mit dem Geist. Jedes Element weist auf bestimmte Verführungstechniken hin, die leicht erkennbar sind. Das Element deutet auch an, welche Einstellung die Sternzeichen zum Sex haben.

FEUER: WILL ES MACHEN

Widder • Löwe • Schütze

Die **Feuerzeichen** sind stürmisch und voller Leidenschaft. Sie geben sich purer Lust und wildem Sex hin. Feuerzeichen wollen ein unkompliziertes Liebesleben voller Spontaneität und Spaß. Selten verwechseln sie Lust mit Liebe.

ERDE: WILL ES ERFAHREN

Stier • Jungfrau • Steinbock

Erdzeichen sind grundsätzlich auf Körper ausgerichtet. Ihre sexuellen Begegnungen sind eher oberflächlich als romantisch. Bei diesem Element ist eine langsame Verführungstechnik angeraten. Die Herzen der Erdzeichen lassen sich selten im Sturm erobern.

WASSER: WILL ES FÜHLEN

Krebs • Skorpion • Fische

Die sentimentalen, sensiblen **Wasserzeichen** sind feinsinnig veranlagt und streben nach einer romantischen Verbindung. Ihr gutgläubiges Wesen wird häufig von verschlagenen Zeichen ausgenutzt, die ihre Lust als Liebe verkaufen, doch der Frohsinn der Wasserzeichen läßt sie die Enttäuschung bald überwinden.

LUFT: WILL DARÜBER REDEN

Zwillinge • Waage • Wassermann

Die mitteilsamen **Luftzeichen** sind verspielt und geschwätzig, sie werden lieber verbal als über erogene Zonen stimuliert. Sie wollen über Sex reden, mögen den Gedanken daran, aber geben dem Bedürfnis nicht immer nach, weil ihre Aufmerksamkeit schnell abgelenkt wird.

Die wechselseitige Wirkung der Elemente:

& Wasser erstickt die Feuersglut oder läßt weißen Rauch aufsteigen.

& Erde löscht Feuer oder schützt es, so daß es lange klein weiterbrennt.

& Luft entfacht einen Großbrand, der aber schnell verlöscht.

& Erde saugt die Luft auf und läßt der Leidenschaft wenig Raum.

& Erde und Wasser bilden einen Sumpf, aber es kann auch ein Tunnel entstehen, durch den tiefe Gefühle fließen.

& Wasser und Luft bilden einen Dunst, der die wahren Gefühle verschleiert.

& Zwei Wasserelemente können so viel Gefühl erzeugen, daß die körperliche Lust unbemerkt ertrinkt.

& Zwei Luftelemente hören möglicherweise nicht auf zu reden, so daß sie gar nicht bis ins Bett kommen!

& Feuer mit Feuer: eine Wucht!

& Zwei Erdelemente benötigen einige Zeit, aber die Treue ist von Dauer.

Stolzes Feuer

Feuerzeichen leben ihre Lust aktiv und direkt aus, sie mögen wilden Sex und extrovertierte Leidenschaft. Sie jagen und erobern mit Lust. Mitunter zeigen sie ihr Verlangen so unverblümt, daß sensiblere Zeichen die Feuerzeichen häufig als unverschämt oder ungehobelt empfinden.

Alle Feuerzeichen sind gesellig, lachen viel und lassen sich gerne umschmeicheln. So ist die überschwengliche Unterhaltung ein ausgezeichnetes Verführungsmittel. Bekenntnisse ewiger Liebe verschrecken die freiheitsliebenden Feuerzeichen.

Romantisches Wasser

Wasserzeichen gehen eine Sache selten direkt an. Diese sanften und romantischen Wesen verlegen sich lieber auf subtile Verführungskünste. Gefühle sind wichtiger als Bettgymnastik. Tief im Innern ziehen sie die Liebe leidenschaftlicher Inbrunst vor (Ausnahme: Skorpion). Leicht verwechseln sie Lust mit Liebe, wobei sie sich nach letzterer sehnen, sich aber möglicherweise mit ersterer zufriedengeben.

Wasser ist das Element sanfter Überzeugungskraft. Es reflektiert die Gefühle des Partners und vermittelt ihm dadurch Zuneigung.

Sinnliche Erde

Für das Erdelement ist Sinnlichkeit wichtiger als wilder Sex. Ein starker Sexualtrieb wird stets streng unter Kontrolle gehalten. Aufgrund fehlender emotionaler Nähe können Partner auch nach einer leidenschaftlichen Nacht unbefriedigt bleiben.

Die starke Libido der Erdzeichen liegt oft im Konflikt mit einem noch stärkeren Bedürfnis nach Sicherheit und Routine, das am Ende zu einem mechanischen Umgang mit Sex führen kann. Doch läßt sich der ausgeprägte sexuelle Appetit der Erdzeichen meist durch sinnliche Verführungskünste anregen.

Phantasievolle Luft

Die sexuelle Wahrnehmung der intellektuellen Luftzeichen liegt zwischen den Ohren. Am schnellsten bringen Sie diese begeisterten Redner auf der sprachlichen Ebene dazu, ihren Erfindungsreichtum im Bett zu demonstrieren. Das verbale Vorspiel wurde von ihnen zu einer hohen Kunst vervollkommnet, und das Bettgeflüster wurde zweifellos von einem Zwilling erfunden!

Viele Luftzeichen lassen sich nicht gern anfassen. Für sie ist das geistige Einverständnis in einer Partnerschaft weitaus wichtiger als die körperliche Anziehung.

ANZIEHUNG – ABLEHNUNG

BEI DEN POSITIVEN MASKULINEN ZEICHEN (WIDDER, ZWILLINGE, LÖWE, WAAGE, SCHÜTZE, WASSERMANN) fließt die sexuelle Energie nach außen, während sie bei den negativen femininen Zeichen (Stier, Krebs, Jungfrau, Skorpion, Steinbock, Fische) nach innen gerichtet ist.

Die positiven Zeichen übernehmen die Initiative, während die negativen Zeichen abwarten. Auch haben die positiven Zeichen eine ausgeprägtere Libido, wenngleich unter der ruhigen Oberfläche der negativen Zeichen ein starker Sexualtrieb verborgen sein kann.

Die negativen Zeichen lassen sich nicht so schnell erregen, während die positiven rasch auf Touren kommen und das auch unverhohlen zeigen. Das Vorspiel kann daher für die negativen Zeichen wichtiger sein als für die positiven Zeichen.

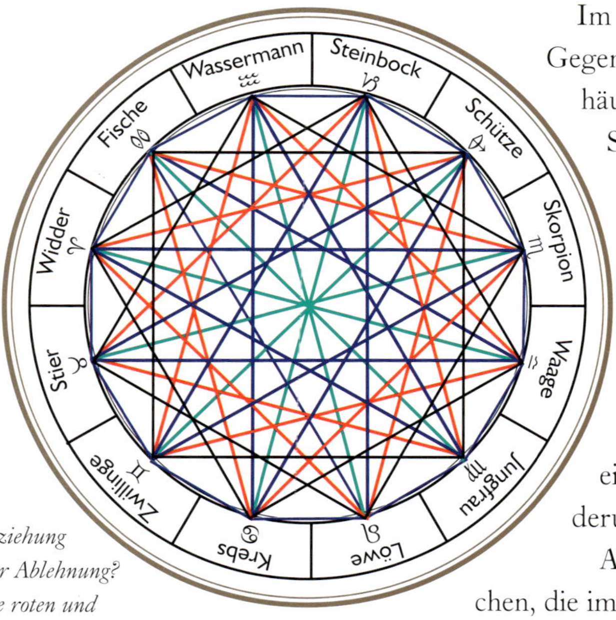

Anziehung oder Ablehnung? Die roten und grünen Linien zeigen die Anziehungskraft zwischen zwei Zeichen, während blaue und schwarze Linien auf Ablehnung hindeuten.

Im Tierkreis hat jedes Sternzeichen zwangsläufig ein Gegenüber. Gegenüberliegende Zeichen verspüren häufig eine magnetische Anziehungskraft zueinander. Sie können aber auch voneinander lernen. Sie sollten die Eigenschaften ihres jeweiligen Gegenstücks verinnerlichen, um so neue Wege im Umgang mit Situationen zu finden. So ist etwa das erste Zeichen des Tierkreises, der Widder, stark ich-orientiert. Das gegenüberliegende Zeichen, die Waage, kann mit seiner Wir-Orientierung den Widder lehren, wie er auf seine Mitmenschen eingehen kann. Der Widder lehrt die Waage wiederum, den eigenen Bedürfnissen gerecht zu werden.

Auch gleiche Sternzeichen ziehen sich an. Doch Zeichen, die im rechten Winkel zueinander liegen oder direkt aufeinanderfolgen, passen meist nicht zusammen. Gleiche Zeichen fühlen sich miteinander wohl, während sich gegenüberliegende Zeichen auf sexueller Ebene reizen.

Die freiheitsliebenden Sternzeichen – Widder, Wassermann, Schütze und Zwillinge – gehen nur sehr zögerlich Bindungen ein und lassen sich normalerweise eine Hintertür offen. Sie rutschen ohne große Gewissensbisse von einer Beziehung in die nächste. Treue Zeichen – Stier, Krebs, Löwe, Steinbock und Skorpion – lassen sich eher auf langfristige Beziehungen ein und stehen auch dazu. Erd- und Wasserzeichen tendieren zu stabilen Partnerschaften, während Luft- und Feuerzeichen ihre Partner häufiger wechseln.

Das Verhalten der verschiedenen Sternzeichen bei einer Trennung zeigt große Unterschiede, genauso wie der Umgang mit Scheidung und außerpartnerschaftlichen Beziehungen. Für weitere Informationen lesen Sie bei den einzelnen Sternzeichen nach.

ZUR BENUTZUNG DIESES BUCHES

Auf den folgenden Seiten sind die Eigenschaften der zwölf Sternzeichen zusammengefaßt. Die Seiten sind durch einen Farbkodierungsstreifen zweigeteilt. Die obere Hälfte der Seite ist Ihrem Sternzeichen gewidmet, die untere informiert Sie darüber, was Sie von einem bestimmten Sternzeichen zu erwarten haben. Der Streifen gibt Aufschluß über sexuelle Stile, Erfolge und Vereinbarkeiten. Wenn Sie wissen wollen, wie gut Sie zu einem anderen Zeichen passen, schlagen Sie die obere Seite Ihres Sternzeichens auf und blättern Sie die unteren Seiten durch, bis die Kästchen des oberen Streifens mit denen des unteren Streifens zusammenpassen. Daraus ergeben sich unterschiedliche Kombinationen der Symbole. Rosa Lippen weisen auf Ihr Liebesleben hin und reichen von einem bis zu fünf Lippenpaaren. Ein Paar roter oder grüner Lippen (oder ein Leerfeld) zeigt die Vereinbarkeit der männlichen und weiblichen Sternzeichen und ihre Einstellung zur Liebe.

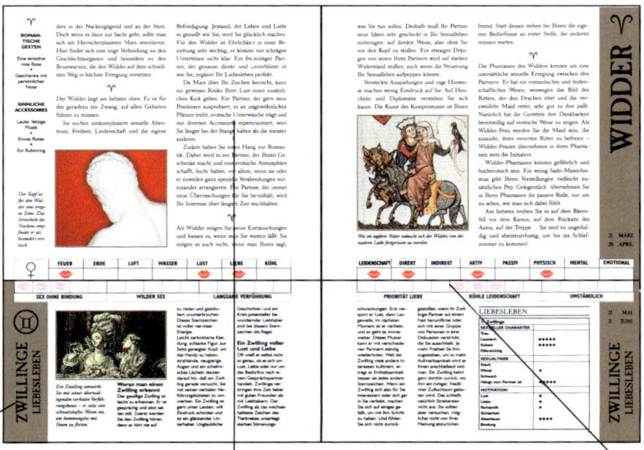

Der untere Abschnitt gibt an, was Sie von einem bestimmten Sternzeichen zu erwarten haben.

Der obere Abschnitt informiert Sie über Ihr eigenes Sternzeichen.

Die Symbolstreifen sind ein visueller Schlüssel zur Vereinbarkeit zwischen zwei Sternzeichen.

DIE STREIFENKOMBINATIONEN

Männliche/weibliche Vereinbarkeit

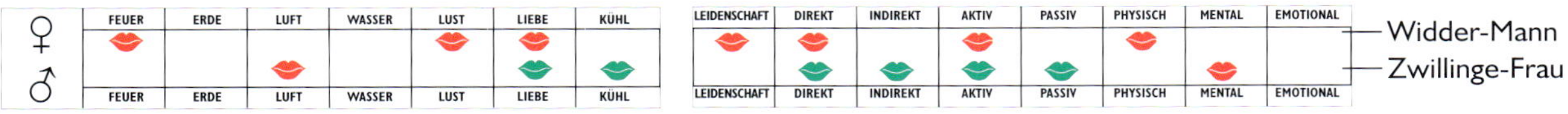

SCHLÜSSEL

\+ Unterschiedliche Einstellungen, könnte aber passen

\+ Heiß, aber es könnte krachen

\+ Harmonisch, aber evtl. langweilig

+ Leer Schwierig, verlangt Einsatz

+ Leer Neutral, könnte gut laufen

Liebesleben

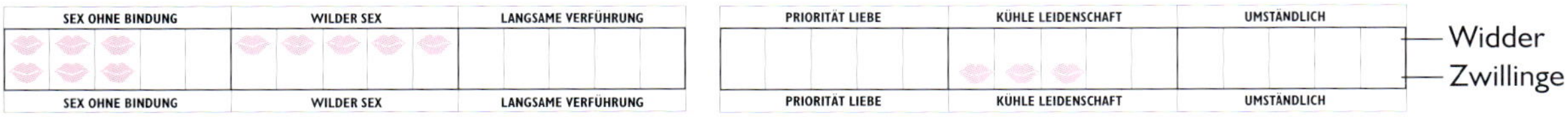

Sexueller Erfolg

Die Anzahl der Lippen zeigt an, wie stark die jeweiligen Eigenschaften bei einem Sternzeichen ausgeprägt sind und wie wichtig ihm diese Eigenschaft ist: Ein Lippenpaar bedeutet, daß diese Eigenschaft in der Beziehung keine wesentliche Bedeutung hat, während sie bei fünf Lippenpaaren unerläßlich ist. Finden sich in Ihrem und im Streifen eines bestimmten anderen Sternzeichens fünf Lippenpaare, dann passen Sie zueinander, und die betreffende Eigenschaft ist für beide sehr wichtig. Haben Sie und ein bestimmtes anderes Sternzeichen nur ein Lippenpaar in einem Kästchen, so passen Sie ebenfalls zueinander, doch diese Eigenschaft ist in Ihrer Beziehung ohne Bedeutung. Haben Sie in einem Kästchen vier Lippenpaare und Ihr Partner keins, dann passen Sie nicht zueinander, da Ihre sexuellen Vorlieben grundlegende Unterschiede aufweisen. Stehen bei Ihrem Partner jedoch zwei oder drei Lippenpaare, haben Sie ähnliche Einstellungen.

Für eine gute Beziehung brauchen Sie eine Mischung komplementärer Faktoren. Unterschiedliche Stile können Schwierigkeiten mit sich bringen. »Langsame Verführung« ist mit »Priorität Liebe« vereinbar, aber nicht mit »wildem Sex«. Ebenso läßt sich »Stabilität« mit dem Wunsch nach einem »Ehering« vereinbaren.

SEX OHNE BINDUNG	WILDER SEX	LANGSAME VERFÜHRUNG

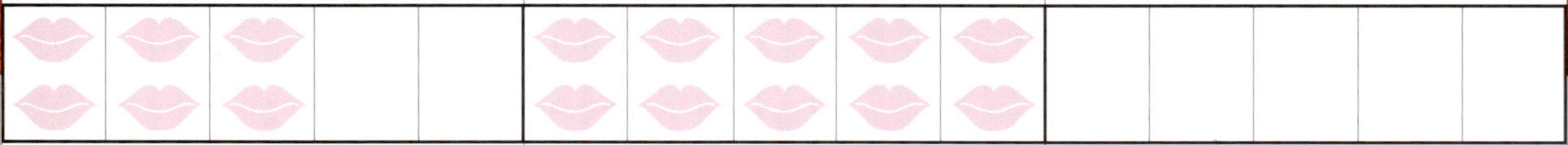

SEX OHNE BINDUNG	WILDER SEX	LANGSAME VERFÜHRUNG

Woran man einen Widder erkennt

Widder kann man kaum verfehlen. Sie sind laut, streitlustig und ehrgeizig. Zuerst fallen die Augenbrauen auf. Sie sind bei Frauen leicht vorstehend und wohlgeformt. Die Augenbrauen der Widder-Männer ähneln hingegen ein wenig Widderhörnern. Als nächstes bemerkt man die hohe Stirn mit dem spitz zulaufenden Haaransatz und einer gut gestylten Frisur. Modische Freizeitkleidung sitzt perfekt an dem schlanken, athletischen Körper.

Diesem schwungvollen Körper entströmt eine enorme Energie. Plötzlich überkommt Sie eine große Hitze, ein Schauer unkontrollierbarer Leidenschaft. Sie werden von einer aufregenden, wilden Anziehungskraft erfaßt. Wenn ein Herz im Sturm erobert wird, kann man ziemlich sicher sein, daß ein ungestümer Widder seine Verführungskünste einsetzt.

Ein Widder voller Lust und Liebe

Ein ungeduldiger Widder im Schlafzimmer ähnelt einem agilen zweijährigen Kind, dessen Lieblingswort »ich« ist. Es ist sexuell frühreif, und sein zweitliebstes Wort ist »sofort«.

Der Widder ist sehr leidenschaftlich, kostet Sex voll aus und geht die Sache direkt an.

STAR GUIDE TO SEX

Die Schauspielerin Elizabeth Taylor hat so oft geheiratet, daß man beim Zählen kaum mehr mitkommt. Einen Mann heiratete sie sogar – typisch Fisch – zweimal.

Als sie mit 18 zum ersten Mal die Ehe einging, flüsterte sie ihrer Mutter zu: »Nick und ich sind jetzt eins, für immer und ewig.« Nach acht Monaten ließen sie sich scheiden. Ihr nächster Ehemann erzählte den Journalisten: »Elizabeth will von jemandem geheiratet werden, der sie liebt und beschützt.« Als ihr dritter Mann bei einem Flugzeugabsturz ums Leben kam, war sie völlig verwirrt. Dann fand sie sich in der Rolle einer sinnlichen Verführerin wieder, die eine perfekte Ehe zerstörte; ihre Beziehung zu Eddie Fisher war der Sexskandal des Jahrzehnts.

Elizabeth Taylor heiratete sehr oft. Die leidenschaftliche Beziehung mit Richard Burton führte zu zweimaliger Heirat und Scheidung.

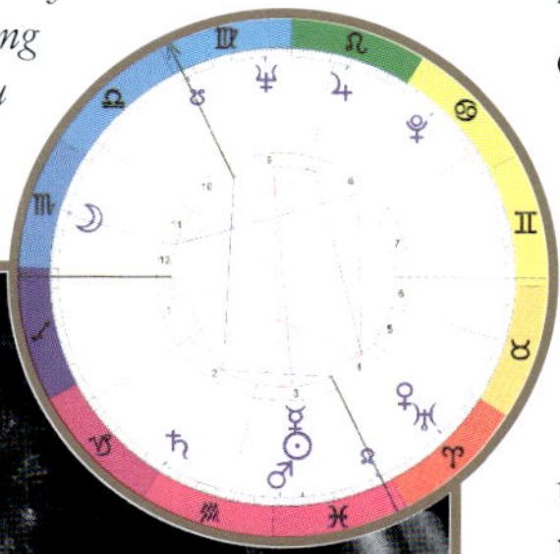

Am Set zu »Kleopatra« mit Richard Burton, einem anziehenden Skorpion, konnten Augenzeugen von Anfang an das Knistern zwischen den beiden spüren. Ihre Beziehung wurde zu einer der berühmtesten Liebesgeschichten Hollywoods, die von der Presse bis in alle Details beleuchtet und aufgebauscht wurde.

Später sagte Burton von seiner Ehe mit Liz Taylor, wenn er müßte, würde er jeden Schmerz und jede Qual noch einmal durchleben. Sie ließen sich »zum Wohl ihrer Familien« scheiden. Sie versöhnten sich, heirateten, trennten sich, heirateten erneut und ließen sich noch einmal scheiden. Als sie sich im Guten trennten, mußte Elizabeth Taylor mit ihren eigenen Süchten klarkommen. Mehrere Ehemänner folgten. Einmal sagte jemand von ihr: »Für Liz ist Liebe stets gleichbedeutend mit der Ehe.« – Eine typische Lebenseinstellung für einen Fisch.

GEISTIGE BEZIEHUNG	STABILITÄT	EHERING

GEISTIGE BEZIEHUNG STABILITÄT EHERING

Partner. Gesten wie ein Essen bei Kerzenschein in seinem Lieblingsrestaurant oder ein Überraschungswochenende werden den romantischen Fisch entzücken.

Was von Fischen zu erwarten ist

Ewige Liebe und Romantik, wenn möglich eine Hochzeit und reichlich Phantasie hat der Fisch zu bieten. Was dann tatsächlich eintrifft, sind meist viele Kurzaffären oder eine Ehe, die durch zahlreiche außereheliche Affären strapaziert wird. Treue und Aufrichtigkeit gehören weniger zu den Eigenschaften, die der Fisch in die Beziehung einbringt.

Dieses Sternzeichen verzehrt sich nach Liebe und Romantik. Das führt dazu, daß es sich oft auf alles einläßt, was nur im entferntesten damit zu tun hat. Möglicherweise löst der Fisch die Beziehung, sobald die Illusion der Liebe verblaßt. In der Zwischenzeit ist alles möglich, von transzendentalem Sex bis hin zu tiefsten Enttäuschungen.

SEXUELLER ERFOLG

Fische	
Lohnt sich das Warten?	Ja, ein flatterhaftes Zeichen
Bettgeschichten	Mehr als wahrscheinlich
Affären	Verschiedentlich
Zusammenleben	Vielleicht, solange er noch nicht geschieden ist
Ehe	Bestimmt
Trennung	Er geht selten ohne Druck
Scheidung	Vertrackt

ASTROQUOTE

Fische-Mann	***
Fische-Frau	****

DIE SEXUELLEN FELDER

DER TIERKREIS BEWEGT SICH IN EINEM FIXEN SYSTEM VON ZWÖLF FELDERN (AUCH HÄUSER GENANNT), DEREN BESTIMMUNGEN VON ZEIT UND ORT ABHÄNGEN. Einige Felder sagen speziell etwas über die Sexualität aus. Manche Felder können mehrere Tierkreiszeichen beinhalten. Wenn Sie nicht recht wissen, welchen Weg Sie einschlagen sollen, kann das an deren unterschiedlichem Einfluß liegen. Kennen Sie Ihr Geburtshoroskop, so können Sie gleich die Planeten in den sexuell orientierten Feldern identifizieren.

Das fünfte Feld ist das der Affären. Menschen, die die Sonne oder Venus im fünften Feld haben, flirten gern und neigen zu kurzen Affären. Wenn die unter dem kühleren, strengen Planeten Saturn stehenden Zeichen sich zu einem Ausbruch aus einer festen Beziehung hinreißen lassen, gehen sie mit Sicherheit eine langfristige Beziehung ein.

Das siebte Feld ist das Feld von Partnerschaft und Ehe. Das Tierkreiszeichen und die Planeten in diesem Feld beschreiben den Partner, nach dem Sie suchen, sowie Ihre Einstellung zur Ehe. Wenn eines der treuen Sternzeichen in diesem Feld steht, etwa der Steinbock, nehmen Sie die Ehe ernst. Wenn hingegen ein Sternzeichen in diesem Feld steht, das Flirts nicht widerstehen kann (wie der Zwilling), nehmen Sie Ihre Beziehung leichter, als Ihr Sternzeichen vermuten läßt.

Die zwölf Felder

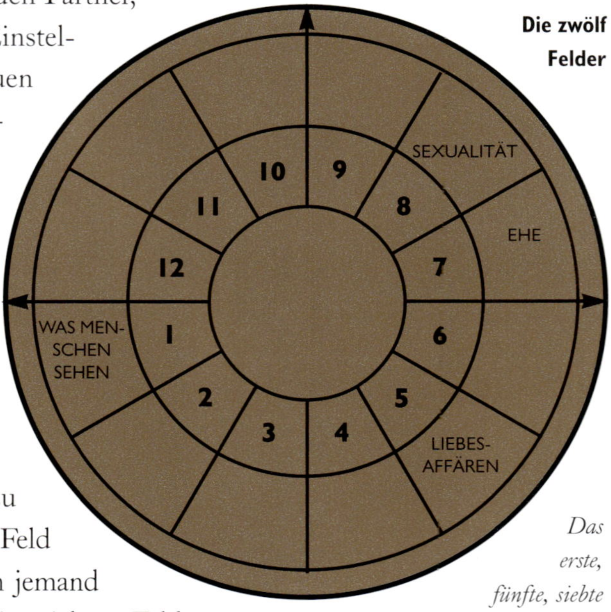

Das erste, fünfte, siebte und achte Feld beziehen sich auf Sexualität.

Viele Menschen heiraten jemanden, dessen Sternzeichen zu dem in ihrem siebten Feld paßt. So würde sich jemand mit dem Widder im siebten Feld von einem Widder oder einem anderen marsgeprägten Zeichen angezogen fühlen. Jemand mit der Waage im siebten Feld würde sich einen Waage-Partner oder ein anderes Zeichen aus dem Einflußbereich der Venus suchen. Neptun in diesem Feld hegt romantische Illusionen, während der Mond auf tiefe emotionale Bindungen hindeutet. Steht Merkur im siebten Feld, ist Kommunikation mit Ihrem Partner unerläßlich, wenn Sie zusammenbleiben wollen.

Das siebte Feld sagt etwas über die Ehe und den Partner, den Sie suchen.

Das Achte Feld ist das sexuelle Feld. Die Planeten, die hier stehen, haben nicht unbedingt Einfluß auf das tägliche Leben, manifestieren sich aber in sexuellen Affären. Mars im achten Feld deutet auf eine ausgeprägte Libido hin. In sexueller Hinsicht gibt es viel zu teilen. Der erregbare und unvorhersehbare Planet Uranus im achten Feld kann auf bisexuelle oder homosexuelle Neigungen hindeuten. Doch er kann auch dafür stehen, daß Sie Sex gern auf eine etwas andere Weise erleben und einen phantasievollen Partner brauchen.

DIE ANALYSE VON GEBURTSHOROSKOPEN • MATA HARI: DIE SEXY SPIONIN

Die hochgewachsene, attraktive Spionin Mata Hari nutzte im Ersten Weltkrieg ihre Schönheit, um ihren Liebhabern militärische Geheimnisse zu entlocken. Schließlich wurde die Doppelagentin von den Franzosen als deutsche Spionin erschossen.

Mata Haris Karriere als Verführerin begann lange vor dem Ersten Weltkrieg. Auf der Suche nach Abenteuern heiratete sie einen desertierten Armeeoffizier, der auf Java lebte. Ihr Ehemann tolerierte ihre Flirts, doch letztlich wurde die Ehe geschieden, und sie ging nach Paris. Da sie ihren Lebensunterhalt verdienen mußte, ging sie das Wagnis ein und trat halbnackt als exotische Tänzerin auf. Doch Mata Hari war ein Löwe, ein extrovertiertes Zeichen und eine geborene Künstlerin, die es liebte, bewundert zu werden. Der Künstlername der Niederländerin bedeutet soviel wie »die Sonne« oder »das Auge des Tages« – sehr passend für die sonnenbeherrschte Löwenfrau.

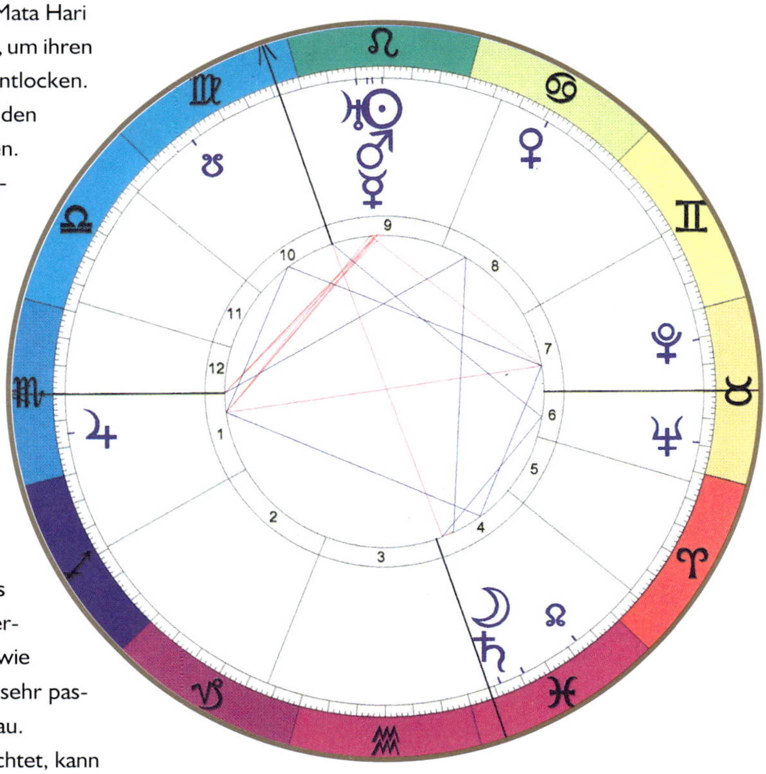

Ein Blick auf Mata Haris Geburtshoroskop zeigt deutlich, daß die sexy Spionin mit der Sonne im Löwen eine geborene Schauspielerin war.

Wenn man ihr Geburtshoroskop betrachtet, kann man einige astrologische Hinweise auf Mata Haris außergewöhnliche Karriere als Verführerin hoher Militärs entdecken. Zunächst steht die Sonne des Löwen neben dem stolzen Mars. Hier liegt die Quelle ihrer starken Libido. Vom kriegerischen Mars rührt außerdem die militärische Verbindung her. Neben Mars sitzt der geflügelte Bote Merkur, der ihr die geflüsterten Geheimnisse der Nacht eingibt. Und Uranus sorgt für ihre Neigung zu schockieren.

Pluto, ein getarntes Schlitzohr, steht in ihrem Ehefeld. Die eine Seite von Pluto ist Betrug, die andere Faszination und Verführung. Mata Hari fühlte sich von mächtigen Männern angezogen und vergnügte sich damit, sie zu manipulieren.

Wenden wir uns der erotischen Venus zu, die mit all ihrer Sinnlichkeit im Krebs des achten Feldes steht. Der Krebs hält seine wahren Gefühle verborgen. Eine ideale Konstellation für eine Agentin, die Sex zur Aufdeckung von Geheimnissen benutzt. Venus verkörpert auch, was wir im Leben schätzen. Ihr Mond steht in den etwas konturlosen Fischen, eine Konstellation der Untreue. Ohne Zweifel war sie davon überzeugt, alle Liebhaber zu lieben.

Und ihre Aktivitäten als Spionin? Ihr Aszendent, also das Gesicht, das sie der Welt zeigte, gehörte zum sexuell anziehenden Skorpion, dem sie ihren intensiven Blick verdankte. Dieses Sternzeichen blüht in einer Atmosphäre von Intrigen und gefährlichen Geheimnissen geradezu auf. Es findet genau jene Dinge heraus, die wir zu verbergen suchen. Daß Mata Hari als Doppelagentin für zwei Seiten gearbeitet hat, überrascht nicht weiter, da dieses verschlagene Zeichen ihren Kontakt zur Außenwelt prägte.

WAS BRINGT DIE ZUKUNFT?

DIE TÄGLICHEN WANDERUNGEN DER PLANETEN, »DURCHGÄNGE« GENANNT, haben eine starke Wirkung auf Ihr Sexualleben. Die längerfristigen Wanderungsbewegungen beeinflussen Ihre Einstellung zu Beziehungen und verändern in einem gewissen Ausmaß, was Sie von Ihrem Partner erwarten. Wenn Sie von einem bestimmten Planetendurchgang beeinflußt sind, fühlen Sie sich von anderen Menschen als sonst angezogen. Der Einfluß eines Planeten kann einen Zeitpunkt der Veränderung oder eine Phase engerer Bindung kennzeichnen.

Zeitliche Abstimmung

Die längerfristigen Durchgänge nehmen Zeitspannen von einem bis zu 30 Jahren ein. Wenn Sie am Anfang eines Sternzeichens geboren wurden, spüren Sie den Einfluß, sobald der Planet in Ihr Zeichen tritt. Wurden Sie in der mittleren Dekade geboren, kann es Jahre dauern, ehe der Einfluß des Durchgangs sich bemerkbar macht. Wenn Sie am Ende des Sternzeichens auf die Welt kamen, wird der Effekt des Durchgangs etwa mit dessen Abschluß zusammenfallen. Zeitliche Angaben der Vorhersagen sind deshalb nur annähernd.

2000	Im **Februar** betritt Mars Ihr Zeichen und bringt ein starkes Bedürfnis nach Anregungen und neuen Eroberungen mit. Ein seltenes Angebot kann Sie regelrecht umhauen. Im **April** bietet sich eine erstklassige Gelegenheit für eine Liebesgeschichte. Bis zum **August** wissen Sie, ob die Beziehung gescheitert ist oder sich als wahre Liebe herausgestellt hat.
2001	Das neue Jahrtausend hat sich mittlerweile etabliert, und Sie versuchen tendenziell eher, die seit zwei Jahren andauernde Beziehung zu festigen, als eine neue anzufangen. Die sinnliche Venus tritt im **Februar** in Ihr Sternzeichen. Das ist die richtige Zeit für einen genießerischen Urlaub zu zweit.
2002	Im **Januar** kann es zu Machtkämpfen kommen, wenn Sie versuchen, sich zu behaupten. Vielleicht interessiert sich ein neuer Partner für Sie. Er möchte jedoch die dominierende Rolle einnehmen. Im **Oktober** und **November** stellt sich das Problem erneut. In der Jahresmitte wissen Sie, ob eine Beziehung, die vor drei Jahren begonnen hat, nun Früchte trägt.
2003	Der **April** ist für Sie eine Zeit grenzenlosen Vergnügens. Machen Sie das beste aus Ihren Möglichkeiten und versuchen Sie, Ihre Beziehungen für den Rest des Jahres auf eine harmonische Basis zu gründen. Möglicherweise haben Sie noch einmal die Machtkämpfe des vergangenen Jahres durchzustehen, doch sollte sich eine Gelegenheit bieten, sie ein für allemal zu lösen.
2004	Der Beginn des Jahres ist voller Leidenschaften, da Mars Ihr Zeichen betritt. Im frühen **Februar** nähert sich ihm die erotische Venus, so daß der Valentinstag Ihnen einen Antrag einbringen könnte. Heirat oder Verführung? Entscheiden Sie! Vielleicht ist es nur sexuelle Anziehung, aber mit Ihrem wachsenden Nesttrieb hoffen Sie, daß die Aussichten für eine dauerhafte Partnerschaft gut sind. **September** ist wieder leidenschaftlich, im **Dezember** haben Sie die Antwort.

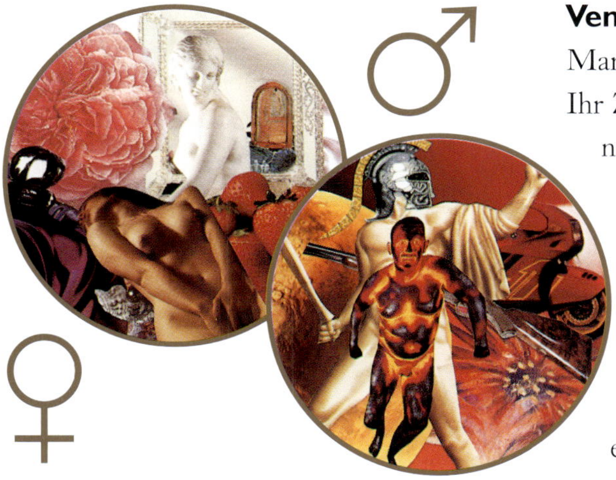

Venus und Mars

Mars wandert einmal alle zwei Jahre durch Ihr Zeichen und gibt dabei Ihrer Libido einen heftigen Schub. Er drängt Sie zur Suche nach Anregungen. Die verlokkende Venus passiert einmal jährlich Ihr Zeichen, wobei sie höchstem Vergnügen den Weg ebnet und Ihr Verlangen steigert. Die Partner gehen liebevoller miteinander um, und Sie erleben Momente größter Harmonie.

Im **Februar** betritt Mars Ihr Zeichen und bringt einen willkommenen Energiestrom. Gehen Sie besonnen damit um, denn mit der Ankunft Jupiters in Ihrem Zeichen eröffnen sich ganz neue Möglichkeiten. Da der Drang nach Entfaltung dem Bedürfnis nach Stabilität entgegensteht, sollten Sie behutsam vorgehen, besonders wenn Sie Venus im **Mai** dazu veranlaßt, all Ihre Vorsicht über Bord zu werfen und sich in eine für Sie sehr untypische Affäre zu stürzen.	2000
Der kühle und strenge Saturn verläßt Ihr Zeichen im **April**, was Ihnen die dringend notwendige Erleichterung verschafft. Nutzen Sie die Gelegenheit, um ein bißchen Spaß und Gelassenheit in Ihre Beziehungen zu bringen, vor allem im **Juni** und im **November**.	2001
Der Monat **März** kennzeichnet einen Aufschwung in Ihrer Libido und ein wieder aufflammendes Interesse an Beziehungen. Der **April** stellt eine schwelgerische Verbindung ganz in Ihrer Nähe in Aussicht.	2002
Im Spätsommer verlangt eine Beziehung, die mit dem neuen Jahrtausend begonnen hat, Ihre ganze Aufmerksamkeit. Sie sollten diese Verbindung sorgfältig pflegen, da sie sich im Verlauf der nächsten Jahre festigen kann.	2003
Zu Beginn des Jahres fließt Ihre Libido über. Wilde Leidenschaften weichen im Laufe des Jahres ruhigeren Formen Ihrer kreativen Bedürfnisse, um im **November** wieder hervorzubrechen. Das Jahr ist von größter Bedeutung; Sie werden Ihrem Leben Sinn geben. Vor allem am Jahresende ist die mentale Beziehung von Bedeutung. Teilen Sie Ihre Ängste und Hoffnungen mit Partner und Freunden. Über Ihre Probleme zu reden wird Ihnen die anstehenden Änderungen Ihres Lebens erleichtern.	2004

♃

Jupiter

Jupiter ist der Planet der günstigen Gelegenheiten. Er schenkt Ihnen neues Vertrauen und drängt Sie zu neuen Horizonten. Da er eine Phase des Wachstums und der Entdeckung kennzeichnet, breiten Sie Ihre Flügel aus, um neue Lebensformen auszuprobieren. Freiheit ist bei Jupiter das Schlüsselwort. Deshalb umgehen Sie während des Jupiterdurchgangs in

Jahr	
2000	Erledigen Sie die wichtigsten Dinge zu Beginn dieses Jahres, da der schwergewichtige Saturn sich auf Ihr Sternzeichen zubewegt. Im September wird von Ihnen in Ihrer Beziehung nachdrücklicher als je zuvor die Übernahme von Verantwortung verlangt. Vielleicht gehen Sie jetzt endlich eine überfällige Bindung ein. Eine ungewohnte Ernsthaftigkeit bestimmt jetzt Ihr Liebesleben; aber vielleicht kommen Sie dank Jupiter, der im Juli in Ihr Zeichen tritt, noch einmal für eine Weile davon.
2001	In diesem Jahr haben Sie mit einem Paradox zu kämpfen. Ihr Freiheitsdrang ist überwältigend, aber wie sollen Sie sich entfalten, wenn Sie der disziplinierte Saturn so fest in seinem Griff hält? Bei dem Versuch, dieses Freiheits-Bindungs-Dilemma zu lösen, können Sie durchaus in eine Depression fallen. Schließlich verläßt Jupiter auch noch Ihr Zeichen und überträgt Saturn mit seinem erhobenen Zeigefinger die alleinige Kontrolle.
2002	Ihre Libido macht mal wieder Luftsprünge, aber sie kämpft eine verlorene Schlacht gegen die Einschränkungen Saturns. Es ist höchste Zeit, die Lektionen zu lernen, die Ihnen dieser große Lehrmeister erteilt. Da Pluto sich auf halbem Weg durch Ihr gegenüberliegendes Zeichen befindet, werden in dieser Zeit viele verdrängte Emotionen hochkommen. Nehmen Sie all Ihren Mut zusammen und verarbeiten Sie sie endlich. Erst dann kann sich Ihre Beziehung weiterentwickeln.
2003	Saturn verläßt Sie im **Juni** als reiferen Menschen. Zum Glück nimmt die Venus gleich darauf seinen Platz ein. Genießen Sie die Freuden, die Ihnen diese sinnliche Dame beschert. Nach allem, was Sie durchstehen mußten, haben Sie sich eine Pause verdient. Ihr Partner wird besonders liebevoll sein und seine Fürsorge zeigen wollen. Mittlerweile sollten Sie gelernt haben, wie man sich erkenntlich zeigt.
2004	Von **März** bis **Mai** läuft Ihr Leben so, wie Sie es mögen: stimulierende Flirts voll sexueller Möglichkeiten. Versuchen Sie wenigstens, ein paar Ihrer vorschnellen Versprechen zu halten, um nicht zu sehr zu enttäuschen. Da der machthungrige Pluto immer noch durch das gegenüberliegende Zeichen wandert, könnten Sie für Ihr Handeln zur Verantwortung gezogen werden. Andererseits ist er der Planet der Veränderung, und Ihre Beziehungen könnten nie wieder ganz dieselben sein!

Ihrem Sternzeichen jede Situation, die zu große Einschränkungen mit sich bringt.

Unter Jupiters günstigem Einfluß hat eine bestehende Beziehung die Möglichkeit zu wachsen. Das ist der ideale Zeitpunkt für Sie, um neue Erfahrungen und andere Aspekte Ihrer Persönlichkeit in die Beziehung einzubringen.

Als Single fühlen Sie sich möglicherweise stark von jemandem aus einem anderen Kulturkreis angezogen oder einfach von einem außergewöhnlich extrovertierten Menschen. Vielleicht entdecken Sie auch im Ausland neue Chancen für eine Partnerschaft.

Jupiter ist der risikofreudigste Planet des Universums. Doch Vorsicht: Wenn der opportunistische Jupiter Sie zu neuen Taten drängt, könnten Sie später einiges bereuen. Wenn er sich nähert, sprechen Sie lieber erst einmal mit einem guten Freund über Ihre ungewöhnlichen Bedürfnisse.

Sie nähern sich dem Ende eines Zyklus, während der nächste bereits im Begriff ist, sich zu öffnen. Nehmen Sie sich Zeit, um sich zurückzuziehen und nach innen zu blicken. Sie müssen jetzt eine Weile allein sein, um die Erfahrungen der letzten Jahre zu verarbeiten. Wenn Beziehungen Ihnen nichts mehr geben, sollten Sie sie beenden. Halten Sie daran aber fest, werden Sie sich emotional nicht weiterentwickeln.	2000
Dies ist ein entscheidendes Jahr. Ihr Lebenszweck zeichnet sich jetzt deutlich ab, und alle Hindernisse auf dem Weg zu seiner Erfüllung sind ausgeräumt. Wenn dabei alte Beziehungen aufgegeben werden müssen, kommen im **August**, **September** oder **Oktober** möglicherweise neue Partner in Sicht. Diese drei Monate bieten eine wunderbare Gelegenheit, um im Gefühlsleben neu zu beginnen.	2001
Was Sie vom Leben erwarten, befindet sich in diesem Jahr in einem Fließzustand. Daher sollten Sie überholte Vorstellungen fallenlassen. Ihre Einstellung zur Partnerschaft wird sich in Erwartung des bedeutungsvollen Durchgangs im nächsten Jahr verändern, und trotz Ihres starken Bedürfnisses nach einer festen Bindung sollten Sie unbedingt flexibel bleiben.	2002
Sie fühlen sich jetzt wahrscheinlich viel weniger verletzlich. Saturn bewegt sich im **Juni** in Ihr Sternzeichen und gibt Ihnen die Stabilität, die Sie suchen. Das ist die richtige Zeit für feste Bindungen. Aber berücksichtigen Sie, daß der Partner bei so viel Ernsthaftigkeit vielleicht ängstlich vor den Krebsscheren zurückschreckt, die ihn mitunter zu fest umklammern. Nehmen Sie sich die Zeit, ihn zu beruhigen, und amüsieren Sie sich im **Juni** ein wenig.	2003
Ihr Nesttrieb ist das Jahr über stark. Vermeiden Sie, daß Ihre körperlichen oder emotionalen Bedürfnisse Sie blind für die unangenehmen Seiten der Realität machen. Haben Sie schon einen Partner, könnte er Ihr Besitzergreifen als bedrückend empfinden, also lassen Sie los. Mit Ihrer Leidenschaft im **Juli** und **August** könnten Sie sich plötzlich jemandem in die Arme werfen. Warten Sie lieber, bis Sie wieder kühler denken können, ehe Sie langfristige Entscheidungen treffen.	2004

♄

Saturn

Saturn ist vorsichtig und in sich gekehrt. Wenn dieser Planet durch Ihr Sternzeichen zieht oder an seine Position in Ihrem Geburtshoroskop zurückkehrt (alle 28 oder 29 Jahre), sollten Sie Ihr Leben bilanzieren. Dieser Zeitpunkt kann Ihnen eine festere Bindung bescheren oder Ihnen vor Augen führen, daß Sie einiges ändern sollten. Es wird Ihnen nicht leichtfallen,

2000	Durch den Einfluß von Uranus und Neptun in Ihrem gegenüberliegenden Zeichen sind die Dinge weniger vorhersehbar, als Ihnen lieb ist. **Juli** und **August** sind Monate höchsten Vergnügens. Feiern Sie Ihren Geburtstag auf königliche Weise. Es sollten zahlreiche potentielle Partner zur Auswahl stehen, wenn Sie sich noch nicht endgültig gebunden haben, aber hüten Sie sich vor Täuschungen.
2001	Der Durchgang von Uranus in Ihrem gegenüberliegenden Zeichen macht Sie in dieser Zeit ein wenig ruhelos, vor allem da Neptun Sie zu Illusionen über zukünftige Entwicklungen hinreißt. Überlegen Sie es sich gut, ob Sie eine alte Beziehung aufgeben wollen, um sich in unbekannte Gefilde zu stürzen.
2002	Sie stehen immer noch unter dem Einfluß von Chaos und Illusion, aber im **Juli** betritt Jupiter Ihr Sternzeichen und bringt einen Schwung neuer Möglichkeiten mit. Gehen Sie sorgfältig damit um. Lassen Sie sich nicht von der Fassade eines potentiellen Partners täuschen. Blicken Sie hinter die Fassade und finden Sie heraus, was sich tatsächlich dahinter verbirgt.
2003	Zwischen **März** und **September** verläßt Uranus vorübergehend Ihr Zeichen. Jetzt könnte sich ein wenig mehr Stabilität einstellen, obwohl Neptun die Wahrheit immer noch leicht verschleiert. Sie sollten jetzt Ihre Beziehung in Ordnung bringen, ehe Uranus zurückkehrt. Fertig zum Durchstarten!
2004	Nachdem Uranus Ihr gegenüberliegendes Sternzeichen endgültig verlassen hat, liegt der Schwerpunkt auf dem trügerischen Neptun. Hat sich bei der Silvesterparty Venus mit Neptun vereinigt und die Beziehung Ihrer Träume gebracht, oder ist alles Illusion? Die Zeit wird es erweisen. Warten Sie, bis Mars im späten **Juni** in Ihr Zeichen stürmt und Ihre Libido anheizt, ehe Sie sich auf die Jagd nach einem Gefährten machen. Mit Venus in Ihrem Zeichen erwarten Sie im **September** Spaß und Romantik.

aber wenn Sie nach ausgiebiger Selbstbefragung zum Schluß kommen, daß eine Beziehung nicht mehr taugt, beenden Sie sie.

Unter dem Durchgang Saturns verspüren Sie den Drang zu heiraten. Sie möchten vielleicht irgendwo Wurzeln schlagen. Doch kann Saturn Ihre Energiereserven erschöpfen, wodurch Ihr Interesse am Sex schwindet. Es ist nicht ungewöhnlich, daß einige Menschen unter Saturns stärkstem Einfluß zur Enthaltsamkeit neigen. Erklären Sie Ihrem Partner, daß dieses Gefühl bald vergehen wird und Sie ihn dennoch lieben, dann wird er Ihnen helfen, diese schwierige Zeit zu überwinden.

Wenn Sie deprimiert sind, nehmen Sie sich die Zeit, um in sich zu gehen und herauszufinden, was Sie blockiert. Saturn verkörpert Ängste und Sorgen. Dieser Planet weist auf Hemmungen oder Barrieren hin, die der Intimität im Weg stehen. Sein Durchgang hilft, diese zu erkennen.

Wenn Ihre Libido in letzter Zeit etwas schwach war, so wird ab **September** möglicherweise alles anders. Mit Mars in Ihrem Sternzeichen werden Sie Ihr Verlangen kaum noch bremsen können. Gleichzeitig könnte Venus Ihnen im **August** neue Liebesgeschichten bescheren – perfektes Timing!	2000
Sie könnten die Wirkung von Pluto spüren, der emotionalen Ballast ausgräbt, um ihn loszuwerden. Wenn Sie das erst einmal zugelassen haben, werden Ihre Beziehungen viel lockerer, also zögern Sie nicht. Seien Sie in Ihren Beziehungen nicht zu besitzergreifend, besonders im **November** und **Dezember**, wenn Venus und Mars eine schwierige Konstellation mit Pluto bilden. In etwa einem Monat wird alles wieder aufklaren.	2001
Sie befinden sich in der letzten Phase eines Jupiterzyklus, daher werden einige Dinge zum Abschluß kommen und den Weg für neue Möglichkeiten ebnen. Nehmen Sie sich die Zeit, genau zu betrachten, was in Ihrem Sinn läuft und was besser geändert werden sollte. Veränderungen sind weitaus positiver, wenn Sie bewußt herbeigeführt werden.	2002
Mars verbringt den Sommer in Ihrem gegenüberliegenden Sternzeichen. Für Sie bedeutet das, daß Ihre Libido auf Hochtouren läuft und Sie nach neuen Eroberungen streben. Im **September** wandert Jupiter in die Jungfrau und eröffnet damit einen ganz neuen Zyklus. Ihre Beziehungen werden viel freier, und gegen Ende des Jahres werden Sie das Bedürfnis verspüren, mit Ihrem Partner bzw. auf der Suche nach einer neuen Beziehung auf Reisen zu gehen.	2003
Was für ein Jahr! In allen Bereichen gerät alles in Bewegung und wirkt sich bis zu zwölf Jahre lang aus. Sie werden sich an dieses Jahr erinnern! Wenn es je den richtigen Zeitpunkt für eine Romanze gab, dann jetzt! Mit dem expansiven Jupiter in Ihrem Sternzeichen gibt es bis **September** viele Gelegenheiten für schnelle Liebschaften. Sie könnten sich einen Partner aus Übersee anlachen oder im Urlaub die Liebe Ihres Lebens treffen. Im **August** und **September** erreicht Ihre Libido den Zenit.	2004

Uranus

Ein Uranusdurchgang kennzeichnet eine Phase tiefgreifender Veränderung in Ihrem Leben. Wenn er sich nähert, brauchen Sie soviel Freiraum wie möglich. Sollte Ihr Sexualleben zu eingefahren sein, mischt Uranus es ein wenig auf. Er kann Ihren Sexualtrieb verstärken oder Sie auf ganz unpassende Partner abfahren lassen. Sie werden den Drang verspüren, zu neuen

2000	Es ergeben sich in diesem Jahr noch ein paar unerwartete Gelegenheiten zu einer Partnerschaft, wenn Sie also immer noch Ihre »bessere Hälfte« suchen, geben Sie sich einen Stoß, sonst verstreicht die Chance ungenutzt. Im **April** und **Oktober** gehen Partner besonders liebevoll miteinander um. Auch Sie fühlen sich im **Oktober** besonders erotisch, warum feiern Sie also nicht Ihren Geburtstag mit einem vergnüglichen Wochenende in einer luxuriösen Umgebung?
2001	Ein ruhiges Jahr mit viel Zeit zur Besinnung. Gibt Ihnen Ihre Beziehung wirklich alles, was Sie brauchen? Wäre es nicht an der Zeit, selbst zu einer vollwertigen Person zu werden, statt ständig nach jemandem zu suchen, der Sie ergänzt? Die Gelegenheit ist günstig, wenn Sie sie nur ergreifen.
2002	Dieses Jahr kennzeichnet das Ende eines Jupiterzyklus, der vor zwölf Jahren begann. Es ist an der Zeit, loszulassen und sich auf neue Gelegenheiten zu konzentrieren, die sich Ihnen schon bald bieten werden. Der **August** ist ideal, um etwas Vergnügen zu suchen, das Ihrem romantischen Wesen entgegenkommt.
2003	Der expansive Jupiter wandert nächstes Jahr in Ihr Zeichen. Jetzt gibt es also nichts, was Sie zurückhält. Das ist die ideale Gelegenheit, um Ihre Beziehungen für die nächsten zwölf Jahre auf den richtigen Weg zu bringen. Lassen Sie nicht zu, daß der Wunsch nach einer Partnerschaft um jeden Preis das Potential einer ganz anderen Art von Beziehung verdrängt, als sie Sie gewohnt sind.
2004	In diesem Jahr betritt Jupiter Ihr Zeichen, und die Vorbereitungen für Ihr romantisches Wiederaufleben sollten getroffen sein. Am Ende des Jahres müßte dann Ihr Verlangen nach einem Partner mehr als gestillt sein. Sie werden die Folgen von einigen Probeläufen im ersten Halbjahr noch monatelang spüren, bevor Sie wieder in ruhigere Bahnen gelangen. Im **Oktober** und **November** vereinen Mars und Venus ihre Kräfte mit Jupiter – eine tolle Zeit für Flitterwochen.

und aufregenderen Horizonten aufzubrechen. Doch es gibt ein Problem, denn unter dem Einfluß dieses Planeten des »Alles oder Nichts« könnten Sie den Fehler machen, Nützliches abzulehnen. Überlegen Sie es sich also lieber zweimal, ehe Sie wirklich radikale Veränderungen vornehmen.

Machen Sie sich unter dem Durchgang von Uranus auf Unerwartetes gefaßt und halten Sie nicht an der Vergangenheit fest. Beziehungen, die bisher der Prüfung der Zeit standgehalten haben, gehen unter dem Einfluß von Uranus unerklärlicherweise auseinander. Neue und manchmal ganz verschiedenartige Partner fühlen sich von Ihnen magisch angezogen.

Bleiben Sie Neuerungen gegenüber offen. Wehren Sie sich dagegen, könnte das negative Auswirkungen haben: Starker Streß ist die Konsequenz, wenn man versucht, diesen Planeten zu ignorieren.

Saturn verläßt Ihr Sternzeichen im **Juli**, doch taucht er im **Oktober** wieder auf. Beziehungen werden daher zumindest zeitweise entspannter verlaufen. Wenn sie hingegen zu einer zu starken Belastung werden, sind **April** und **Mai** ideal, um alles hinter sich zu lassen und eine wohlverdiente Pause einzulegen. Genießen Sie mit Ihrem Partner Sonne, Meer und Sex. Ihrer Beziehung kann das nur gut tun!	2000
Das Jahr beginnt mit Mars in Ihrem Sternzeichen, der Sie gleich zu neuen Herausforderungen drängt. Saturn steht immer noch in Ihrem gegenüberliegenden Zeichen, woraus sich verschiedene Frustrationen ergeben können. Aber machen Sie sich keine Sorgen, ab **Mai** werden die Bremsen gelöst, und Sie werden sexuell wieder ganz der oder die alte sein.	2001
Im **April**, **September** und **Dezember** erwarten Sie ideale Bedingungen für Ihr Vergnügen. Nach der Schwermut der vergangenen Jahre klärt sich die Beziehungsfront erfreulicherweise auf. Lassen Sie keine Entzugserscheinungen zu, wenn die Intensität etwas nachläßt. Auch Skorpione verdienen hin und wieder ein unbeschwertes Jahr ohne emotionale Traumata.	2002
Dieses Jahr kennzeichnet ein Zyklusende. Erledigen Sie die letzten Kleinigkeiten in Erwartung der sensationellen Möglichkeiten, die das nächste Jahr für Sie bereithält. Ihre Beziehungen werden nie wieder so sein wie vorher!	2003
In den letzten Jahren sollte Ihnen eine Menge über Ihre emotionalen Motive klargeworden sein. Ihre Leidenschaften leiten Sie nicht mehr wie zuvor, doch paradoxerweise bringen Ihnen die nächsten zwölf Jahre eine noch nie erlebte Intimität. Selbstbeherrschung ist die größte Herausforderung für den Skorpion, und dieses Jahr bietet Ihnen viele Möglichkeiten, sie zu üben. Im **November** vereinigen sich Mars und Venus in Ihrem Sternzeichen. An diesen Geburtstag werden Sie sich noch Jahre erinnern!	2004

♆

Neptun

Wenn der verträumte Neptun Einfluß auf Sie gewinnt, werden Sie den verstärkten Wunsch verspüren, mit Ihrem Partner zu verschmelzen. Dieser trügerische Planet beschert Ihnen Träume, Illusionen und Enttäuschungen.

In dieser Zeit sind Sie vielleicht davon überzeugt, den Partner Ihres Lebens gefunden zu haben. Doch wenn

2000	Im **Januar** und **Oktober** kommen spielerische Zeiten auf Sie zu. Im **Mai** könnte es in der Partnerschaft öfter mal krachen.
2001	Von **März** bis **Juli** läuft Ihre Libido auf Hochtouren, doch Saturn könnte etwas hemmend auf sie wirken. Um Ihren Geburtstag herum stimuliert die erotische Venus Ihre Leidenschaft.
2002	Der **Mai** ist ein einziges sexuelles Feuerwerk. Viel Spaß!
2003	Im **Juni** verläßt Saturn Ihr gegenüberliegendes Sternzeichen. Das sollte den Druck etwas mildern, aber Sie haben es noch eine ganze Weile mit Pluto zu tun.
2004	Inzwischen haben Sie sich an den kathartischen Pluto in Ihrem Sternzeichen gewöhnt. Sie sind auf dem Weg der Läuterung und beginnen, Ihren Wert zu erkennen. Beziehungen sind tiefer und intensiver, aber Sie erkennen, daß Sie sexuelle Alchimie betreiben. Ihr Ziel ist die völlige Transformation, die Sie im **Dezember** erreichen könnten. Dann sind Merkur, Venus und Mars in Ihrem Sternzeichen, und eine Freundschaft könnte Ihr Leben erhellen! Nun haben Sie alles: Partner, Leidenschaft, ewige Liebe.

Neptun dann weiterzieht, werden Sie möglicherweise sehr enttäuscht. Das liegt daran, daß Sie unter Neptuns Einfluß Gefühle entwickeln, die Sie unter normalen Umständen nie hätten. Leider wird Ihnen das Ausmaß Ihrer Selbsttäuschung erst bewußt, wenn Neptuns Durchgang abgeschlossen ist.

Wenn Sie schwere Enttäuschungen in dieser Zeit vermeiden wollen, sollten Sie vorsichtig sein und die Dinge langsam angehen. Treffen Sie keine drastischen oder endgültigen Entscheidungen, ohne sich vorgestellt zu haben, wie die Situation ohne den Einfluß Neptuns aussehen würde. (Das kann allerdings schwierig werden, da dieser Planet etwa 15 Jahre in einem Sternzeichen verbringt.)

Wenn Sie Ihren Lebenspartner unter dem Einfluß dieses romantischen Planeten treffen, wird die Beziehung stark in diesem Sinne geprägt sein.

Der **Juni** ist der Monat sexuellen Vergnügens. In dieser Zeit haben Sie eine ausgeprägte Libido, und Venus trägt ihren Teil dazu bei.	2000
Im **Juli** tritt Jupiter in Ihr gegenüberliegendes Zeichen. Eine Beziehung, die vor sechs Jahren begann, wird nun auf die Probe gestellt. Steht sie auf einer stabilen Basis, werden Sie jetzt die Früchte ernten können. Funktioniert sie nicht, werden Ihnen die Gründe dafür klarwerden. Der **August** ist ideal, um Ihre Beziehung harmonischer zu gestalten.	2001
Mit dem Durchgang Jupiters durch den Krebs werden Sie das Bedürfnis verspüren, sich zu entfalten, vielleicht auch zu reisen oder umzuziehen. Saturn wird nächstes Jahr durch den Krebs wandern, wenn Sie also ein neues Heim finden, sollte es viel Platz bieten, da Sie vielleicht neue Bindungen eingehen werden. Am besten stellen Sie sich rechtzeitig darauf ein.	2002
Die Expansionsphase ist vorüber, jetzt beginnt der Kontraktionsprozeß. Wenn Saturn im **Juni** in Ihr gegenüberliegendes Zeichen zieht, werden die Beziehungen ernsthafter. Vielleicht binden Sie sich an einen neuen Partner, oder Sie gehen in einer bestehenden Beziehung größere Verpflichtungen ein. Sicher werden Sie den Kontakt zu ernsthafteren Menschen suchen, doch gönnen Sie sich wenigstens im **Februar** und **Juli** ein bißchen Spaß.	2003
Saturn ist dieses Jahr im gegenüberliegenden Zeichen, so daß Beziehungen im Brennpunkt des Interesses stehen. Sie wollen, um Wurzeln zu schlagen, eine stabile Partnerschaft. Falls Sie im vergangenen Jahr keine Ehe eingegangen sind, dann vielleicht jetzt. Der Steinbock mag eine weiße Hochzeit. Haben Sie eine Beziehung, wird diese intensiver – oder Sie erkennen sie als Last, die Sie abschütteln wollen. Wenn Mars im **Mai** und **Juni** zu Saturn tritt, könnte dies unüberlegtes Handeln zur Folge haben.	2004

♇

Pluto

Das Szenario ist wohlbekannt, es findet sich in allen romantischen Geschichten. Ein Mensch betritt ein Zimmer. Die Blicke kreuzen sich. Es ist wie ein Wiedererkennen, ein Treffen von Geist und Seele. Der Rest ist Geschichte. Und sie lebten glücklich… So sieht ein klassischer Plutodurchgang aus. Das Schicksal hat in Ihr Leben eingegriffen. Sie haben den idealen Partner ge-

2000	Sie befinden sich immer noch in einem Schwebezustand und können den Beistand der besänftigenden Venus im **Februar** gut gebrauchen. Die Beziehung sollte in dieser Zeit etwas harmonischer verlaufen. Nutzen Sie also die Gelegenheit und führen Sie einige überfällige Gespräche.
2001	Mars steht im **November** im Wassermann und bringt Ihre Libido auf Touren. Da aber Uranus und Neptun sehr ungewöhnliche Bettgenossen für Mars sind, ist kaum vorauszusehen, was Ihre Phantasie ausbrüten wird oder zu wem Sie sich hingezogen fühlen. Ihr Partner sollte sich auf alles gefaßt machen!
2002	Die Veränderungen nehmen ihren Lauf und werden sogar noch beschleunigt, wenn Jupiter im **August** in Ihr gegenüberliegendes Zeichen tritt. Hüten Sie sich davor, zu weit zu gehen. Es scheint fast, als könnten Sie sich nicht mehr zügeln.
2003	Uranus verläßt Ihr Zeichen im **März** für kurze Zeit. Sie haben fünf Monate Atempause, in denen Sie Ihr Leben etwas stabilisieren sollten. Aber keine Sorge, am Ende des Jahres wird Uranus Sie endgültig zufrieden lassen. Dann wird sich alles ändern.
2004	Uranus ist endlich weg, und Neptun residiert für die nächste Zukunft in Ihrem Zeichen. Geben Sie sich romantischen Träumen hin – oder stellen Sie sich Ihren Illusionen. Das Jahr beginnt mit einer glücklichen Vereinigung von Venus und Neptun. Jetzt könnten Sie Ihren Seelenpartner finden – oder jemanden, der wie ein solcher wirkt, was sich aber als Täuschung erweisen könnte. Genießen Sie es, aber fällen Sie keine übereilten Entscheidungen, bis die Beziehung sich einige Zeit bewährt hat.

funden, Ihre verwandte Seele, den Menschen, der Ihr Leben verändert. Ihre Beziehung wird nie wieder so sein wie zuvor.

Im schlimmsten Fall zerlegt Sie ein kathartischer Pluto-Durchgang in Ihre Einzelteile, so daß Sie sich selbst Stück für Stück analysieren können. Dadurch sind Sie gezwungen, Ihre überholten Ansichten und emotionalen Konditionierungen über Bord zu werfen, woraufhin Sie der Außenwelt völlig verwandelt gegenübertreten.

Pluto ist zwanghaft, obsessiv und bewirkt tiefgreifende Veränderungen. Unter seinem Einfluß enden die Dinge und werden neu geboren.

Die von Pluto geprägten Beziehungen sind intensiv und symbiotisch. Die Partner sind stark, ja sie können sich geradezu das Blut aussaugen, so daß sie sich ihre ganze Energie rauben. Andererseits kann das die energiegeladenste und lustvollste Erfahrung Ihres Lebens werden.

Die Monate **März**, **Juli** und **September** halten jene erotischen Affären bereit, die der Fisch am meisten genießt. Nehmen Sie sich genügend Zeit für Ihr Vergnügen.	2000
Pluto verträgt sich nicht mit Ihrem Sternzeichen und wühlt in alten Beziehungen herum. Wenn Sie überkommene Bindungen abbrechen wollen, tun Sie es jetzt. Das ist auch der richtige Zeitpunkt, alles hinter sich zu lassen. Sie sollten sich klarmachen, inwieweit Sie Ihrem Partner bisher Belastungen abgenommen haben. Ihr Beschützersyndrom in allen Ehren, doch auch andere Leute müssen ihre Lektionen lernen, wobei Ihre Freundschaftsdienste hinderlich sein könnten.	2001
Das Jahr beginnt mit dem draufgängerischen Mars in Ihrem Sternzeichen. Ihre Libido macht Luftsprünge, und die Hoffnung auf neue Eroberungen keimt in Ihrem romantischen Herzen stets aufs neue.	2002
Sie werden eine gewisse Erregung verspüren, eine ruhelose Spannung tief in Ihrem Innern. Uranus stattet Ihrem Sternzeichen in der Mitte des Jahres einen kurzen Besuch ab und kehrt dann Anfang des nächsten Jahres für längere Zeit zurück. Für den Fisch bedeutet das eine tiefgreifende Veränderung; Sie werden nie wieder so sein wie vorher.	2003
Unter dem Einfluß von Uranus ändern sich Ihre Beziehungen. Sie und Ihr Partner könnten sich plötzlich trennen, und vielleicht kommt ebenso plötzlich ein neuer Partner. Verlassen Sie sich nicht auf Bestehendes und versuchen Sie nicht, das Vergangene zu halten. Nehmen Sie nur mit in die Zukunft, was wertvoll ist. Uranus bringt bald etwas Neues. Selbst fest etablierte Partnerschaften erschüttert er, aber alles wird gut. Der **Januar** bietet einige rasche romantische Möglichkeiten.	2004

Im Himmel geschlossene Bindungen

Planetenpositionen können einen bedeutsamen Einfluß auf die Einstellungen zu Leben, Liebe und Sex haben. Die Sterne spielen eine wichtige Rolle bei der Frage, was wir von einem Partner erwarten und was wir selbst zu geben in der Lage sind. Daher kann das Verständnis für den Einfluß dieser Himmelskörper dabei helfen, Vereinbarkeit und Erfüllung in einer Partnerschaft zu finden und uns damit der illusionären Bindung anzunähern, die im Himmel geschlossen wird. Doch man sollte im Hinterkopf behalten, daß, so wunderbar alles auch aussehen mag, wenn man frisch verliebt ist, Beziehungen auf Erden funktionieren müssen oder andernfalls zerbrechen. Obwohl die Wahrscheinlichkeit des Funktionierens oder Scheiterns zum Großteil von den Sternen bestimmt wird, basiert eine glückliche Partnerschaft doch auf der Bereitschaft und der Liebe zweier Menschen.

LITERATUR-HINWEISE

Adler Gral, Jessie: *Magischer Spiegel Liebe*, Ebertin 1998

Bauer, Erich:
Das Sternzeichen der Liebe – Fische (20.02.–20.03.), Droemer Knaur 1999

Das Sternzeichen der Liebe – Jungfrau (24.08.–23.09.), Droemer Knaur 1999

Das Sternzeichen der Liebe – Krebs (22.06.–22.07.), Droemer Knaur 1999

Das Sternzeichen der Liebe – Löwe (23.07.–23.08.), Droemer Knaur 1999

Das Sternzeichen der Liebe – Schütze (23.11.–21.12.), Droemer Knaur 1999

Das Sternzeichen der Liebe – Skorpion (24.10.–22.11.), Droemer Knaur 1999

Das Sternzeichen der Liebe – Steinbock (22.12.–20.01.), Droemer Knaur 1999

Das Sternzeichen der Liebe – Stier (21.04.–20.05.), Droemer Knaur 1999

Das Sternzeichen der Liebe – Waage (24.09.–23.10.), Droemer Knaur 1999

Das Sternzeichen der Liebe – Wassermann (21.01.–19.02.), Droemer Knaur 1999

Das Sternzeichen der Liebe – Widder (21.03.–20.04.), Droemer Knaur 1999

Das Sternzeichen der Liebe – Zwillinge (21.05.–21.06.), Droemer Knaur 1999

Chi, An Kuei: *Himmlische Verführung. Die Astrologie der Liebe*, Ullstein 1999

Golder, Carole: *Liebe im Zeichen des Mondes. Der Astrologie-Ratgeber für eine erfüllte Partnerschaft*, Ullstein 1997

Hall, Judy:
The Art of Psychic Protection, Findhorn Press 1996

Hands Across Zeit, Findhorn Press 1997

The Zodiac Pack: A Visual Approach to Astrology, Findhorn Press 1997

Hamann, Brigitte: *Grundmuster der Liebe. Die Astrologie der Beziehungen*, Droemer Knaur 1997

Keiser, Caroline (Hg.): *Zodiac der Liebe. Himmlische Spielregeln für irdisches Glück*, Scherz 1998

Livaldi Laun, Lianella: *Liebe und Eifersucht. Astrologie in Beziehungsfragen* (Standardwerke der Astrologie), Chiron 1997

Pronay, Alexander von: *Die Liebe im Zeichen der Sterne. Astrologische Lebenshilfe für eine glückliche Partnerschaft*, Pabel - Moewig 1996

Ripota, Peter u. a.: *Compact Minihoroskope* (12 Bde.), Compact 1997

Stalla, Maria: *Liebe im Zeichen der Sterne*, tosa 1998

Sullivan, Erin: *Venus, Planet der Liebe und Sinnlichkeit* (Standardwerke der Astrologie), Chiron 1998

Zeller, Alfred P.: *Horoskope-Bücher: Liebe – Partnerschaft – Beruf* (12 Bde.), Naumann & Göbel 1997

BILDNACHWEIS

Der Verlag bedankt sich für die zur Verfügung gestellten Bilder bei folgenden Institutionen:

AKG, London: *3, 6, 8(o), 21, 23, 39, 35, 37, 54, 58(o), 77, 98*; Attard Photowaagery: *1, 40, 44, 48, 66, 68, 72, 74, 75, 84(u)*; Christie's Images: *69*; Corbis: *31, 47, 63, 87, 103, 111;* E. T. Archive: *9, 95*; Hulton Getty: *71(o) 79*; Image Bank: *10, 16(u), 26(o), 28(u), 38, 42, 46, 52(u), 56, 58(u), 59, 62, 64, 67, 71(u), 76, 80, 82(u), 85, 86, 91, 107;* Life File: *61(u)* / Angela Maynard; Pictor: *8(u), 24, 27(u), 19, 45, 53, 83, 93, 109, 114;* Tony Stone: *6(u), 28(o), 32, 51.*

Die Abbildungen auf der vorderen Umschlagseite stammen von: Image Bank *(l);* Attard Photowaagery *(m u. r).*

Die Rechte für die farbigen Tierkreise liegen bei Judy Hall und sind *The Zodiac Pack* (Findhorn Press) entnommen.

Die Rechte aller weiteren verwendeten Abbildungen liegen bei Quarto Publishing plc.

Ein Widder-Mann wurde von seiner Frau verlassen, weil er die Angewohnheit hatte, sie in die Rippen zu stoßen und »Wie wär's?« zu fragen, wenn sie gerade auf der zweiten Seite ihrer Bettlektüre angekommen war. Ist ein Widder hinter Ihnen her, machen Sie sich auf eine intensive Verfolgung gefaßt. Zieren Sie sich zu lange, wird der Widder schnell woanders sein Glück versuchen. Ein Widder bringt seine Lust sehr deutlich zum Ausdruck. Bei ihm wissen Sie stets, woran Sie sind. Ist es Liebe – der Widder kennt den Unterschied nicht immer so genau – werden Sie weiter umworben. Der geeignete Partner des Widders, dem klar ist, daß dessen schneller Sex auf einem dringlichen Bedürfnis basiert, bringt für dieses Sternzeichen einiges Verständnis auf. Da der Widder besonders schwer Gefühle ausdrücken kann, vermeidet er häufig die Zärtlichkeiten, die andere auf jeden Fall geben. Er versteht Sex als Ausdruck seiner Leidenschaft.

LIEBESLEBEN

♈ Widder	
SEXUELLER CHARAKTER	
Treu	**
Launisch	
Kokett	**
Eifersüchtig	
SEXUALTRIEB	
Stark	*****
Mittel	
Schwach	
Hängt vom Partner ab	
MOTIVATION	
Lust	*****
Liebe	**
Romantik	**
Sicherheit	****
Abenteuer	
Bindung	

Woran man einen Stier erkennt

Der Stier nähert sich unverwandt dem Objekt seiner Begierde. Er läßt sich nicht leicht von seinem Weg abbringen und ist auch sehr körperbezogen. Schöne Schlafzimmeraugen locken Sie in sein Bett. Ein breiter Kopf- und Schulterbereich verjüngt sich bis hin zu relativ kleinen Füßen und bestimmt sein Aussehen. Eine tiefe reizvolle Stimme verführt Ihre Sinne – typisch Stier. Stier-Männer und Frauen neigen zu einer üppigen Taille, was sie auf sinnliche Weise anziehend macht. Stiere kleiden sich geschmackvoll. Beide Geschlechter mögen edle Stoffe in leuchtenden Farben, die sich auf der Haut angenehm anfühlen. Die Männer wählen eher nüchterne, erdige Farben im klassischen Stil, dazu tragen sie einen Hauch von Seide. Die Frauen tendieren zu exotischen Stilen. Beide mögen teure, auffällige Accessoires.

Ein Stier zeigt seine Liebe ohne Worte: Champagner, Blumen und Pralinen gehören zu seiner langsamen, sinnlichen Verführungstaktik.

Ein Stier voller Lust und Liebe

Setzt sich ein Stier etwas in den Kopf, führt er es auch aus. Wenn sich ein Stier in Sie verguckt, können Sie sich darauf gefaßt machen, daß er Sie so lange umwirbt, bis er Sie erobert hat. Er wird Sie mit Wein, gutem Essen

PRIORITÄT LIEBE	KÜHLE LEIDENSCHAFT	UMSTÄNDLICH

und Zärtlichkeiten überschütten und schließlich sanft in sein Bett drängen. Zwar ist er kein feinfühliges Zeichen, aber er geht langsam vor. Daher wird die Verführungsabsicht weit im voraus signalisiert. Flinkere Sternzeichen verlassen hier den Schauplatz vielleicht besser.

Der Stier ist leidenschaftlich und eifersüchtig. Er hat keine lockeren Affären, und wenn er sich verliebt hat, bedeutet Liebe für ihn eine tiefe Bindung, die möglichst ein Leben lang halten soll. Da er ein sehr besitzergreifendes Zeichen ist, wird er Sie stets gut bewachen und nicht einmal den harmlosesten Flirt akzeptieren. Dem sinnlichen Stier gefallen Berührungen jeder Art, Massagen, Streicheleinheiten und sogar zarte Bisse. Und wenn er einmal dabei ist, wird er nicht so schnell zum Ende kommen. Machen Sie sich auf stundenlangen Sex in einer schwelgerischen Umgebung gefaßt. Wenn ein Stier Ihnen sein Schlafzimmer zeigt, erwartet er von Ihnen auch, daß Sie bleiben.

LIEBESLEBEN

♉ **Stier**	
SEXUELLER CHARAKTER	
Treu	*****
Launisch	
Kokett	*****
Eifersüchtig	
SEXUALTRIEB	
Stark	****
Mittel	
Schwach	
Hängt vom Partner ab	*****
MOTIVATION	
Lust	*
Liebe	***
Romantik	*
Sicherheit	*****
Abenteuer	
Bindung	*****

Ein Zwilling umwirbt Sie mit seiner überwältigenden verbalen Verführungskunst – er setzt sein schwatzhaftes Wesen ein, um hemmungslos mit Ihnen zu flirten.

Woran man einen Zwilling erkennt

Der gesellige Zwilling ist leicht zu erkennen. Er ist gesprächig und sitzt selten still. Zuerst werden Sie den Zwilling hören, denn er hört nie auf zu reden und gestikuliert ununterbrochen. Dieses Sternzeichen ist voller nervöser Energie.

Leicht zerknitterte Kleidung, schlanke Figur, zur Seite geneigter Kopf, um das Handy zu halten, strahlende, neugierige Augen und ein schelmisches Lächeln deuten darauf hin, daß ein Zwilling gerade versucht, Sie mit seinen verbalen Verführungskünsten zu umwerben. Ein Zwilling ist gern unter Leuten, will Eindruck schinden und ist ein glänzender Unterhalter. Unglaubliche Geschichten und ein Kreis potentieller bewundernder Liebhaber sind bei diesem Sternzeichen die Regel.

Ein Zwilling voller Lust und Liebe

Oft weiß er selbst nicht so genau, ob es sich um Lust, Liebe oder nur um das Bedürfnis nach einem Gesprächspartner handelt. Zwillinge verbringen ihre Zeit lieber mit guten Freunden als mit Liebhabern. Der Zwilling als das wechselhafteste Zeichen des Tierkreises unterliegt starken Stimmungs-

PRIORITÄT LIEBE	KÜHLE LEIDENSCHAFT	UMSTÄNDLICH

schwankungen. Erst verspürt er Lust, dann Langeweile, im nächsten Moment ist er verliebt, und so geht es immer weiter. Dieses Muster kann er mit verschiedenen Partnern ständig wiederholen. Weil der Zwilling viele andere Interessen kultiviert, erträgt er Enthaltsamkeit besser als jedes andere Sternzeichen. Wenn ein Zwilling sich also für Sie interessiert oder sich gar in Sie verliebt, machen Sie sich auf einiges gefaßt, um mit ihm Schritt zu halten. Und fühlen Sie sich nicht zurückgestoßen, wenn Ihr Zwillinge-Partner auf einem Fest herumflirtet oder sich mit einer Gruppe von Personen in eine Diskussion verstrickt, die Sie ausschließt. Je mehr Freiheit Sie ihm zugestehen, um so mehr Aufmerksamkeit wird er Ihnen anschließend widmen. Ein Zwilling kehrt gern dorthin zurück, wo ihm ein ruhiger, friedlicher Zufluchtsort geboten wird. Das schließt natürlich Streitereien nicht aus. Sie sollten aber versuchen, möglichst nicht von Ihrer Meinung abzurücken.

LIEBESLEBEN

♊ Zwillinge	
SEXUELLER CHARAKTER	
Treu	
Launisch	*****
Kokett	*****
Eifersüchtig	
SEXUALTRIEB	
Stark	
Mittel	*
Schwach	
Hängt vom Partner ab	*****
MOTIVATION	
Lust	*
Liebe	*
Romantik	*
Sicherheit	
Abenteuer	****
Bindung	

Woran man einen Krebs erkennt

Seitenblicke und ein fürsorgliches Lächeln sind es, die den Krebs verraten. Dieses Sternzeichen geht selten etwas direkt an. Ein melancholischer Blick aus gefühlvollen Augen unter langen Wimpern, ein blasses, mondförmiges Gesicht und eine üppige Figur oder ein Blitzen des Silberschmucks, den Krebse so sehr lieben, fallen ins Auge. Wie der Mond hat der Krebs etwas Leuchtendes. Er ist ein äußerst liebenswertes und sanftmütiges Zeichen – bis seine Scheren etwas zu packen kriegen.

Zuerst stoßen Sie an den harten Panzer des Krebses, bis Sie den Menschen dahinter besser kennenlernen. Dieses schüchterne Zeichen kann sich sehr gut tarnen.

Der Krebs ist stets um das Wohlbefinden seiner Mitmenschen besorgt. Wenn Sie einem Krebs zum ersten Mal begegnen, bietet er Ihnen möglicherweise etwas zu essen und zu trinken an. Das zweite Mal ist dann reine Gefälligkeit, und schon haben Sie angebissen.

Ein Krebs voller Lust und Liebe

Lust und Liebe sind für den Krebs praktisch dasselbe. Wenn er Lust auf jemanden hat, wird er sich selbst vormachen, er sei verliebt; und ist er verliebt, will er dieser Liebe mit viel Schmusen und Zärtlichkeit Ausdruck verleihen. Liebe ist für ihn emotionale Anteilnahme. Er muß in Gefühlen geradezu versinken, um die Gefühle des Partners zu verstehen und seine eigenen Gefühle vermitteln zu können. Hat er einmal echtes Vertrauen zum Partner gefaßt – und das kann bei seiner Verletzlichkeit eine Weile dauern –, möchte er alles mit ihm teilen. Für den Krebs ist es wesentlich, genügend Zeit für die Verarbeitung seiner Gefühle zu haben, sonst überfordern und verwirren sie ihn. Ist der Krebs emotional überlastet, bekommt er entweder einen hysterischen Anfall, oder er verschließt sich in seinem Panzer. Wenn der Partner das vermeiden kann, indem er seinem geliebten Krebs genug persönlichen Freiraum zuge-

steht, und ohne daß dieser sich abgewiesen oder ungeliebt fühlt, wird die Beziehung sehr davon profitieren.

Mit neckischen Seitenblicken versorgt der Krebs seinen geliebten Partner mit Leckereien.

LIEBESLEBEN

♋ Krebs	
SEXUELLER CHARAKTER	
Treu	*****
Launisch	
Kokett	
Eifersüchtig	*****
SEXUALTRIEB	
Stark	
Mittel	
Schwach	
Hängt vom Partner ab	*****
MOTIVATION	
Lust	**
Liebe	****
Romantik	****
Sicherheit	*****
Abenteuer	
Bindung	****

Der Löwe möchte bewundert werden. Oft ist das auffälligste Merkmal dieses extravaganten Zeichens sein Haar – die Löwenmähne.

Woran man einen Löwen erkennt

Die wallende Mähne zurückgeworfen, der selbstsichere Blick, ein schnelles Zurechtmachen, blitzendes Gold, ein verzaubertes Publikum, Schmeicheleien, Applaus – hier hält wohl gerade ein extravaganter Löwe Hof. Beim Eintreten macht der Löwe eine dramatische Pause. Er steht da und beobachtet seine Umgebung, bis man ihn bemerkt. Dann läßt er seinen Hofstaat zu sich kommen. Der Löwe ist ein unersättliches Zeichen mit einem großen Hunger nach Bewunderung.

Löwen mögen Gold und sonnenhelle Farben. Löwen-Männer tragen dicke Goldketten und eine riesige, auffällige Gürtelschnalle. Löwen-Frauen sind etwas dezenter: Die Kette ist zierlicher, die Gürtelschnalle stilvoller, aber die Wirkung ist dieselbe. Ein weiteres Merkmal des Löwen ist das wallende Haar. Es ist dick, häufig lockig – eine richtige Löwenmähne eben.

Der Löwe voller Lust und Liebe

Ein Löwe auf der Pirsch ist ein lohnender Anblick. Dieses Sternzeichen verkörpert praktisch das fleischliche Verlangen. Wie eine große Katze

PRIORITÄT LIEBE	KÜHLE LEIDENSCHAFT	UMSTÄNDLICH

schleicht sich der Löwe an seine Beute heran und spielt gnadenlos mit seinem willigen Opfer. Es ist schwierig, ihm zu widerstehen, da er sich nicht gern abweisen läßt.
Der Löwe haßt Frustrationen und braucht viel Sex. Er genießt einen leidenschaftlichen One-Night-Stand und verwechselt Lust nicht mit Liebe. Wenn er sich jedoch verliebt, sieht alles anders aus. Der gefühlsbetonte Löwe hat ein romantisches Wesen – er liebt rote Rosen und alles, was dazugehört. Seine Liebeserklärungen äußert er für gewöhnlich über die physische Ebene. Die Tiefe seiner leidenschaftlichen Gefühle läßt keinen Zweifel zu. Natürlich wird er auf eine große Hochzeit in Weiß bestehen. Wenn er sich dann schließlich im Zentrum der Aufmerksamkeit befindet, ist das sein großer Tag.
Der Löwe ist ein treues Sternzeichen, das von seinem Partner dieselbe Loyalität erwartet.
Wenn Sie also einmal das Herz eines Löwen erobert haben, gehört es für die Dauer der Beziehung ganz Ihnen.

LIEBESLEBEN

♌ **Löwe**	
SEXUELLER CHARAKTER	
Treu	***
Launisch	
Kokett	*
Eifersüchtig	*
SEXUALTRIEB	
Stark	****
Mittel	
Schwach	
Hängt vom Partner ab	
MOTIVATION	
Lust	***
Liebe	**
Romantik	**
Sicherheit	**
Abenteuer	
Bindung	*

SEX OHNE BINDUNG	WILDER SEX	LANGSAME VERFÜHRUNG

Woran man eine Jungfrau erkennt

Jungfrauen sind gut gekleidet und perfekt gestylt. Sie tragen eine sehr stilvolle Attraktivität zur Schau. Eine weibliche Jungfrau erkennt man daran, daß sie unbewußt den Kragen oder das Haar ihres Gegenübers zurechtzupft – was aber nicht unbedingt auf eine verführerische Absicht deutet. Ein Mann dieses Sternzeichens streicht unsichtbare Fusseln weg, wenn er sich – konzentriert auf seine subtile Verführungstaktik – ruhig und selbstbewußt nähert.

Da die Jungfrau sehr gesundheitsbewußt ist, hat sie meist einen gepflegten, durchtrainierten Körper. Sie strahlt eine ausgesprochen starke körperliche Anziehungskraft aus, doch kommt ihre eher raffinierte Sinnlichkeit oft erst nach einer Weile zum Ausdruck.

Die Jungfrau voller Lust und Liebe

Die Jungfrau hält ihre Lust im allgemeinen unter Kontrolle, daher wenden wir uns zuerst der verliebten Jungfrau zu. Dieses Sternzeichen ist perfektionistisch und intellektuell angehaucht. Daher muß der Partner auf der gleichen mentalen Wellenlänge liegen und gut mit ihr kommunizieren können. Wenn er nicht diesen Erwartungen entspricht, ist die Jungfrau zutiefst frustriert. Wenn die Jungfrau sich verliebt, dann sicherlich nicht Hals über Kopf.

PRIORITÄT LIEBE	KÜHLE LEIDENSCHAFT	UMSTÄNDLICH

Das zurückhaltende Zeichen zeigt eher kühle Inbrunst als heiße Leidenschaft, obwohl die angeborene Sinnlichkeit und die starke Libido des Erdzeichens durchaus für Momente intensiver Leidenschaft sorgen können. Doch bei der Jungfrau muß die Umgebung stimmen. Sie kann von der kleinsten Unvollkommenheit abgestoßen werden. Der Partner der Jungfrau wird schnell erkennen, daß alles genau analysiert und, wenn für unzureichend befunden, kritisiert wird.

Bei der lustgesteuerten Jungfrau drängt sich die erdnahe Sinnlichkeit in den Vordergrund. Dieses Sternzeichen wird vorher genaue Erkundigungen eingezogen haben und daher wissen, was dem Partner besonders zusagt – zugegeben, ein etwas nüchternes und kühles Vorgehen. Während sich die Jungfrau für gewöhnlich nicht ihrer Leidenschaft hingibt, kann ihr erdnahes Wesen mit dem richtigen Partner doch ein sexuelles Großfeuer entfachen.

LIEBESLEBEN

♍ Jungfrau	
SEXUELLER CHARAKTER	
Treu	**
Launisch	*
Kokett	*
Eifersüchtig	
SEXUALTRIEB	
Stark	**
Mittel	
Schwach	
Hängt vom Partner ab	***
MOTIVATION	
Lust	**
Liebe	*
Romantik	
Sicherheit	*
Abenteuer	
Bindung	***

Woran man eine Waage erkennt

Sehen Sie den Menschen mit dem entwaffnenden Lächeln? Ein Inbegriff von Schönheit, gelassen und völlig entspannt, wenngleich hoffnungslos verspätet. Das kann nur eine verliebte Waage sein, die ihren neuen Partner trifft. Die mit sicherem Geschmack gesegnete Waage sieht immer bezaubernd aus: farblich abgestimmte Kleidung, gut gestyltes Haar, perfektes Make-up oder eine glatte Rasur. Alles so, wie es sein soll. In jeden Spiegel, an dem die Waage vorbeikommt, wirft sie einen langen Blick – obwohl sie eigentlich nicht eitel ist. Ihr Körper ist grazil und wohlgerundet, doch stets üppig und erotisch. Dieses Sternzeichen wurde einfach für die Liebe geschaffen.

Waagen machen sich gern perfekt zurecht. Das äußere Erscheinungsbild ist ihnen sehr wichtig, deshalb blicken sie in jeden Spiegel, der sich ihnen bietet.

Die Waage voller Lust und Liebe

Als kokettes Kardinalzeichen wird die Waage oft von ihrer Lust überwältigt. Dieses Gefühl verwechselt sie hin und wieder mit Liebe. Die Erfüllung rein körperlicher Begierde erscheint

PRIORITÄT LIEBE	KÜHLE LEIDENSCHAFT	UMSTÄNDLICH

ihr zu banal, daher »verliebt« sie sich lieber gleich und wird romantisch. Die Waage hält nichts von wilder Leidenschaft, Sex muß Raffinesse haben. Auch ist sie eine hartnäckig Umwerbende. Nicht, daß sie kühne Schritte wagen würde – sie erweckt lieber den Anschein, als würde sie ihrem Gegenüber die Initiative überlassen. Ihr Verlangen kann sie derart gut tarnen, daß sie mitunter selbst darauf hereinfällt. Wacht sie dann neben einem Fremden auf, ist sie sich nicht sicher, ob das Geschehene ernst gemeint war oder nicht. Hat die unentschlossene Waage einmal ihre Liebe gefunden, will sie liebevoll umworben werden oder selbst umwerben. Essen bei Kerzenschein und romantische Wochenenden bringen die Waage in Stimmung. Das Vorspiel ist dabei genauso wichtig wie der Liebesakt selbst. Auch Kommunikation ist der Waage wichtig. Wenn sie für eine Weile vom Partner getrennt ist, hält sie den Kontakt ständig aufrecht, ob telefonisch, durch Karten, Blumen oder Liebesbriefe.

LIEBESLEBEN

♎ Waage	
SEXUELLER CHARAKTER	
Treu	**
Launisch	*
Kokett	*****
Eifersüchtig	
SEXUALTRIEB	
Stark	
Mittel	
Schwach	
Hängt vom Partner ab	*****
MOTIVATION	
Lust	*
Liebe	****
Romantik	*****
Sicherheit	***
Abenteuer	
Bindung	***

SEX OHNE BINDUNG	WILDER SEX	LANGSAME VERFÜHRUNG

Woran man einen Skorpion erkennt

Ein durchdringender, stechender Blick aus unergründlichen Augen, eine Aura voller Rätselhaftigkeit und emotionaler Intensität, starke sexuelle Anziehungskraft hinter einem mysteriösen Äußeren – hier scheint ein zauberhafter Skorpion sein sexuelles Potential zu taxieren. Skorpione fallen auf und können bei der ersten Begegnung einschüchternd wirken. Vor allem die Männer, aber auch die Frauen haben intelligente, stechende Augen, die ein wichtiges Erkennungsmerkmal sind. Skorpione heben sich durch ihr sexuelles Charisma und ihr unverschämt gutes Aussehen von der Masse ab. Der Skorpion-Mann bevorzugt teure maßgeschneiderte Anzüge aus edlen Stoffen, wobei er sich jedoch für schlichte Schnitte entscheidet. Oft trägt er dunkelrote Kleidung. Die Skorpion-Frau wählt kräftige Farben. Ihr Geschmack schwankt je nach Stimmung zwischen provokativ und grell.

Ein Skorpion voller Lust und Liebe

Wenn der Skorpion seiner Lust nachgibt, wird sich die ganze Intensität dieses Sternzeichens auf den Partner konzentrieren. Für den Skorpion verkörpert Sex Macht und Vergnügen. Schüchternere Zeichen sollten besser die Finger von Affären mit dem Skorpion lassen. Die Lust des Skorpions kann tatsächlich versengend wirken. Doch wenn er dann endlich die Macht aus den Händen gibt und sich verliebt, gibt es keinen ergebeneren Partner – und auch keinen eifersüchtigeren. Dieses Zeichen ist außerordentlich besitzergreifend. Wenn der Skorpion sich verliebt, wird es fürs Leben sein. Er ist zutiefst loyal und weitgehend treu. Da der Skorpion gut zwischen Lust und Liebe unterscheiden kann, bedeuten gelegentliche Affären nicht, daß er seinen Partner nicht mehr liebt, sondern lediglich, daß er einen Überschuß an Libido hatte und sich gerade eine Gelegenheit bot… Doch obwohl der Skorpion selbst sehr eifersüchtig ist, erwartet er von seinem Partner Verständnis dafür, daß derartige Affären nichts mit seiner festen Beziehung zu tun haben. Was dem Skorpion wirklich durch den Kopf geht, werden Sie nie erfahren, denn was seine Gefühle und Emotionen angeht, so bleibt er äußerst verschlossen.

LIEBESLEBEN

♏ Skorpion	
SEXUELLER CHARAKTER	
Treu	***
Launisch	
Kokett	*
Eifersüchtig	*****
SEXUALTRIEB	
Stark	*****
Mittel	
Schwach	
Hängt vom Partner ab	
MOTIVATION	
Lust	*****
Liebe	**
Romantik	
Sicherheit	
Abenteuer	
Bindung	***

SEX OHNE BINDUNG	WILDER SEX	LANGSAME VERFÜHRUNG

Woran man einen Schützen erkennt

Wenn ein Mann eine Schütze-Frau ansieht, fällt sein Blick zweifellos zuerst auf die langen, wohlgeformten Beine. Eine Frau ist vermutlich vom jungenhaften Wesen des Schütze-Mannes fasziniert. Die Schützen beider Geschlechter werden sehr direkt auf einen potentiellen Partner zugehen. Schützen sind unbekümmerte Menschen. Sie sind gern im Freien und tragen legere Kleidung. Sie haben tendenziell ovale Gesichter mit einem offenen, ehrlichen

Schützen halten sich gern im Freien auf und lieben legere Kleidung.

Gesichtsausdruck. Dieses Sternzeichen flößt auf Anhieb Vertrauen ein. Doch dort, wo ein Schütze ist, ist ein Fettnäpfchen nicht weit, denn taktlose Bemerkungen sind in der Tat seine Stärke. Durch seine offene und direkte Art stößt er andere Leute unabsichtlich vor den Kopf. Im Grunde meint er es gar nicht so, er sagt einfach, was ihm in den Sinn kommt.

PRIORITÄT LIEBE	KÜHLE LEIDENSCHAFT	UMSTÄNDLICH

Ein Schütze voller Lust und Liebe

Da der Schütze den Nervenkitzel der Jagd genießt, beschert ihm seine Lust oft mehr Spaß als das Verliebtsein. Ist er einmal eine feste Beziehung eingegangen, müht er sich ständig damit ab, seine Begeisterung aufrechtzuerhalten. Doch auch andere Dinge sind ihm wichtig: Die Befriedigung seines Sexualtriebes kann für eine Weile im Vordergrund stehen, dann aber zurückgestellt werden. Er sucht oft sexuelle Affären, Liebe muß damit aber nichts zu tun haben. Doch mitunter verwechselt dieses Sternzeichen Faszination mit Liebe. Der Schütze mag zu einer schnellen Heirat verleitet werden, um dann zu entdecken, daß es nur ein Strohfeuer war. Wenn er sich aber wirklich verliebt, braucht er viel Freiraum. Ein zu einengender Partner wird auch einen bis über beide Ohren verliebten Schützen verschrecken. Gesteht man ihm aber immer genug Freiraum zu, ist er überraschend treu.

LIEBESLEBEN

♐ Schütze	
SEXUELLER CHARAKTER	
Treu	
Launisch	****
Kokett	
Eifersüchtig	
SEXUALTRIEB	
Stark	****
Mittel	
Schwach	
Hängt vom Partner ab	
MOTIVATION	
Lust	***
Liebe	**
Romantik	*
Sicherheit	
Abenteuer	*****
Bindung	

SEX OHNE BINDUNG	WILDER SEX	LANGSAME VERFÜHRUNG

Woran man einen Steinbock erkennt

Trotz ihres sexuellen Charismas wirken viele Steinböcke abweisend. Auch machen sie selten Annäherungsversuche. Erst in einer Situation engerer Vertrautheit tritt die sexuelle Intensität ihres Wesens zutage. Der Steinbock ist stattlich, zurückhaltend und strahlt eine gewisse Autorität aus. Gepflegt und diszipliniert, nähert er sich dem Objekt seiner Begierde auf recht ernsthafte Weise. Von seinen Mitmenschen erwartet er, daß sie seinen gesellschaftlichen Status anerkennen. Steinböcke bevorzugen gute und teure Kleidung in grauen oder erdigen Farbtönen – das äußere Erscheinungsbild ist ihnen sehr wichtig.

Ein Steinbock voller Lust und Liebe

Der Steinbock hat, wie alle Erdzeichen, einen starken, ausdauernden Sexualtrieb. Doch im Gegensatz zu den anderen Erdzeichen kann er seine Lust fast unbegrenzt zurückhalten. Der Steinbock-Mann läßt sich eher zu einer Affäre hin-

Unter der äußerlichen Zurückhaltung und Selbstdisziplin des Steinbocks liegt eine sexuelle Intensität verborgen, die sich beim richtigen Partner als pure Lust entpuppt.

reißen als die Steinbock-Frau, doch warten beide im allgemeinen lieber auf den richtigen Partner. Lust und Liebe werden vom Steinbock gerne gleichgesetzt, und so wird die Lust nur in einer festen Beziehung ausgelebt. Das Durchhaltevermögen des Steinbocks liegt in seiner erdverbundenen Sexualität begründet. Mit zunehmender Reife läßt er seiner Lust eher freien Lauf, und die Liebe tritt mitunter etwas in den Hintergrund. Hier kommt dann der »lüsterne Bock« zum Vorschein. Wenn der Steinbock endlich seine Hemmungen ablegt, kann er sich ganz der Sexualität hingeben. In der Liebe ist der Steinbock auf ewig treu und sehr loyal. Selten hat dieses Sternzeichen außereheliche Affären, vielmehr will es seine ganze freie Zeit mit dem Partner verbringen. Körperliche Liebesbezeugungen oder wortreiche Liebesschwüre liegen ihm nicht, aber er findet andere Wege – Geschenke oder romantische Gesten –, um seine Liebe zum Ausdruck zu bringen.

LIEBESLEBEN

♑ Steinbock	
SEXUELLER CHARAKTER	
Treu	*****
Launisch	
Kokett	
Eifersüchtig	*
SEXUALTRIEB	
Stark	
Mittel	
Schwach	
Hängt vom Partner ab	*****
MOTIVATION	
Lust	*
Liebe	****
Romantik	
Sicherheit	*****
Abenteuer	
Bindung	*****

SEX OHNE BINDUNG	WILDER SEX	LANGSAME VERFÜHRUNG

Woran man einen Wassermann erkennt

Ein Wassermann ist ein komplexes Zeichen. Urkomisch, exzentrisch, originell – es knistert im positiven Sinn. Doch trotz all der nervösen Energie sind Wassermänner sehr geschmeidig, lebendig und hochintelligent. Mitunter lassen sie eine gewisse Distanz spüren, einem Wissenschaftler ähnlich, der seltene Exemplare im Labor beobachtet. Zuerst bemerkt man sein unkonventionelles Auftreten. Ob es nun die Haare oder die Kleidung sind, der Wassermann sticht gern aus der Masse heraus, obwohl dieses zutiefst humanitäre Zeichen eigentlich Menschen *en masse* mag. Teil seines Verführungsrituals sind quälende persönliche Fragen: Er will wissen, wen er vor sich hat.

Ein Wassermann voller Lust und Liebe

Als fixes Zeichen mit Uranus als mitherrschendem Planeten hat der Wassermann einen ausgeprägten, drängenden Sexualtrieb. Doch durch das Luftelement gibt es wenig Verbindung zwischen Kopf und Körper, daher können Lustgefühle unbeachtet vorübergehen. Saturn sorgt zusätzlich für die starke innere Stimme, die davor warnt, sich hinreißen zu lassen. Aus diesem Grund verwirrt den Wassermann seine Lust mitunter, und

PRIORITÄT LIEBE	KÜHLE LEIDENSCHAFT	UMSTÄNDLICH

er versteht auch nicht so genau, was Liebe wirklich ist. Er behilft sich damit, Lust als wahre Liebe auszugeben und ohne große Umschweife ins Bett zu steigen. Doch oft handelt es sich nur um ein Strohfeuer. Auf diese Weise kann der Wassermann viele kurze Affären durchleben. Wenn er sich dann endlich verliebt, bedeutet das für ihn eine große Erleichterung. Im Grunde seines Herzens sucht der Wassermann eine Seelenverwandtschaft. Der häusliche Teil seines Wesens nimmt sich vor, treu und ehrlich zu sein, doch ist da immer noch dieser unberechenbare andere Teil. Er braucht sowohl Freiraum als auch Intimität. Dieser Freiraum soll nicht für Affären genutzt werden, doch durch die etwas losgelöste Lebenseinstellung des Wassermanns kann der Partner verunsichert sein und sich fragen, ob er noch geliebt wird. Nach außen hin ist der Wassermann kein sehr zärtliches Wesen, und so gelingt ihm mitunter auch die Bezeugung wirklicher Liebe nicht.

LIEBESLEBEN

♒ Wassermann	
SEXUELLER CHARAKTER	
Treu	∗∗∗∗
Launisch	
Kokett	∗∗
Eifersüchtig	
SEXUALTRIEB	
Stark	
Mittel	∗∗∗
Schwach	
Hängt vom Partner ab	∗∗∗∗
MOTIVATION	
Lust	∗∗
Liebe	∗∗
Romantik	∗
Sicherheit	
Abenteuer	∗
Bindung	∗

SEX OHNE BINDUNG | **WILDER SEX** | **LANGSAME VERFÜHRUNG**

Woran man einen Fisch erkennt

Augen, in denen man zu versinken droht, ein Hauch von sexueller Rätselhaftigkeit und Faszination – das kann nur der romantische Fisch sein, der Sie in ihr bezauberndes Netz aus Mitgefühl und Verwirrung zu ziehen versucht.

Der intuitive Fisch reagiert extrem sensibel auf die Stimmungen seiner Mitmenschen. So kann es passieren, daß er genau das ausspricht, was Sie gerade denken. Dieses Zeichen macht selten direkte sexuelle Annäherungsversuche, es erzeugt lieber eine subtile Strömung, die sein Opfer langsam mitreißt. Fische verfügen über hypnotische Kräfte: Sie klimpern mit ihren schwermütigen Augen, lassen ihren Charme spielen, und schon achtet man auf nichts anderes mehr. Die Falle ist aufgestellt und mit einem Köder versehen. Diejenigen, die hineintappen, kapitulieren hingerissen.

Fische machen mitunter den Eindruck, als kämen sie aus einer anderen Welt.

Ein Fisch voller Lust und Liebe

Für den Fisch sind Lust und Liebe ein und das-

PRIORITÄT LIEBE	KÜHLE LEIDENSCHAFT	UMSTÄNDLICH

selbe, er macht da keinen Unterschied. Sex bringt ihn mit dem Partner zusammen. Fische sind nur bedingt zur Selbstanalyse fähig, um die eigenen Motivationen zu begreifen. Deshalb rutschen sie gefühlsgeleitet in Affären und meinen, es sei Liebe. Doch allzuoft ist es einfach nur Lust, von der – einmal ausgelebt – nichts übrigbleibt. Doch der Fisch kann sich das nur schwer eingestehen, er hält lieber an seinem schönen Traum fest. Trennungen sind für dieses Zeichen problematisch; oft haben Fische daher mehrere Beziehungen parallel. Wenn Fische sich ernsthaft verlieben, ist die Realität weit von der Welt entfernt, die dieses gutgläubige Zeichen bewohnt. Die Situation mag noch so unhaltbar sein – der Fisch pflegt seine Sehnsüchte weiter. Mit dem richtigen Partner hingegen kann Sex zu einer transzendentalen Erfahrung werden, die den Fisch in die schwindelnden Höhen mystischer Einheit mit dem oder der Geliebten erhebt – die Erfüllung des Traums aller Fische.

LIEBESLEBEN

♓ Fische	
SEXUELLER CHARAKTER	
Treu	
Launisch	***
Kokett	*****
Eifersüchtig	
SEXUALTRIEB	
Stark	
Mittel	**
Schwach	
Hängt vom Partner ab	*****
MOTIVATION	
Lust	**
Liebe	*****
Romantik	*****
Sicherheit	**
Abenteuer	
Bindung	

♂	FEUER	ERDE	LUFT	WASSER	LUST	LIEBE	KÜHL

Der Widder-Mann

Der kühne, direkte und lustvolle Widder-Mann sucht nach einer Partnerin, die seinen starken sexuellen Appetit stillen kann und ihm gleichzeitig eine unterhaltsame Begleiterin ist. Eine passive Partnerin versucht er mit aller Macht aufzurütteln. Doch wenn sie zu träge bleibt, verliert er rasch das Interesse an ihr. Ist die Partnerin zu dominant, dann ergeben sich Diskussionen. Daher ist in einer Beziehung auch nur für einen Widder Platz. Er will das Kommando führen.

Wenn ein Widder-Mann Lust auf Sex verspürt, möchte er seinem Verlangen sofort nachgeben. Ein kleines Risiko, etwa am Strand entdeckt zu werden, gibt dem Liebesakt zusätzlichen Kick. Streicheln Sie seinen Nacken, und er wird nicht mehr zu halten sein.

LEIDENSCHAFT	DIREKT	INDIREKT	AKTIV	PASSIV	PHYSISCH	MENTAL	EMOTIONAL

Sexy Kombinationen

Feuerzeichen können den Ansprüchen des Widders genügen und seine Leidenschaft wekken, doch verausgaben sie sich möglicherweise schnell, wenn die Beziehung nicht zu einem vernünftigen Tempo findet. Widder-Männer fühlen sich von den phantasievollen Luftzeichen angezogen, doch kann ein zu starkes intellektuelles Gewicht strapaziös werden. Das gegenüberliegende Zeichen, die Waage, übt auf den Widder-Mann eine sinnliche Faszination aus und ist anpassungsfähig genug, um sein Interesse zu fesseln.

Die emotionalen Wasserzeichen sind ihm stets ein Rätsel. Der Widder-Mann hat kein Interesse daran, Gefühle mit seinen Partnern zu teilen, weshalb sich die sensiblen Wasserzeichen häufig durch seine scheinbare Gleichgültigkeit verletzt fühlen. Zwar können die Erdzeichen mit seiner Macho-Libido mithalten, doch brauchen sie möglicherweise ein längeres Vorspiel als der Widder-Mann.

VEREINBARKEIT

♈	**Widder-Mann mit**		
♈	**Widder**	Wilder Sex, sie dominiert	♥♥♥♥♥
♉	**Stier**	Zu gleichförmig, um anzudauern	♥♥
♊	**Zwillinge**	Gut, wenn sie nicht soviel redet	♥♥
♋	**Krebs**	Starke sexuelle Anziehung	♥♥♥
♌	**Löwe**	Passen perfekt zusammen	♥♥♥♥♥
♍	**Jungfrau**	Reizvoll, erfordert Einsatz	♥♥♥
♎	**Waage**	Erfüllende sexuelle Verbindung	♥♥♥
♏	**Skorpion**	Geteilte Leidenschaft, Streitigkeiten	♥♥♥
♐	**Schütze**	Lohnende Beziehung, Ehe möglich	♥♥♥♥
♑	**Steinbock**	Klappt, wenn sie Zweifel ignoriert	♥♥♥
♒	**Wassermann**	Energiegeladener, innovativer Sex	♥♥♥♥♥
♓	**Fische**	Temperamentsunterschiede	♥♥

♥ wenig Einverständnis
♥♥ mühsam, aber produktiv
♥♥♥ Hartnäckigkeit lohnt
♥♥♥♥ stimulierend
♥♥♥♥♥ perfektes Team

♂	FEUER	ERDE	LUFT	WASSER	LUST	LIEBE	KÜHL

♉

STIER ♂ VEREINBARKEIT

Der Stier-Mann

Für diejenigen, die beim Sex gerne langsam vorgehen, ist der Stier-Mann ein Geschenk des Himmels. Er ist träge, ausdauernd und sehr zuverlässig. So kann er auch Stunden beim Vorspiel oder mit zärtlichen Massagen zubringen. Wenn allerdings jemand seine Routine durcheinanderbringt, reagiert er aufgebracht, aber das ist der Preis für die sinnlichen Stunden, die er bietet. Wenn er einmal eine Schwäche für jemanden hat, sendet der Stier nicht unbedingt gleich eindeutige Signale, er läßt sich vielmehr Zeit, auch wenn seine Lust bereits geweckt ist. Er kann lange auf den Moment der sexuellen Befriedigung warten. Leider unterdrücken viele Stier-Männer ihre sexuellen Wünsche und Bedürfnisse, weil ihnen der Mut fehlt, auf potentielle Partnerinnen zuzugehen.

Ein Stier-Mann teilt seine Liebe nicht in Worten mit, sondern durch sinnliche Massage und einen langsamen, rücksichtsvollen Liebesakt.

LEIDENSCHAFT	DIREKT	INDIREKT	AKTIV	PASSIV	PHYSISCH	MENTAL	EMOTIONAL

Sexy Kombinationen
Geeignete Partner für den Stier sind Luft- und Feuerzeichen, aber nur dann, wenn sie in der Lage sind, den aktiven Part zu übernehmen und ihre Ungeduld unter Kontrolle zu halten. Dabei bleibt noch immer ungewiß, ob der Stier in Fahrt kommt, ehe sie ermüden. Wenn diese Sternzeichen genügend Ausdauer mitbringen, dann befriedigt sie der derbe Stil des Stiers. Grundsätzlich passen auch die anderen Erdzeichen zum Stier – sofern sie die Initiative ergreifen; beide warten nämlich darauf, daß der andere den ersten Schritt tut. Die aktiveren Jungfrau- oder Steinbock-Frauen sind auf jeden Fall in der Lage, die Initiative zu ergreifen. Bei zwei Stieren muß man damit rechnen, daß sie nach anfänglicher Anziehung in Routine und damit in sexuelle Trägheit verfallen.
Eine Skorpion-Frau – sie liegt dem Stier im Tierkreis gegenüber – könnte genau das richtige sein, um ihm im Schlafzimmer etwas auf die Sprünge zu helfen.

VEREINBARKEIT

♉	**Stier-Mann mit**		
♈	**Widder**	Ein Genuß	♥♥
♉	**Stier**	Nicht unbedingt vereinbar	♥♥♥
♊	**Zwillinge**	Viel zu lebhaft	♥
♋	**Krebs**	Befriedigender Sex und zuverlässig	♥♥♥♥
♌	**Löwe**	Einige Arbeit, um sie zufriedenzustellen	♥♥♥
♍	**Jungfrau**	Unterschiedliche Stile, aber vereinbar	♥♥♥
♎	**Waage**	Eine rundum erfüllte Partnerschaft	♥♥♥♥♥
♏	**Skorpion**	Auf körperlicher Ebene explosiv	♥♥♥♥
♐	**Schütze**	Unterschiedliche Einstellungen	♥
♑	**Steinbock**	Schöner Sex, aber wenig Romantik	♥♥♥
♒	**Wassermann**	Schlechter Start	♥
♓	**Fische**	Zu emotional, aber sexuell verlockend	♥♥♥

♥ wenig Einverständnis
♥♥ mühsam, aber produktiv
♥♥♥ Hartnäckigkeit lohnt
♥♥♥♥ stimulierend
♥♥♥♥♥ perfektes Team

♂	FEUER	ERDE	LUFT	WASSER	LUST	LIEBE	KÜHL

Der Zwillinge-Mann

Unbekümmert und stets zu einem Flirt aufgelegt, geht der Zwillinge-Mann sorglos durchs Leben. Im Vorübergehen bricht er die Herzen der Frauen dutzendweise. Dieser außerordentlich gesellige, redselige und witzige Typ zieht nicht selten seine Phantasien einer realen Sexaffäre vor.
Da der Zwillinge-Mann recht launisch und zwiegespalten ist, eignet er sich nicht als Partner für solche, die in einer Beziehung eine langfristige Bindung und absolute Treue suchen.

Der schlagfertige Zwillinge-Mann kann Sie mit seinem Charme regelrecht ausziehen. Aber machen Sie sich auf ein schnelles Ende gefaßt: Zwillinge sind selten treu.

Für die Sternzeichen, die zwar geistreiche Gespräche schätzen, die aber keine allzu hohen emotionalen Anforderungen stellen, kann der Zwillinge-Mann ein lebensfroher Begleiter mit originellen sexuellen Einfällen sein.

Sexy Kombinationen

Die anderen Luftzeichen haben viel Spaß mit dem Zwilling. Sie mögen seine Schlagfertigkeit, Flexibilität und die intellektuellen Spielereien. Aber als festen Partner? Die Jungfrau als ebenfalls von Merkur beeinflußtes Zeichen hätte ihn gern ein

wenig ernsthafter und beständiger, aber sie kann durchaus dafür sorgen, daß der Zwillinge-Mann nicht zu sehr aus der Reihe tanzt. Das Ausleben seiner Phantasien kann eine ganz neue Seite ihres Wesens zum Vorschein bringen.
Eine Waage-Frau wird mehr Aufmerksamkeit verlangen, als der Zwillinge-Mann zu geben bereit ist, wohingegen eine »Wasserfrau« so sehr mit anderen Dingen beschäftigt sein könnte, daß sie nicht einmal merkt, wenn er sich anderweitig umsieht.

Zwei Zwillinge zusammen ist keine so gute Idee, da beide womöglich solange reden, bis ihnen die Lust vergangen ist. Doch eine Schütze-Frau, die im Tierkreis gegenüberliegt, kann von einem redseligen und unterhaltsamen Zwillinge-Mann durchaus zu einer Kissenschlacht überredet werden. Allerdings liegen Feuer- und Luftzeichen nicht immer auf gleicher Wellenlänge. Zwar vermißt die Schützin zuweilen die Aufmerksamkeit des Zwillings, andererseits schätzt sie den Freiraum, den er ihr läßt.

VEREINBARKEIT

♊	**Zwillinge-Mann mit**		
♈	**Widder**	Lebhafter und lustvoller Sex	♥♥♥♥
♉	**Stier**	Zu langweilig	♥
♊	**Zwillinge**	Viel Spaß, solange es dauert	♥♥♥
♋	**Krebs**	Temperamentsunterschiede!	♥
♌	**Löwe**	Großherzige und liebevolle Partnerin	♥♥♥♥♥
♍	**Jungfrau**	Gut, wenn sie nicht zu viel kritisiert	♥♥
♎	**Waage**	Kann gut und dauerhaft funktionieren	♥♥♥♥
♏	**Skorpion**	Er erträgt ihre Eifersucht nicht	♥
♐	**Schütze**	Interessante Affäre, lohnende Ehe	♥♥♥♥♥
♑	**Steinbock**	Zu bieder	♥
♒	**Wassermann**	Zu unvorhersehbar	♥
♓	**Fische**	Unsichere Beziehung	♥♥♥

♥ wenig Einverständnis
♥♥ mühsam, aber produktiv
♥♥♥ Hartnäckigkeit lohnt
♥♥♥♥ stimulierend
♥♥♥♥♥ perfektes Team

♂	FEUER	ERDE	LUFT	WASSER	LUST	LIEBE	KÜHL

Der Krebs-Mann

Dieses Sternzeichen hat einen äußerst komplexen Charakter. Einerseits ist der Krebs-Mann viel zäher, als man meinen mag, und andererseits viel sanfter, als der erste Eindruck glauben macht. Er ist aktiv und kontaktfreudig, versteckt sich aber unter seinem kühlen, gleichgültigen Panzer. Er ist sensibel und verschlossen, überspielt dies aber durch seine ungezwungene Jovialität. Fühlt er sich mißverstanden, kann er sehr empfindlich sein und zum Selbstmitleid neigen. Wenn er sich dann in seinen Panzer verkriecht, haben andere mit ihren Bedürfnissen keine Chance mehr.

Sexy Kombinationen

Die anderen Wasserzeichen sind für die Gefühle des Krebs-Mannes sehr empfänglich. Eine Beziehung mit der vor Libido sprühenden Skorpion-Frau kann sich als heiße Kombination erweisen. Feuerzeichen wecken die unterschwellige Lust des Krebs-Mannes, oder sie stecken ihn sogar völlig in Brand. Eine Löwin ist mögli-

Ein Krebs-Mann ist sensibel und fürsorglich, aber er muß sich mit seiner Geliebten emotional verbunden fühlen.

cherweise zu sehr mit sich selbst beschäftigt, doch könnte ein Krebs-Mann Spaß daran haben, ihr als Sexsklave alle Wünsche zu erfüllen. Zwar ist die Widder-Frau recht fordernd, doch könnte sie dem Krebs-Mann verborgene Leidenschaften und Bedürfnisse entlocken. Die taktlose Schützin kommt vermutlich mit so viel Sensibilität nicht klar, und die Erd- und Wasserzeichen mögen diese ganze Gefühlsduselei nicht. Natürlich liegen die Dinge ganz anders, wenn der sensible Krebs-Mann die Aufmerksamkeit einer »Wasserfrau« auf sich lenkt. Sie wird ihn erst als interessantes Studienobjekt betrachten und sich dann angenehm überrascht von seiner Sexualität zeigen. Eine Steinbock-Frau, das gegenüberliegende Zeichen, kann sich von dem ehrgeizigen, aber darum nicht weniger sensiblen Krebs-Mann angezogen fühlen – Steinböcke lassen sich von der Macht faszinieren. Diesem Sternzeichen könnte es gelingen, den Krebs-Mann aus der Reserve zu locken.

VEREINBARKEIT

♋	**Krebs-Mann mit**		
♈	**Widder**	Zu anspruchsvoll, könnte ihn reizen	♥
♉	**Stier**	Leidenschaftlich, vielversprechend	♥♥♥♥♥
♊	**Zwillinge**	Auf die Dauer zu launisch	♥
♋	**Krebs**	Sehr heikle Kombination	♥♥
♌	**Löwe**	Meistens warmherzig und liebevoll	♥♥♥♥
♍	**Jungfrau**	Angenehme Kombination	♥♥♥♥♥
♎	**Waage**	Risikoreich, zu viele Kompromisse	♥♥
♏	**Skorpion**	Loyale Partnerschaft, intensiver Sex	♥♥♥♥♥
♐	**Schütze**	Gehen in verschiedene Richtungen	♥
♑	**Steinbock**	Heftiger Sex, er zeigt Unsicherheit	♥♥♥
♒	**Wassermann**	Zu kühl, aber man weiß ja nie	♥♥
♓	**Fische**	Gutes gegenseitiges Verständnis	♥♥♥♥♥

♥ wenig Einverständnis
♥♥ mühsam, aber produktiv
♥♥♥ Hartnäckigkeit lohnt
♥♥♥♥ stimulierend
♥♥♥♥♥ perfektes Team

♂	FEUER	ERDE	LUFT	WASSER	LUST	LIEBE	KÜHL
	💋				💋	💋	

Der Löwe-Mann

Der Löwe ist eitel, räuberisch, draufgängerisch und unübersehbar. Daher sucht er sich Liebhaberinnen, die äußerlich zu ihm passen. Seine Eitelkeit verbietet ihm, sich mit einer Frau zu zeigen, die unattraktiv ist. Sie muß seinem sexuellen Durchhaltevermögen standhalten können und seine besonderen Qualitäten zu schätzen wissen. Dieser Mann will stets im Mittelpunkt des Interesses stehen. Er verfügt über eine grenzenlose Energie und eine starke Libido. Eine Partnerin, die mit ihm Schritt halten kann, wird beim Löwen das gewisse Etwas finden, das jede Mühe lohnt.

Massieren Sie den unteren Rückenbereich des Löwen, und sein Blut gerät in Wallung.

Sexy Kombinationen

Der Löwe sollte sich davor hüten, sich an sein weibliches Gegenstück heranzumachen. Abgesehen von der Tatsache, daß beide zu sehr damit beschäftigt sein könnten, sich im Spiegel

zu bewundern, und daher einfach keine Zeit für ihr Liebesspiel finden, gibt es nur Platz für einen Löwen. Was Lust und Liebe mit dem Löwen angeht, so versuchen die Partnerinnen oft, ein fehlendes Element bei ihm auszugleichen. So mag der stolze Löwe, der gern verwöhnt und bewundert wird, dem es aber an Sensiblität mangelt, auf die empfängliche und intensive Energie einer Skorpion-Frau ansprechen. Die gegensätzlichen Kräfte von Wasser und Feuer produzieren einen ziemlichen Dampfstrahl.

Die Wasserfrau liegt dem Löwen im Tierkreis gegenüber. Mitunter kann ein überschwenglicher Löwe die luftige »Wasserfrau« mit einem Ruck auf die Erde holen und eine Leidenschaft entfachen, von der sie nicht einmal zu träumen wagte. Auch eine Stier-Frau kann die wilde Leidenschaft des Löwen entfesseln, sie hat auch das ausreichende Durchhaltevermögen. Sie kann ihn sogar über die Sinnlichkeit seines Körpers lehren, was ihm bisher bei seinem Geltungsbedürfnis völlig entgangen ist.

VEREINBARKEIT

♌	**Löwe-Mann mit**		
♈	**Widder**	Stark!	♥♥♥♥♥
♉	**Stier**	Machtkampf, aber leidenschaftlich	♥♥♥
♊	**Zwillinge**	Könnte interessant werden	♥♥♥
♋	**Krebs**	Hmm, lieber nicht	♥
♌	**Löwe**	Ein königliches Paar; nur: wer ist Boß?	♥♥♥♥
♍	**Jungfrau**	Zu prüde	♥
♎	**Waage**	Dauerhafte Bindung	♥♥♥♥
♏	**Skorpion**	Spektakulärer Sex, schwierige Ehe	♥♥♥♥
♐	**Schütze**	Verspielte Kombination	♥♥♥♥♥
♑	**Steinbock**	Grundlegende Unterschiede	♥
♒	**Wassermann**	Sprühender Sex, nicht dauerhaft	♥♥♥
♓	**Fische**	Schwer zu sagen, wo das hinführt	♥♥

♥ wenig Einverständnis
♥♥ mühsam, aber produktiv
♥♥♥ Hartnäckigkeit lohnt
♥♥♥♥ stimulierend
♥♥♥♥♥ perfektes Team

JUNGFRAU ♂ VEREINBARKEIT

Der Jungfrau-Mann

Bei diesem perfektionistischen Workaholic ist es ein Wunder, daß er überhaupt Zeit für Sex findet. Er ist kein geborener Schürzenjäger und überläßt den ersten Schritt gern den aktiveren Sternzeichen. Doch wenn sich ihm die richtige Gelegenheit bietet, kann er ordentlich flirten, und sein Sexualtrieb ist auch ausreichend, um seine Partnerin zu befriedigen. Im Bett ist er nachgiebig und anpassungsfähig und probiert gern aus, was seiner Partnerin in den Sinn kommt.

Sexy Kombinationen

Ein kühler Jungfrau-Mann könnte sich von der Hitze und ungezügelten Sexualität einer Widder-Frau anstecken lassen. Sie übernimmt gern die Führung, und der etwas passive Mann findet vielleicht ihre Vorliebe, beim Sex oben zu liegen, sehr aufregend.

Eine energische Steinbock-Frau könnte eine ähnliche Wirkung haben. Sie fühlt sich beim Jungfrau-Mann geborgen und kann sich gehenlassen. Wenn eine Stier-Frau sich einmal die Mühe gemacht hat, seine Auf-

Ein lüsterner Jungfrau-Mann verwandelt sich von einer pingeligen Person in ein leidenschaftliches sexuelles Wesen, das im Schlafzimmer gern herumexperimentiert.

LEIDENSCHAFT	DIREKT	INDIREKT	AKTIV	PASSIV	PHYSISCH	MENTAL	EMOTIONAL

merksamkeit auf sich zu ziehen, schätzt sie sicher das sexuelle Standvermögen des Jungfrau-Mannes. Der Schützin und der Löwin nähert er sich mit großer Vorsicht. Dabei kann er sich schnell die Finger verbrennen, doch zieht es ihn immer wieder zu ihnen hin. Nimmt er dann tatsächlich all seinen Mut zusammen, können diese Sternzeichen seine Lust sehr leicht wecken. Die klassische Kombination wäre Jungfrau-Mann mit Fische-Frau. Hier könnten dem Jungfrau-Mann die Augen für neue sexuelle Möglichkeiten geöffnet werden. Da der Jungfrau-Mann sehr obsessiv sein kann, ziehen ihn die Vorliebe des Fisches für Fetische und dessen blühende Phantasie möglicherweise an. Leider passen die beiden außerhalb des Schlafzimmers kaum zusammen.

Die anderen Wasserzeichen sind dem Jungfrau-Mann tendenziell zu gefühlsbetont. Er kann die Sentimentalität des Krebses nicht ausstehen, und an der Skorpion-Frau könnte ihn die Intensität ihrer Leidenschaft abschrecken.

VEREINBARKEIT

♍	**Jungfrau-Mann mit**		
♈	**Widder**	Schwerstarbeit	♥♥
♉	**Stier**	Vielversprechend	♥♥♥♥♥
♊	**Zwillinge**	Verbale Affäre	♥♥♥
♋	**Krebs**	Emotionale Sicherheit, Leidenschaft	♥♥♥♥♥
♌	**Löwe**	Zu starker Sexualtrieb für ihn	♥
♍	**Jungfrau**	Ergänzen einander; routinegefährdet	♥♥♥
♎	**Waage**	Zu wenige Gemeinsamkeiten	♥
♏	**Skorpion**	Schwer zu weckende Leidenschaft	♥♥♥
♐	**Schütze**	Er ist ihr zu kritisch	♥
♑	**Steinbock**	Gute, dauerhafte Verbindung	♥♥♥♥
♒	**Wassermann**	Sie ist exzentrisch, aber wer weiß	♥♥
♓	**Fische**	Sie ist zu undiszipliniert	♥♥

♥ wenig Einverständnis
♥♥ mühsam, aber produktiv
♥♥♥ Hartnäckigkeit lohnt
♥♥♥♥ stimulierend
♥♥♥♥♥ perfektes Team

♂	FEUER	ERDE	LUFT	WASSER	LUST	LIEBE	KÜHL

WAAGE ♂ VEREINBARKEIT

Der Waage-Mann

Der Waage-Mann flirtet gern, ist gewandt, clever und schlägt sich mit viel Charme durchs Leben. Obwohl er im allgemeinen gern die Ansichten seiner Mitmenschen berücksichtigt, sieht sein Sexualleben ganz anders aus. Unter seinem attraktiven und entspannten Äußeren verbergen sich

Der Waage-Mann ist ein charmanter Begleiter, der auch in leidenschaftlichen Momenten darauf achtet, daß seine Frisur noch einigermaßen sitzt.

starke Bedürfnisse, die er absolut zu befriedigen gedenkt. Bei der Suche nach einer Partnerin kann er sehr wählerisch sein. Auf jeden Fall muß sie äußerlich attraktiv sein.

Sexy Kombinationen

Sein Gegenüber, die Widder-Frau, mag dem etwas eigenen Waage-Mann ein wenig zu laut und egoistisch sein, aber vielleicht kann er sich trotzdem für ihre etwas derbe Sexualität erwärmen. Der Waage-Mann braucht Schmeicheleien zur Stärkung seines Egos, weshalb die Verbindung mit einer Löwe-Frau wahrscheinlich nicht gut funktioniert, da sie nämlich genau dasselbe sucht. Die Schütze-Frau ist für den Waage-Mann wahrscheinlich das große Los unter den Feuerzeichen, wenn ihre Taktlosigkeit ihn nicht zu arg verletzt.
Eine venusgeprägte Stier-Frau, die ganz in ihrer Weiblichkeit aufgeht, wird auf der sinnlichen Ebene gut zur Waage passen. Die Sensibilität aller Wasserzeichen wirkt beruhigend auf ihn, solange sie ihre Gefühle nicht zu sehr zur Schau stellen.

VEREINBARKEIT

♎	**Waage-Mann mit**		
♈	**Widder**	Sie gehen gerne vom rechten Weg ab	♥♥♥♥
♉	**Stier**	Zu besitzergreifend, um zu dauern	♥♥
♊	**Zwillinge**	Sie ist für kurze Zeit fasziniert	♥♥♥♥
♋	**Krebs**	Im Ansatz unvereinbar	♥
♌	**Löwe**	Sehr leidenschaftlich	♥♥♥♥♥
♍	**Jungfrau**	Gegensätzliche Ansichten über Sex	♥
♎	**Waage**	Eine ausgeglichene Partnerschaft	♥♥♥♥♥
♏	**Skorpion**	Leidenschaftlich; er klammert zu stark	♥♥♥
♐	**Schütze**	Interessant, aber verschiedene Ziele	♥♥♥
♑	**Steinbock**	Persönlichkeitskonflikte	♥
♒	**Wassermann**	Eine anregende Kombination	♥♥♥♥♥
♓	**Fische**	Toller Anfang, böses Erwachen	♥♥♥

♥ wenig Einverständnis
♥♥ mühsam, aber produktiv
♥♥♥ Hartnäckigkeit lohnt
♥♥♥♥ stimulierend
♥♥♥♥♥ perfektes Team

♂	FEUER	ERDE	LUFT	WASSER	LUST	LIEBE	KÜHL

Der Skorpion-Mann

Wunderbare Attraktivität, kraftvolle Libido und ein guter Liebhaber – was kann sich eine Frau mehr wünschen? Im Bett ist der Skorpion-Mann ein Wirbelsturm (so zumindest sein Ruf), doch nach außen hin wirkt er kühl und entschlossen. Ihn umgibt etwas Geheimnisvolles, und es läßt sich nicht leugnen, daß der Skorpion-Mann eine große sexuelle Anziehungskraft ausstrahlt. Als fixes Zeichen ist er seiner Partnerin gegenüber extrem treu, daher wird die Beziehung mit einem Skorpion-Mann tendenziell von Dauer sein.

Für den Skorpion beginnt ein gelungener Abend mit subtiler Verführung, es folgt Sex der leidenschaftlichsten Art.

Sexy Kombinationen

Viele der normalerweise zurückhaltenden und vorsichtigen Steinbock-Frauen erlebten in den Armen eines Skorpion-Mannes ekstatische Gefühle. Ihre Erdverbundenheit reizt den Skorpion, der diese Zurückhaltung als Herausforderung sieht. Ein sensibler Skorpion kann einer Steinbock-Frau unendliche Lust bereiten und kommt auf dem Weg dorthin durchaus auch auf seine Kosten.

LEIDENSCHAFT	DIREKT	INDIREKT	AKTIV	PASSIV	PHYSISCH	MENTAL	EMOTIONAL

Der Skorpion schätzt auch die Sinnlichkeit der anderen venusbeherrschten Sternzeichen, Stier und Waage, die sein Durchhaltevermögen genießen.
Auch die Jungfrau stuft sein Standvermögen positiv ein und beschert ihm eine weitere Herausforderung. Reizvoll für den Skorpion ist es, die Jungfrau zu verführen. Die anderen Wasserzeichen respektieren starke Emotionen und mögen seine Sensibilität. Obwohl die Krebs- wie auch die Fische-Frau seinem Zauber erliegen, haben doch beide das Bedürfnis, sich hin und wieder zurückzuziehen. Die Luftzeichen dagegen wissen nicht so recht, woran sie beim Skorpion sind. Der Drang, hinter seine Fassade zu blicken, ist aber durchaus vorhanden. Die »Wasserfrau« spricht besonders auf seine magische Anziehungskraft an, und der Skorpion-Mann mag Freude daran finden, ihre Sexualität zu wecken. Die Zwillinge-Frau wird vermutlich bei seinen emotionalen Tricks schnell die Geduld verlieren.

VEREINBARKEIT

♏	**Skorpion-Mann mit**		
♈	**Widder**	Impulsiv!	♥♥♥
♉	**Stier**	Passende Libido, aber stürmisch	♥♥♥
♊	**Zwillinge**	Keine Substanz	♥
♋	**Krebs**	Fürsorgliche Leidenschaft	♥♥♥♥
♌	**Löwe**	Explosiv!	♥♥♥♥
♍	**Jungfrau**	Bis zum sexuellen Erwachen prüde	♥♥
♎	**Waage**	Erfordert Arbeit	♥
♏	**Skorpion**	Eine Wucht! Aber für wie lange?	♥♥♥
♐	**Schütze**	Eine Herausforderung, gelinde gesagt	♥
♑	**Steinbock**	Zuneigung wird rasch Leidenschaft	♥♥♥♥♥
♒	**Wassermann**	Verschiedene Stile, aber interessant	♥♥♥
♓	**Fische**	Geheimnisvolle Glückseligkeit	♥♥♥♥

♥ wenig Einverständnis
♥♥ mühsam, aber produktiv
♥♥♥ Hartnäckigkeit lohnt
♥♥♥♥ stimulierend
♥♥♥♥♥ perfektes Team

♂	FEUER	ERDE	LUFT	WASSER	LUST	LIEBE	KÜHL

Körperliche Herausforderungen regen den sexuellen Appetit des männlichen Schützen an, und wenn es soweit ist, findet er ein schönes Ambiente für den Liebesakt.

Der Schütze-Mann

Er ist der geborene Junggeselle und experimentiert noch viel lieber herum als sein weibliches Gegenstück. Er steht auf Sexspielzeug, um seine Erregung zu steigern – und um keine Langeweile aufkommen zu lassen. In seiner Idealpartnerin sucht er vor allem das Abenteuerliche.

Der Schütze-Mann lebt gern frei wie ein Vogel. Er vermeidet daher auch so lange wie möglich, sich fest zu binden. Er reist für sein Leben gern, ist energisch, interessant und erträgt keine Langeweile. Aufgrund seiner Abneigung gegen Verpflichtungen ist er stetig auf der Suche nach neuen und besseren sexuellen Affären. Und sein jugendlicher Enthusiasmus wirkt überall anziehend auf Frauen.

Sexy Kombinationen

Alle anderen Feuerzeichen passen gut zu ihm. Der Schütze-Mann genießt ausgiebig die Lust mit den Frauen dieses heißen Elements. Er ist glücklich mit der dominanten Art des Widders und schenkt gern der Löwe-Frau die Aufmerksamkeit, nach der sie

sich sehnt. Mit der Schütze-Frau reist er auf der Suche nach neuen Abenteuern fröhlich um die Welt.
Sein gegenüberliegendes Zeichen, der Zwilling, ist äußerst unterhaltsam und erträgt Langeweile ebensowenig wie er selbst. Sein lebendiger Geist ist gut in der Lage, mit den ständigen Veränderungen der Zwillinge-Frau mitzuhalten, ihm gelingt es sogar, ein außerordentliches Feuer in ihr zum Lodern zu bringen.
Luft kann Feuer zu riesigen Flammen anfachen. Deshalb findet der Schütze auch die anderen Luftzeichen interessant. Die Waage-Frau ist ihm vielleicht zu unentschlossen, aber er genießt ihre kokette Art. An der »Wasserfrau« reizt ihn die Herausforderung, sie in sein Bett zu kriegen.
Die größte Herausforderung bieten dem Schütze-Mann jedoch die Wasserelemente.
Als relativ wenig emotionales Wesen zieht er allerdings die körperliche Sinnlichkeit der Erdzeichen der emotionalen Sensiblität der Wasserzeichen vor.

VEREINBARKEIT

♐	**Schütze-Mann mit**		
♈	**Widder**	Ungezügelter Sex	♥♥♥♥♥
♉	**Stier**	Kann körperliche Leidenschaft wecken	♥♥♥
♊	**Zwillinge**	Amüsantes Zusammenspiel	♥♥♥♥
♋	**Krebs**	Sie ist ihm zu verdreht	♥
♌	**Löwe**	Ein Feuerwerk!	♥♥♥♥♥
♍	**Jungfrau**	Könnte sinnlich stimulierend sein	♥♥♥
♎	**Waage**	Wundervolle Kombination, viele Flirts	♥♥♥
♏	**Skorpion**	Sie ist zu tiefgründig für ihn	♥
♐	**Schütze**	Wie füreinander geschaffen	♥♥♥♥♥
♑	**Steinbock**	Sie ist ihm zu vorsichtig	♥
♒	**Wassermann**	Eine interessante Herausforderung	♥♥♥
♓	**Fische**	Sie überfordert ihn	♥

♥ wenig Einverständnis
♥♥ mühsam, aber produktiv
♥♥♥ Hartnäckigkeit lohnt
♥♥♥♥ stimulierend
♥♥♥♥♥ perfektes Team

♂	FEUER	ERDE	LUFT	WASSER	LUST	LIEBE	KÜHL

STEINBOCK ♂ VEREINBARKEIT

Der Steinbock-Mann

Der Steinbock wird von Kräften gelenkt, die über seinen Verstand hinausgehen. Er sucht in seiner Umgebung nach *mehr*, statt seine innere Motivation auf der Suche nach Liebe begreifen zu lernen. Seine sexuellen Affären können recht unbefriedigend verlaufen. Mit zunehmendem Alter wird er sich jedoch mehr und mehr seiner Bedürfnisse bewußt. Da ihm ein Heim sehr viel bedeutet, ist er ein ausgezeichneter Ehemann und Vater.

Seien Sie bei der Verführung eines Steinbock-Mannes hartnäckig. Er behält gern die Kontrolle und gibt nur selten nach.

Sexy Kombinationen

Verschiedene Elemente können seine Lust stimulieren. Mit einem heißen Feuerzeichen könnte der nur langsam in Fahrt kommende Steinbock plötzlich Zugang zu seiner unterschwelligen Sinnlichkeit und zu seiner ausgeprägten Libido finden. Eine sexuell anziehende Skorpion-Frau kann seine Lust durchaus wecken. Das Zusammenspiel mit den anderen Sternzeichen ist beim Steinbock altersabhängig. Einem jungen Steinbock mag die Widder-Frau zu kindisch sein. Doch je älter er wird, desto besser passen die beiden zusammen. Dagegen ist der junge Steinbock für die lebenslustigen Luftzeichen zu ernst, sogar für die von Merkur beherrschte Jungfrau. Einige Jahre später ist der Steinbock viel unbeschwerter, und sein schwarzer Humor findet möglicherweise bei ihrem verschmitzten Merkurwesen Gefallen. Mit zunehmendem Alter genießt er sogar das verspielte sexuelle Wesen, das unter der würdevollen Fassade der Löwe-Frau lauert und das ihn in seiner Jugend so irritiert hat. Die Stier-Frau steht dem Steinbock immer zur Seite und mag auch seinen Lebensstil. Sie ist eine tüchtige und hochgeschätzte Gastgeberin. Ihre etwas derbe Sexualität spricht ihn an, denn beide Sternzeichen mögen ausgedehnten Sex. Der Steinbock fühlt sich auch von der Krebs-Frau angezogen, seinem Gegenüber im Tierkreis. Er schätzt ihre hausfraulichen Fähigkeiten und ihre ruhige zurückhaltende Sexualität. Und plötzlich bemerkt er, daß er ihre kräftige Libido völlig unterschätzt hat.

VEREINBARKEIT

♑	**Steinbock-Mann mit**		
♈	**Widder**	Loderndes Feuer	♥♥♥♥
♉	**Stier**	Ideale Verbindung	♥♥♥♥♥
♊	**Zwillinge**	Sie ist ihm zu unberechenbar	♥
♋	**Krebs**	Ideale Verbindung	♥♥♥♥♥
♌	**Löwe**	Wird mit den Jahren besser	♥♥♥
♍	**Jungfrau**	Verläßlich, aber ohne viel Prickeln	♥♥♥
♎	**Waage**	Sofortige Anziehung, läßt schnell nach	♥♥
♏	**Skorpion**	Leidenschaftliche Ehe	♥♥♥♥♥
♐	**Schütze**	Unterschiedliche Temperamente	♥
♑	**Steinbock**	Könnte fürs Leben sein	♥♥♥♥♥
♒	**Wassermann**	Unterschiedliche Prioritäten	♥♥
♓	**Fische**	Sexy, aber er wird sie nie verstehen	♥♥♥

♥ wenig Einverständnis
♥♥ mühsam, aber produktiv
♥♥♥ Hartnäckigkeit lohnt
♥♥♥♥ stimulierend
♥♥♥♥♥ perfektes Team

♂	FEUER	ERDE	LUFT	WASSER	LUST	LIEBE	KÜHL

WASSERMANN ♂ VEREINBARKEIT

Der Wassermann

Der elektrisierende Wassermann ist für jede heißblütige Frau eine Herausforderung. Er ist attraktiv, interessant und emotional völlig losgelöst. Er interessiert sich für humanitäre Belange und geht vollkommen in seiner Arbeit auf. Er steht auf Frauen, die aus der Masse hervorstechen und seine Interessen teilen. Durch ihn kommt eine neue Perspektive ins Leben und in die Liebe. Doch die meiste Zeit ist er zu sehr mit anderen Gedanken beschäftigt, um eine Beziehung zu pflegen. Wenn er sich dann auf eine Bettgeschichte eingelassen hat, macht er sich danach entweder schnell aus dem Staub, oder er läßt sich auf eine glückselige Häuslichkeit ein.

Sexy Kombinationen

Als Luftzeichen hat der Wassermann das Bedürfnis, mit seiner Partnerin zu kommunizieren; insofern liegen die anderen Luftzeichen auf seiner Wellenlänge. Die Zwillinge-Frau ist ihm vielleicht ein wenig zu oberflächlich für eine ernste, dauerhafte Beziehung, da sagt ihm die gelassene Waage-Frau schon eher zu. Mit seinem gegenüberliegenden Sternzeichen, der Löwin, kommt es häufig zu einem explosiven, elektrisierenden Zusammentreffen, das seine verborgene Leidenschaft entfacht. Die Skorpion-Frau verkörpert für den Wassermann eine große Herausforderung. Ihre starke sexuelle Attraktivität zieht ihn heftig an. Darüber hinaus ist sie rätselhaft. Da sie genau wie er ihren Freiraum braucht, respektiert sie auch sein Bedürfnis nach Privatsphäre. Allerdings könnte er sich durch dieses besitzergreifende Wasserzeichen eingeengt fühlen. Die Erdzeichen holen den Wassermann sehr schnell auf den Erdboden zurück. Er ist sich gar nicht sicher, ob er das überhaupt will, doch wenn die Stier-Frau oder die Jungfrau ihm ein wenig von ihrer Sinnlichkeit vermitteln, gelingt es ihm vielleicht, seinen Körper zu genießen. Eine Steinbock-Frau ist ihm hingegen zu ernst, daher wird er sich bald davonschleichen, um seine Freiheit zu bewahren.

Auch in kühlem Wasser kann dem Wassermann heiß werden; wenn Sie Ihre Beine um ihn schlingen, kommt es zu einer leidenschaftlichen und aufregenden Begegnung.

VEREINBARKEIT

♒	**Wassermann-Mann mit**		
♈	**Widder**	Phantasievoll, doch wer bestimmt?	♥♥♥♥
♉	**Stier**	Sie bringt ihm seine Sinnlichkeit näher	♥♥♥
♊	**Zwillinge**	Für ihn zu oberflächlich	♥♥
♋	**Krebs**	Könnte recht gut funktionieren	♥♥♥
♌	**Löwe**	Ein Feuerwerk!	♥♥♥♥
♍	**Jungfrau**	Gemeinsame Interessen, mäßiger Sex	♥♥♥
♎	**Waage**	Erotische Affäre, Ehe könnte gut sein	♥♥♥♥
♏	**Skorpion**	Eine Herausforderung, aber Eifersucht	♥♥♥♥
♐	**Schütze**	Freundliche Verbindungen	♥♥♥♥
♑	**Steinbock**	Viel zu ernst	♥
♒	**Wassermann**	Innovativ und nicht von dieser Welt	♥♥♥♥
♓	**Fische**	Sie macht ihn perplex	♥

♥ wenig Einverständnis
♥♥ mühsam, aber produktiv
♥♥♥ Hartnäckigkeit lohnt
♥♥♥♥ stimulierend
♥♥♥♥♥ perfektes Team

♂

FEUER	ERDE	LUFT	WASSER	LUST	LIEBE	KÜHL
			💋		💋	

Der Fische-Mann

Der Fische-Mann ist ein charmanter, romantischer und sympathischer Zeitgenosse. Er verströmt seinen Charme, ist gleichzeitig sehr emotional und reagiert extrem auf die Stimmungen und Bedürfnisse seiner Partnerin. Er ist ein rücksichtsvoller und einfühlsamer Liebhaber und beherrscht die Kunst der Verführung bis zur Perfektion. Seine Partnerin überschüttet er mit Geschenken und sucht sorgfältig die romantischsten Plätze für seine Rendezvous aus. Doch kann man diesem Mann vertrauen? Der wendige Fisch läßt sich nicht lange festhalten und hält nicht viel davon, Verantwortung zu übernehmen. Er schlittert mit Leichtigkeit in Beziehungen hinein und wieder heraus.

Sexy Kombinationen

Alle Wasserzeicher schätzen die ausgeprägte Sensibilität des Fische-Mannes. Die Skorpion-Frau ist fasziniert von seinem zauberhaften und mystischen Wesen. Eine Krebs-Frau wird diesen verletzlichen Menschen an ihren Busen drücken wollen,

Der Fische-Mann ist ein großer Romantiker, der seine Partnerin auf einen Sockel stellt. Er verwöhnt sie mit Wein und gutem Essen, ehe es dann zur Sache geht.

um ihn vor der Außenwelt zu schützen. Erst weckt er ihren Mutterinstinkt, dann läßt er sie mit seiner Zärtlichkeit vor Lust erschauern. Die Luftzeichen teilen gern seine intime Phantasiewelt. Vor allem die Waage-Frau mag von den phantastischen Möglichkeiten fasziniert sein, die er in die Liebe einbringt. Doch auch die Zwillinge-Frau kann viel Spaß mit einem Fische-Mann haben. Die »Wasserfrau« hingegen weiß nicht so recht, was sie mit diesem schwer zu fassenden Typen anfangen soll.

Vielleicht ist sie fasziniert von ihm oder gar hypnotisiert, aber wo liegt der wirkliche Berührungspunkt in einer solchen Beziehung? Ihre Rationalität verlangt von einem Partner sehr viel mehr als leere Versprechungen. Für die Feuer- und Erdzeichen bleibt der Fisch ein Rätsel. Wenn sie meinen, ihn endlich festgenagelt zu haben, ist er schon wieder davongeschwommen. Für kurze lustvolle Affären könnten die Kombinationen ideal sein, aber alles, was länger dauert, wird sie zum Wahnsinn treiben.

VEREINBARKEIT

♓	**Fische-Mann mit**		
♈	**Widder**	Sie dominiert, tritt ihm auf die Füße	♥♥
♉	**Stier**	Sie ist zu vernünftig	♥♥
♊	**Zwillinge**	Faszinierende Phantasie	♥♥
♋	**Krebs**	Beziehung mit Substanz	♥♥♥♥♥
♌	**Löwe**	Mangel an gegenseitigem Verständnis	♥
♍	**Jungfrau**	Gegensätze ziehen sich an	♥♥♥♥
♎	**Waage**	Gelassene Faszination	♥♥♥♥♥
♏	**Skorpion**	Einfach faszinierend	♥♥♥♥♥
♐	**Schütze**	Fatale Kombination	♥
♑	**Steinbock**	Machen sich gegenseitig verrückt	♥♥
♒	**Wassermann**	Er verspricht, was er nicht halten kann	♥
♓	**Fische**	Sehr einfühlend, aber abhängig	♥♥♥♥

♥ wenig Einverständnis
♥♥ mühsam, aber produktiv
♥♥♥ Hartnäckigkeit lohnt
♥♥♥♥ stimulierend
♥♥♥♥♥ perfektes Team

♀	FEUER	ERDE	LUFT	WASSER	LUST	LIEBE	KÜHL

Sie wird sicher nicht herumsitzen und auf einen Mann warten – wenn eine Widder-Frau die Lust packt, wird sie es ihr »Opfer« wissen lassen.

Die Widder-Frau

Sie ist couragiert, ehrgeizig und erotisch; sie weiß auch genau, was sie will und wie sie es bekommt. Die Widder-Frau scheut sich nicht, ihrem Sexualtrieb fordernd Ausdruck zu verleihen oder dem Objekt ihrer Zuneigung (bzw. Begierde) nachzustellen. Normalerweise unternimmt sie den ersten Schritt. Selbstsicher und zuversichtlich setzt sie ihre Interessen durch. Viele zurückhaltendere Sternzeichen finden sie deshalb zu gebieterisch. Obwohl sie vielen auf die Füße tritt, sind ihre potentiellen Liebhaber doch entzückt, von dieser räuberischen Frau erobert zu werden.

Sexy Kombinationen

Es ist nicht ganz offensichtlich, wer als richtiger Partner für diese sinnliche Person in Frage kommt. Ein sexuell einfallsloser, langsam erregbarer Stier-Mann wird Schwierigkeiten haben, eine Widder-Frau zu be-

friedigen. Doch wenn sie genügend Geduld aufbringt, bis er in Fahrt kommt, wird sie sein Durchhaltevermögen und seine Sinnlichkeit sehr genießen.
Ihre Reaktion auf Luftzeichen ist unterschiedlich. Der träge Waage-Mann ist ihr vielleicht zu gelassen, doch schätzt sie seine Sinnlichkeit. Die Widder-Frau wird sich wohl kaum mit einem Zwillinge-Mann zufriedengeben; er redet zuviel, um ihre Bedürfnisse bemerken zu können. Auch der Widder-Mann paßt nicht gut zu ihr, da ihr dominantes männliches Gegenstück ihr kaum die Führung überläßt.
Während die emotionalen Wasserzeichen außerhalb ihrer Reichweite liegen, könnte sie von der Sinnlichkeit des Krebses und des Skorpions angezogen werden. Die sexuelle Attraktivität des Skorpions mag ihr zusagen, doch mit seinem herrischen Gehabe wird sie kaum klarkommen. Da die männlichen Wasserzeichen weniger sensibel sind als die weiblichen, ruft ihre Neigung, tiefere Gefühle zu ignorieren, nicht so starke Spannungen hervor.

VEREINBARKEIT

♈	**Widder-Frau mit**		
♈	**Widder**	Sexuelles Feuerwerk, wer ist oben?	♥♥
♉	**Stier**	Ausgezeichnet, wenn sie warten kann	♥♥♥♥
♊	**Zwillinge**	Für ihren Geschmack redet er zuviel	♥
♋	**Krebs**	Erotische Sinnlichkeit, heikel	♥♥♥
♌	**Löwe**	Heiß, wird wohl im Sand verlaufen	♥♥♥
♍	**Jungfrau**	kann funktionieren	♥♥♥♥
♎	**Waage**	Sie genießt sein gelassenes Wesen	♥♥♥♥
♏	**Skorpion**	Kann sie mit den Folgen umgehen?	♥♥♥♥
♐	**Schütze**	Gute Mischung und Vereinbarkeit	♥♥♥♥♥
♑	**Steinbock**	Seine Macht zieht sie an	♥♥♥♥♥
♒	**Wassermann**	Etwas zu kühl für ihren Geschmack	♥♥
♓	**Fische**	Sexy, weiß aber nicht, woran sie ist	♥♥

♥ wenig Einverständnis
♥♥ mühsam, aber produktiv
♥♥♥ Hartnäckigkeit lohnt
♥♥♥♥ stimulierend
♥♥♥♥♥ perfektes Team

Die Stier-Frau

Sexuelle Affären läßt sie am liebsten sehr langsam angehen, dabei wartet sie darauf, daß der andere den ersten Schritt tut. Zwar hat sie eine ausgeprägte Libido, doch läuft sie nicht hinter einem Mann her. Lieber ist sie das Objekt der Begierde, um das sich der andere bemühen muß. Wenn ihr Interesse geweckt ist, sendet sie jedoch eindeutige Signale – hier wird nicht taktiert.

In sexuellen Affären weiß sie genau, wie sie ihre Bedürfnisse zum Ausdruck bringt, und wehe dem armen Mann, der ihren Ansprüchen nicht genügt!

Sexy Kombinationen

Wegen Ihrer starken Libido sucht die sensible Stier-Frau nach einem Sternzeichen, das sexuell auf ihrer Wellenlänge liegt. Sie ist zu praktisch veranlagt, um die emotionalen Spielchen des Fischs mitzumachen oder sich in

Die Stier-Frau wird Sie in einer langen, sinnlichen Liebesnacht mit Leckerbissen füttern. Der Hals gehört zu ihren erogenen Zonen.

den luftigen Phantasien der Zwillinge zu verlieren. Doch schätzt sie einen willensstarken Steinbock oder Skorpion, der zäh genug ist, sie zu erobern, und über ein ausreichendes sexuelles Durchhaltevermögen verfügt, um sie zu befriedigen. Beide können ihren Wunsch nach einer dauerhaften Beziehung erfüllen.
Ein Widder-Mann ist zu fordernd. Sie sieht eher auf den gelassenen Waage-Mann, der ihre Begierde fast bis zur Besinnungslosigkeit steigern kann. Wenn die Stier-Frau nach einer Herausforderung sucht, läßt sie sich vielleicht mit dem Löwen ein. Die schwierigste Aufgabe besteht darin, die Aufmerksamkeit des Löwen von sich selbst abzulenken und ihn für die eigenen sexuellen Bedürfnisse sensibel zu machen. Diese beiden Sternzeichen können viel voneinander lernen. Die Stier-Frau kann das sinnliche Vergnügen des Löwen steigern, während der Löwe der eher nüchternen Stier-Frau zu mehr Spaß verhelfen kann. Und dann kann es im Bett so richtig heiß werden.

VEREINBARKEIT

♉	**Stier-Frau mit**		
♈	**Widder**	Er ist ihr zu fordernd	♥♥
♉	**Stier**	Stumpfes Zusammenleben	♥♥♥♥
♊	**Zwillinge**	Vergessen Sie es besser!	♥
♋	**Krebs**	Leidenschaftlich und lohnend	♥♥♥♥
♌	**Löwe**	Affären, kaum Aussichten auf Ehe	♥♥♥
♍	**Jungfrau**	Stabile Partnerschaft	♥♥♥
♎	**Waage**	Steigert ihren sexuellen Appetit	♥♥♥♥♥
♏	**Skorpion**	Meisterhafte Beziehung	♥♥♥♥♥
♐	**Schütze**	Er ist zu unabhängig für sie	♥♥
♑	**Steinbock**	Sie mag seine Lebensart	♥♥♥♥
♒	**Wassermann**	Sie kommt bei seiner Libido nicht mit	♥
♓	**Fische**	Totale Gegensätze	♥

♥ wenig Einverständnis
♥♥ mühsam, aber produktiv
♥♥♥ Hartnäckigkeit lohnt
♥♥♥♥ stimulierend
♥♥♥♥♥ perfektes Team

Die Zwillinge-Frau

Unberechenbar, überspannt und intellektuell fordernd, flirtet sie auf Teufel komm raus und nimmt, wenn ihr jemand gefällt, ohne Zögern die Verfolgung auf. Wenn Sie diesen flatterhaften Geist auf sich fixieren wollen, müssen sie einfallsreich vorgehen und sich auf ihre lebhaften Phantasien einlassen können. Doch Sie dürfen von ihr keine emotionale Intensität erwarten. Sie hat zuviel anderes im Kopf.

Eine Zwillinge-Frau verführt Sie zuerst verbal und zerrt Sie dann in den nächsten Raum, um über Sie herzufallen.

Sexy Kombinationen

Die Zwillinge-Frau läßt sich in jeder Hinsicht gern stimulieren. Stier und Steinbock sind ihr einfach zu langweilig, obwohl der Sinn für schwarzen Humor dem Steinbock einen Pluspunkt einbringt. Doch die Schlagfertigkeit des Jungfrau-Mannes kann sie sogar bis in sein Schlafzimmer locken. Generell kann sie mit der Emotionalität der Wasser-

LEIDENSCHAFT	DIREKT	INDIREKT	AKTIV	PASSIV	PHYSISCH	MENTAL	EMOTIONAL

zeichen nichts anfangen. Sie hat schon genug damit zu tun, ihre eigenen Gefühle zu verstehen. Aber der verträumte Fisch kann sie durchaus faszinieren, da beide über eine ähnlich lebhafte Phantasie verfügen. Die Feuerzeichen stellen eine Herausforderung für sie dar. Besonders ihr Gegenüber, der Schütze, reizt sie, da sie mit ihm sowohl philosophische Diskussionen führen, als auch ein bißchen tratschen kann. Beide Sternzeichen reden beim Ausziehen weiter und halten viel vom verbalen Vorspiel.

Sie kann sich auch der Umarmung eines leidenschaftlichen Widders hingeben, doch bleibt die Frage, ob sie seinem Tempo Schritt halten kann. Der königliche Löwe dagegen konfrontiert sie mit einem anderen Problem: Muß sie ihn denn wirklich die ganze Zeit über bewundern? Vielleicht ist sie da besser bei ihrem eigenen Sternzeichen aufgehoben. Luftzeichen verstehen sich untereinander recht gut, auch wenn sie mitunter so lange reden, bis ihnen die Lust vergangen ist.

VEREINBARKEIT

♊	**Zwillinge-Frau mit**		
♈	**Widder**	Kann sie mit ihm Schritt halten?	♥
♉	**Stier**	Zu langweilig	♥
♊	**Zwillinge**	Sehr redselige Kombination	♥♥♥♥
♋	**Krebs**	Zu viel Gefühl für ihren Geschmack	♥♥
♌	**Löwe**	Sexuell stimulierend, einige Nachteile	♥♥♥
♍	**Jungfrau**	Kann eine ideale Kombination sein	♥♥♥
♎	**Waage**	Gegenseitiges Verständnis	♥♥♥♥♥
♏	**Skorpion**	Zu intensiv	♥♥♥
♐	**Schütze**	Verstehen sich ausgezeichnet	♥♥♥♥
♑	**Steinbock**	Er ist zu vorsichtig	♥♥
♒	**Wassermann**	Kann faszinierend sein	♥♥♥♥
♓	**Fische**	Teilen gern Phantasie, sonst wenig	♥♥♥

♥ wenig Einverständnis
♥♥ mühsam, aber produktiv
♥♥♥ Hartnäckigkeit lohnt
♥♥♥♥ stimulierend
♥♥♥♥♥ perfektes Team

♀	FEUER	ERDE	LUFT	WASSER	LUST	LIEBE	KÜHL

KREBS ♀ VEREINBARKEIT

Die Krebs-Frau

Die Krebs-Frau ist sehr emotional, sensibel und treu, auch häuslich und liebenswürdig. Sie äußert leicht ihre Emotionen, doch in sexueller Hinsicht versteckt sie sich hinter einem Panzer. Sie ist die ideale Ehefrau und Mutter. Und da es sich um ein sehr zähes Sternzeichen handelt, sind ihre Beziehungen tendenziell von Dauer.
Sie sind überrascht, daß eine Krebs-Frau sich Ihnen mit eindeutigen sexuellen Absichten nähert? Vermutlich, weil sie ihre sexuellen Bedürfnisse für gewöhnlich unter ihrem kühlen Äußeren verborgen hält. Jeder Hinweis auf ihre versteckte Leidenschaft ist daher ein Eingeständnis ihrer aufkeimender Liebe. Wollen Sie sich dieser Herausforderung stellen?

Sexy Kombinationen

Der Wassermann ist ein Wasserträger, wie kann sich also eine romantische und hochsensible Krebs-Frau mit ihm einlassen? Seine Vorträge über humanitäre Ideale oder seine UFO-Theorien, die beim Wassermann praktisch das Vorspiel ersetzen, werden kaum die Leidenschaft der Krebs-Frau wecken. Auch sein gefühllose Art von Sex wird nicht gerade dazu beitragen, ihre Libido hinter dem Panzer zu stimulieren.
Der Skorpion-Mann hingegen wird der Krebs-Frau zweifelsohne genau die richtige Mischung aus Einfühlungsvermögen und meisterhaftem Sex bieten, um ihre Leidenschaft zu wecken. Auch ihr Gegenüber, der Steinbock, ist ein ausgezeichneter Liebhaber.
Die Krebs-Frau muß ihm vielleicht Nachhilfe in Gefühlsdingen geben, doch sicher bringt seine erdverbundene Sexualität ihr Blut in Wallung.
Man erzählt sich von einem ungestümen Widder, der das Herz einer Krebs-Frau im Sturm eroberte und dann verblüfft von der Intensität der Leidenschaft war, die zum Ausbruch kam. Sie geben ein wunderbares Paar ab. Ihrem verletzlichen Wesen sagt sein Beschützerinstinkt besonders zu, und sie könnte es schaffen, den Widder beim Sex etwas zu bremsen, damit er es mehr genießt.

LEIDENSCHAFT	DIREKT	INDIREKT	AKTIV	PASSIV	PHYSISCH	MENTAL	EMOTIONAL

Die Krebs-Frau verliert ihre Hemmungen, wenn sie sich in einer Beziehung aufgehoben fühlt – streicheln Sie zärtlich ihre Brüste, um sie in Ekstase zu versetzen.

VEREINBARKEIT

♋	**Krebs-Frau mit**		
♈	**Widder**	Scharfe Kombination	♥♥♥♥♥
♉	**Stier**	Gibt ihr die Stabilität, die sie braucht	♥♥♥♥
♊	**Zwillinge**	Er ist zu launisch	♥
♋	**Krebs**	Ein Übermaß an Sensibilität	♥♥♥
♌	**Löwe**	Leidenschaft, Stabilität: kann klappen	♥♥♥
♍	**Jungfrau**	Können sich miteinander wohlfühlen	♥♥♥♥
♎	**Waage**	Sexuelles Charisma, verschiedene Stile	♥♥
♏	**Skorpion**	Einfühlsamer, meisterhafter Sex	♥♥♥♥♥
♐	**Schütze**	Er ist ihr zu unberechenbar	♥♥
♑	**Steinbock**	Starke Anziehung, dauerhafte Bindung	♥♥♥♥♥
♒	**Wassermann**	Er ist für ihren Geschmack zu kühl	♥♥
♓	**Fische**	Große Faszination, bleibt sie dran?	♥♥♥

♥ wenig Einverständnis
♥♥ mühsam, aber produktiv
♥♥♥ Hartnäckigkeit lohnt
♥♥♥♥ stimulierend
♥♥♥♥♥ perfektes Team

♀	FEUER	ERDE	LUFT	WASSER	LUST	LIEBE	KÜHL

Die Löwe-Frau

Die Löwin ist die räuberischste unter ihren Artgenossinnen. Sie weiß genau, was sie will und wie sie es bekommt. Viele der passiveren Sternzeichen finden die Löwin zu dominant, aber sie hat das Gefühl, daß ohne ihr Eingreifen nichts passieren würde. Sie genießt die bewundernden Blicke der Männer, ergreift beim Sex oft die Initiative und bringt ihre sexuellen Bedürfnisse deutlich zum Ausdruck. Bei ihrem starken Sexualtrieb wird sie ihren Partner gewiß nicht im Zweifel

Wenn eine Löwe-Frau mehr von Ihnen will als nur ein Abendessen, werden Sie das schnell merken. Sie geht bereitwillig auf Ihre Annäherungsversuche ein, aber ebensogern unternimmt sie den ersten Schritt.

darüber lassen, worauf sie steht.

Sexy Kombinationen

In Notfällen steht immer der Skorpion-Mann als Lückenbüßer bereit. Für die Bettgymnastik der lüsternen Löwin ist er ein-

fach ein idealer Partner. Einen von der Umwelt losgelösten Wassermann um ihren kleinen Finger zu wickeln ist stets eine reizvolle Herausforderung für sie. Doch manchmal ist die Löwin lieber mit einem passiveren Mann zusammen, den sie nach Belieben herumkommandieren kann. Und da sie auch jemanden braucht, mit dem sie ihre Phantasien teilen kann, könnte der schwer zu packende Fische-Mann genau der Richtige sein.
Wenn die Löwin einmal besonders frustriert ist, kann ihr ein erdverbundener Stier-Mann mit seinem Standvermögen eine leidenschaftliche Nacht bescheren.
Die anderen Feuerzeichen kommen gut mit der Löwin aus. Sie gibt ihnen ein wunderbares Gefühl, und ihre Energien passen gut zusammen. Wenn sie kein zu autoritäres Verhalten an den Tag legt, machen sie ihre Spiele gern mit und setzen ihre sexuellen Phantasien mit großem Vergnügen um.
Besonders ein Widder könnte viel Spaß an den Fesselphantasien der Löwin haben.

VEREINBARKEIT

♌	Löwe-Frau mit		
♈	**Widder**	Erfüllender Sex, Kampf um Führung	♥♥♥♥♥
♉	**Stier**	Sie schätzt sein Durchhaltevermögen	♥♥♥♥♥
♊	**Zwillinge**	Sie kann seine Flirterei nicht ausstehen	♥
♋	**Krebs**	Gibt er ihr das Lob, das sie braucht?	♥♥♥
♌	**Löwe**	Königliches Paar, Kampf um Führung	♥♥♥♥
♍	**Jungfrau**	Streben in unterschiedliche Richtungen	♥
♎	**Waage**	Sie kommandiert ihn gern herum	♥♥♥♥
♏	**Skorpion**	Intensiver Sex, stürmische Beziehung	♥♥♥♥
♐	**Schütze**	Sie amüsieren sich miteinander	♥♥♥♥♥
♑	**Steinbock**	Sie sollte den Ton angeben	♥♥
♒	**Wassermann**	Gegensätze ziehen sich an	♥♥♥
♓	**Fische**	Verschiedene Prioritäten	♥♥♥

♥ wenig Einverständnis
♥♥ mühsam, aber produktiv
♥♥♥ Hartnäckigkeit lohnt
♥♥♥♥ stimulierend
♥♥♥♥♥ perfektes Team

♀	FEUER	ERDE	LUFT	WASSER	LUST	LIEBE	KÜHL

Wenn die Jungfrau in Fahrt kommt, verliert sie ihre Hemmungen, enthüllt ihre erotische Seite und experimentiert mit einem abenteuerlustigen Partner gern im Bett.

Die Jungfrau

Die Jungfrau ist gepflegt, stets hübsch zurechtgemacht und auf zurückhaltende Weise sexy. Sie hat keine Angst, ihre erdverbundene Sexualität auszuleben, doch achtet sie genau darauf, wo und wann sie das tut.

Für sie gehört Sex eher zu einer funktionierenden, dauerhaften Beziehung. Bei dem richtigen Partner ist sie sexuell überraschend enthemmt, doch muß er dem strengen Standard der Jungfrau in jeder Hinsicht genügen. Diese Frau stellt hohe Ansprüche an einen

LEIDENSCHAFT	DIREKT	INDIREKT	AKTIV	PASSIV	PHYSISCH	MENTAL	EMOTIONAL

Mann. Hat sie den richtigen Partner gefunden, bindet sie sich für das ganze Leben.

Sexy Kombinationen

Die Jungfrau braucht jemanden, der sie antörnt. Ein Krebs mit seiner Sensibilität kann dies genauso wie ein Steinbock. Die intensive Leidenschaft des Skorpions könnte sie zu einem Augenblick seltener, selbstvergessener Lust verleiten.
Wenn sie bei jemandem auch Verständnis sucht, kann der Fisch, ihr gegenüberliegendes Zeichen, der richtige Mann sein.

Die Jungfrau hat ein tiefes Bedürfnis, sich nützlich zu machen. Eine ungewöhnliche Kombination wäre Löwe-Mann mit Jungfrau, was aufgrund der Tatsache funktionieren könnte, daß der Löwe sich gern umsorgen läßt und die Jungfrau unter Umständen von den heißen Phantasien des Löwen fasziniert ist.
Auch ein Stier-Mann schätzt die Qualitäten der Jungfrau, doch könnte er ihr etwas zu langweilig sein – zumindest so lange, bis sie ihn aus seinem Schneckenhaus gelockt hat.

VEREINBARKEIT

♍	**Jungfrau-Frau mit**		
♈	**Widder**	Sie wäre überwältigt; keine Zukunft	♥♥♥
♉	**Stier**	Eine verläßliche Kombination	♥♥♥
♊	**Zwillinge**	Unterhaltsame Bettgenossen	♥♥♥♥
♋	**Krebs**	Sie schätzt seine Empfindsamkeit	♥♥♥
♌	**Löwe**	Sie genießt es, ihn zu umsorgen	♥♥♥
♍	**Jungfrau**	Gute Heiratsaussichten	♥♥♥♥
♎	**Waage**	Wenig Gemeinsamkeiten	♥
♏	**Skorpion**	Zu viel Sex für ihren Geschmack	♥♥♥
♐	**Schütze**	Sie mag seine Abenteuerlust nicht	♥♥
♑	**Steinbock**	»... bis daß der Tod euch scheidet«	♥♥♥♥♥
♒	**Wassermann**	Interessante Spiele	♥♥♥♥
♓	**Fische**	Die Anziehungskraft läßt schnell nach	♥♥♥

♥ wenig Einverständnis
♥♥ mühsam, aber produktiv
♥♥♥ Hartnäckigkeit lohnt
♥♥♥♥ stimulierend
♥♥♥♥♥ perfektes Team

♀			💋			💋	
	FEUER	ERDE	LUFT	WASSER	LUST	LIEBE	KÜHL

WAAGE ♀ VEREINBARKEIT

Die Waage-Frau

Die Waage-Frau macht sich viele Gedanken über ihr äußeres Erscheinungsbild – und über das ihres Partners. Er muß stets gut aussehen und zurückhaltend auftreten. Sie selbst verläßt immer perfekt zurechtgemacht das Haus. Obwohl sie beim Sex durchaus die Initiative ergreifen kann, nähert sie sich jemandem eher auf subtile Weise. Doch ist sie der geborene Vamp und flirtet für ihr Leben gern. Sie werden kaum eine charmantere Frau finden.

Schmeicheleien und Liebesgeflüster wirken auf die Waage-Frau wie ein Vorspiel. Sie gibt Ihnen deutlich zu verstehen, auf was sie im Bett steht, geht aber auch auf Ihre Bedürfnisse ein.

Sexy Kombinationen

Eine Waage-Frau, die in schönster Harmonie mit ihrem Partner leben will, mag die langsame, sinnliche Vorgehensweise des ebenfalls von Venus beeinflußten Stiers.
Das raublustige Auftreten des Widders ist nicht so

LEIDENSCHAFT	DIREKT	INDIREKT	AKTIV	PASSIV	PHYSISCH	MENTAL	EMOTIONAL

sehr ihr Stil, aber sollte sie seine Aufmerksamkeit erregen, kann sein romantisches Wesen durchaus die Sehnsucht der Waage-Frau nach Liebe erfüllen. Der attraktive Skorpion ist ihr vielleicht zu gefühlsintensiv. Sicher genießt sie jedoch sein ausgedehntes Vorspiel, und mit der Zeit erobert er ihr Herz und lockt sie in sein Bett, wo sie dank seiner Leidenschaft und seiner Bewunderung vollkommen den Verstand verliert.
Der Zwilling amüsiert die Waage, und der Fisch verwirrt sie, doch können beide Zeichen auf ihrer Wellenlänge liegen. Obwohl der Wassermann eine Herausforderung sein kann, wird sie, wenn er auf sie aufmerksam geworden ist, Spaß daran haben, ihm seine kühle Maske abzunehmen – zudem schätzt sie besonders seine etwas eigenwilligen Sexualpraktiken. Wenn der Krebs nicht zu emotional wird, kann seine etwas umständliche Art genau das richtige sein, um das Interesse der Waage-Frau zu wecken und sie auf romantische Weise von einem Stelldichein zu überzeugen.

VEREINBARKEIT

♎	**Waage-Frau mit**		
♈	**Widder**	Könnte genau das sein, was sie sucht	♥♥♥♥
♉	**Stier**	Geruhsame, sinnliche Partnerschaft	♥♥♥♥♥
♊	**Zwillinge**	Er amüsiert sie	♥♥♥
♋	**Krebs**	Er bringt sie durch Romantik ins Bett	♥♥♥♥
♌	**Löwe**	Eine hitzige Affäre, Kompromisse!	♥♥♥♥
♍	**Jungfrau**	Zu einschränkend	♥
♎	**Waage**	Eine ausgewogene Verbindung	♥♥♥♥
♏	**Skorpion**	Vielleicht zu intensiv, aber toller Sex	♥♥♥♥
♐	**Schütze**	Eine angenehme Partnerschaft	♥♥♥
♑	**Steinbock**	Er ist ihr zu autoritär	♥♥
♒	**Wassermann**	Ziemlich kühl; sie kann ihn auftauen	♥♥
♓	**Fische**	Völlig verwirrend, aber faszinierend	♥♥

♥ wenig Einverständnis
♥♥ mühsam, aber produktiv
♥♥♥ Hartnäckigkeit lohnt
♥♥♥♥ stimulierend
♥♥♥♥♥ perfektes Team

SKORPION ♀ VEREINBARKEIT

♀	FEUER	ERDE	LUFT	WASSER	LUST	LIEBE	KÜHL

Die Skorpion-Frau

Die Skorpion-Frau ist ein klassischer Vamp. Sie ist sinnlich, erotisch und stark gefühlsbetont, und wenn sie ihr sexuelles Interesse offenbart, kann ihr kaum jemand widerstehen. Sie muß die Männer nicht verführen, sie laufen ihr nach. Doch ist sie nicht nur eine attraktive Sirene, sie hat auch Köpfchen. Besonders mag sie Männer, die ihren intensiven Emotionen standhalten und mit denen sie intelligente Gespräche führen kann.

Die Skorpion-Frau stellt ihre Gefühle nicht zur Schau. Sie ist sehr zurückhaltend und hütet ihre Privatsphäre. Normalerweise dauert es geraume Zeit, ehe man diese Frau wirklich kennt. Sie dagegen hat ihren Partner inzwischen längst genau durchschaut.

Die Skorpion-Frau hat tiefe, emotionale Sehnsüchte und ist in sexueller Hinsicht ungehemmt. Lassen Sie sie ihre sexuellen Phantasien ausleben, und Sie werden einen intensiven Liebesakt mit vielen Überraschungen erleben.

Sexy Kombinationen

Die Skorpion-Frau fühlt sich von der Autorität des Steinbocks angezogen. Diese starke Frau braucht jemanden, der ihr in dieser Hinsicht ebenbürtig ist. Sie steht auf die heftige Sexualität aller Erdzeichen, zumal sie deren starkem Sexualtrieb gewachsen ist. Ihr Gegenüber, der Stier, versteht sie gut, außerdem ist er loyal – aber eifersüchtig.

Häufig fühlt sie sich vom Löwen stark angezogen. An ihm faszinieren sie seine Machtausstrahlung und seine Vitalität.

Die Luftzeichen amüsieren sie, aber ihr bereitet deren Unfähigkeit im Umgang mit intensiven Gefühlen Schwierigkeiten. Der Waage-Mann könnte genau die richtige Mischung aus Passivität und Erotik verkörpern, da sie gern die dominierende Rolle spielt.

Die anderen Wasserzeichen liegen auf ihrer emotionalen Wellenlänge, wobei der Fisch einen besonderen Zauber auf die Skorpion-Frau ausübt, besonders da sie mit diesem Zeichen am ehesten ihre erotischen Phantasien ausleben kann.

VEREINBARKEIT

♏	**Skorpion-Frau mit**		
♈	**Widder**	Große Klasse	♥♥♥♥
♉	**Stier**	Ausgedehnter Sex, absolute Loyalität	♥♥♥♥♥
♊	**Zwillinge**	Prallen stark aufeinander	♥
♋	**Krebs**	Starke sexuelle und emotionale Bindung	♥♥♥♥
♌	**Löwe**	Anziehung mit Machtspielen	♥♥♥
♍	**Jungfrau**	Unwahrscheinliche Verbindung	♥
♎	**Waage**	Sie wird den Ton angeben	♥♥♥♥
♏	**Skorpion**	Kurz, aber heftig	♥♥
♐	**Schütze**	Sie leben in unterschiedlichen Welten	♥
♑	**Steinbock**	Ziemlich starke Verbindung	♥♥♥♥♥
♒	**Wassermann**	Eine Herausforderung, die sie genießt	♥♥♥
♓	**Fische**	Eifersucht kann zum Problem werden	♥♥♥

♥ wenig Einverständnis
♥♥ mühsam, aber produktiv
♥♥♥ Hartnäckigkeit lohnt
♥♥♥♥ stimulierend
♥♥♥♥♥ perfektes Team

♀	FEUER	ERDE	LUFT	WASSER	LUST	LIEBE	KÜHL

Die Schütze-Frau

Die Schütze-Frau ist extrem unabhängig und lebt stark nach ihrem eigenen Kopf. Das heißt nicht, daß sie keinen Spaß an Beziehungen hätte, doch die Bedingungen möchte sie definieren. Sie erträgt es nicht, durch gefühlsüberladene Bindungen eingeengt zu werden, und will als gleichberechtigte Partnerin akzeptiert werden, wenn sie sich auf eine Beziehung einläßt. In der Zwischenzeit ist sie eine sehr unterhaltsame Reisegefährtin und eine sinnliche Geliebte, wenn sie in Stimmung ist.

Die Schütze-Frau hält sich gern im Freien auf, wo die frische Luft und das Gefühl von Freiheit ihren sexuellen Appetit anregen.

Sexy Kombinationen

Die Schütze-Frau kommt sehr gut mit den anderen Feuerzeichen aus. Diese zeigen Verständnis für ihre plötzlichen Begeisterungsanfälle und für ihr Bedürfnis nach spontanem Ausleben ihrer sexuellen Gelüste. Der Widder ist ihr vielleicht etwas zu herrisch, doch kann sie gut mit gleicher Münze heimzahlen. Jene Zeichen, die von ihr perfekte Organisation verlangen, verabscheut sie. Das schließt den Steinbock und die Jungfrau aus, es sei denn, der Jungfrau-Mann ist bereit, organisatorische Dinge für sie zu erledigen.

Dann wecken seine erdverbundene Sinnlichkeit und seine spritzige Persönlichkeit ihre Leidenschaft, und er erweist sich als lebhafter Begleiter. Generell sind der Schütze-Frau die Wasserzeichen zu gefühlsbetont. Sie glaubt zu ertrinken und hält nichts von komplizierten Manövern, die sie ins Bett locken sollen. Sie genießt vielleicht die intensive Sexualität des Skorpions, und sein Gefühlsleben zu ergründen könnte sie für einige Wochen beschäftigen. Findet sie es aber nicht heraus, wirft sie das Handtuch, um sich nach jemand anderem umzusehen, dessen Gefühle weniger tiefgründig sind.
Bei den Luftzeichen findet sie die lebhafte Kameradschaft, nach der sie sich sehnt. Mit dem Zwilling, ihrem Gegenüber, kommt sie wunderbar aus, da er in seinem Liebesleben genauso flatterhaft ist wie sie. Doch für eine feste Beziehung wird sie sich wohl jemanden suchen, der verläßlicher ist und es mit der Treue genauer nimmt. Sie ist nicht der Typ Frau, der ständige Seitensprünge des Mannes duldet.

VEREINBARKEIT

♐	**Schütze-Frau mit**		
♈	**Widder**	Heftige Anziehung	♥♥♥♥
♉	**Stier**	Er ist ihr zu spießig	♥
♊	**Zwillinge**	Ein gutes Team	♥♥♥♥
♋	**Krebs**	Zu besitzergreifend	♥
♌	**Löwe**	Wechselseitige Leidenschaft	♥♥♥♥♥
♍	**Jungfrau**	Er ist ihr zu pingelig	♥
♎	**Waage**	Interessant, aber er ist zu passiv	♥♥♥
♏	**Skorpion**	Er ist ihr zu gefühlsintensiv	♥♥
♐	**Schütze**	Sie bereisen zusammen die Welt	♥♥♥♥♥
♑	**Steinbock**	Zu kompliziert	♥
♒	**Wassermann**	Gegenseitige Anziehung, arbeitsreich	♥♥♥
♓	**Fische**	Er ist ihr zu windig	♥

♥ wenig Einverständnis
♥♥ mühsam, aber produktiv
♥♥♥ Hartnäckigkeit lohnt
♥♥♥♥ stimulierend
♥♥♥♥♥ perfektes Team

Die Steinbock-Frau braucht jemanden, der interessant und entschlossen genug ist, um sie von ihrer Arbeit abzulenken, doch wenn das erreicht ist, ist sie eine treu ergebene Geliebte.

Die Steinbock-Frau

Die Steinbock-Frau ruht viel mehr in sich selbst als ihr männliches Gegenstück. Obwohl es auch in ihr etwas gibt, was sie nicht ruhen läßt, will ein Teil von ihr eine feste Beziehung, ein Heim und eine Familie. Sie geht Liebesdinge langsam an, weil sie keine Fehler machen möchte. Wenn sie sich geborgen fühlt, kommt eine warmherzige und liebevolle Person hinter der üblicherweise zur Schau getragenen kühlen Fassade zum Vorschein. Sie hat einen derben, bissigen Humor, der einen Teil ihrer Attraktivität ausmacht.

Sexy Kombinationen

Ein Skorpion kann die Steinbock-Frau geradewegs zum Sex verführen. Die leidenschaftliche Dynamik des Skorpions hat etwas, was die Steinbock-

Frau ihre ganze Vorsicht vergessen läßt.
Auch der Widder kann die Steinbock-Frau in Erregung versetzen, doch wenn er ihr zu energisch wird, igelt sie sich ein und läßt sich nicht wieder hervorlocken.
Bei den anderen Erdzeichen fühlt sie sich wohl; von ihnen erhält sie Geborgenheit, sie sind geruhsam und werden wohl kaum ihr Kontrollbedürfnis in Frage stellen.
Der stolze Schütze ist ihr einfach zu schnell, der königliche Löwe hingegen bringt ihre verborgenen Leidenschaften ans Licht.
Das gegenüberliegende Sternzeichen, der Krebs, hat Verständnis für ihre Zurückhaltung. Auch der Krebs versteckt sich hinter einem kühlen Äußeren, hinter dem sich allerdings eine Anziehungskraft verbirgt, die bei diesen beiden Zeichen wie ein starker Magnet wirken kann. Nach einem umständlichen Ritual des Kennenlernens landen die beiden möglicherweise im Bett und lassen ihren wilden Kardinalnaturen freien Lauf.

VEREINBARKEIT

♑	**Steinbock-Frau mit**		
♈	**Widder**	Könnte ihre Leidenschaft wecken	♥♥♥
♉	**Stier**	Wechselseitige Sinnlichkeit	♥♥♥♥
♊	**Zwillinge**	Zu flatterhaft	♥
♋	**Krebs**	Annäherung schwierig, ergänzen sich	♥♥♥♥♥
♌	**Löwe**	Zu dominant für etwas Festes	♥
♍	**Jungfrau**	Träge, aber bietet Sicherheit	♥♥♥♥
♎	**Waage**	Zu gelassen für sie	♥♥
♏	**Skorpion**	Eine Wucht, aber von Dauer?	♥♥♥♥♥
♐	**Schütze**	Er macht sie wahnsinnig	♥
♑	**Steinbock**	Eine starke Verbindung	♥♥♥♥♥
♒	**Wassermann**	Sie leben in anderen Welten	♥
♓	**Fische**	Er muß wissen, woran er bei ihr ist	♥

♥ wenig Einverständnis
♥♥ mühsam, aber produktiv
♥♥♥ Hartnäckigkeit lohnt
♥♥♥♥ stimulierend
♥♥♥♥♥ perfektes Team

♀	FEUER	ERDE	LUFT	WASSER	LUST	LIEBE	KÜHL

Die Wassermann-Frau

Die »Wasserfrau« kann unglaublich komisch sein, etwas verrückt und abgedreht oder eine New Age-Anhängerin, deren unkonventionelle Interessen sich völlig von der Masse unterscheiden. Die »Wasserfrau« hat ihren eigenen Kopf, ist unabhängig, fröhlich, intelligent und hat viel sexuelles Charisma. Sie weiß, was sie will, und verfolgt es zielstrebig. Auf der anderen Seite kann sie unberechenbar sein. Exzentrisch und völlig unkonventionell folgt sie der Stimme ihres Herzens. Wenn ihr der Sinn nach einer Affäre steht, wird sie eine haben. Wenn sie aber endlich ihren wahren Seelengefährten findet, fügt sie sich in die Ehe und die häusliche Umgebung, als wäre sie dafür gemacht.

Die Wassermann-Frau ist exzentrisch, unkonventionell, hat ein starkes sexuelles Charisma und liebt zügellosen Sex.

Sexy Kombinationen

Die »Wasserfrau« braucht Anregung und Stimulation, allerdings hat sie ihre Grenzen. Die aktiven Sternzeichen versuchen sie vielleicht dazu zu bringen, sich ihnen mehr anzupassen. Die allzu passiven oder emotionalen Zeichen langweilen sie.

LEIDENSCHAFT	DIREKT	INDIREKT	AKTIV	PASSIV	PHYSISCH	MENTAL	EMOTIONAL

Die »Wasserfrau« sucht jemanden, der gut mit ihrer phantasievollen Sexualität klarkommt und ihre Art akzeptiert. Die anderen Luftzeichen liegen für gewöhnlich auf ihrer Wellenlänge. Der Waage-Mann könnte genau der richtige für sie sein. Er ist gelassen und wird ihr möglicherweise die Führung zugestehen, ohne jedoch so passiv zu sein, daß er in allem nachgibt. Hier könnten Funken sprühen.
Von den Feuerzeichen erhält sie Inspiration. Mit dem Schütze-Mann kommt sie gut aus, da sie seine Träume und seine Liebe zur Philosophie teilt; und zwischen den Laken entlädt sich enorme Leidenschaft. Auch der Widder-Mann könnte sie in Fahrt bringen, doch ist er tendenziell zu herrschsüchtig für ihren Geschmack. Der Löwe, ihr Gegenüber, übt eine starke Anziehungskraft auf sie aus, doch muß man ihm zu oft Honig ums Maul schmieren. Sie möchte nicht ständig auf sein Ego Rücksicht nehmen. Dafür hat sie einfach zu viele andere interessante Dinge im Kopf.

VEREINBARKEIT

♒	Wassermann-Frau mit		
♈	**Widder**	Anfangs gut, dann wird sie rebellisch	♥♥♥
♉	**Stier**	Passen nicht zusammen	♥
♊	**Zwillinge**	Faszination nur von kurzer Dauer	♥♥♥
♋	**Krebs**	Er klammert ihr zu sehr	♥
♌	**Löwe**	Gegensätze ziehen sich an	♥♥♥♥
♍	**Jungfrau**	Kühle Verbindung, er langweilt sie	♥♥
♎	**Waage**	Könnte klappen	♥♥♥♥♥
♏	**Skorpion**	Er ist ihr vermutlich zu fordernd	♥♥♥
♐	**Schütze**	Liegen auf derselben Wellenlänge	♥♥♥♥
♑	**Steinbock**	Unterschiedliche Prioritäten	♥
♒	**Wassermann**	Passen erstaunlich gut zusammen	♥♥♥♥♥
♓	**Fische**	Am Ende ist sie völlig verwirrt	♥♥

♥ wenig Einverständnis
♥♥ mühsam, aber produktiv
♥♥♥ Hartnäckigkeit lohnt
♥♥♥♥ stimulierend
♥♥♥♥♥ perfektes Team

♀	FEUER	ERDE	LUFT	WASSER	LUST	LIEBE	KÜHL
				💋		💋	

Die Fische-Frau

Diese faszinierende, charmante und emotional unbeständige Frau ist so sensibel, daß sie meist schon weiß, was ihr Partner denkt, ehe er es gedacht hat. Ihre Antenne fängt die feinsten Schwingungen auf. Sie möchte anderen alles recht machen und erleidet dabei oft selbst Nachteile. Sie ist ambivalent und strebt in zwei Richtungen gleichzeitig. Für sie ist es nicht ungewöhnlich, zwei Affären zur selben Zeit zu haben, wobei die eine in den letzten Zügen liegt, die andere eben anfängt.

Beglücken Sie die Fische-Frau mit Blumen und einem romantischen Essen bei Kerzenschein. Dann erzählen Sie ihr, wie sehr Sie sie lieben, und sie wird Ihnen seelenvolle Leidenschaft entgegenbringen.

Sexy Kombinationen

Die Fische-Frau sucht jemanden, der sie versteht oder der ihr das Gefühl gibt, gebraucht zu werden. Unabhängige Sternzeichen wie der Steinbock oder der Widder reizen sie daher selten. Ebensowenig kann sie etwas am Stier oder am Wassermann finden, da

beide nicht auf ihre emotionalen Manöver eingehen.
Bei den anderen Wasserzeichen hat die Fische-Frau das Gefühl, verstanden zu werden – sie teilen ihre emotionale Impulsivität –, doch fehlt ihnen die Tendenz, gleichzeitig in zwei Richtungen zu streben. Der Skorpion ist ihr sicher aufregend genug. Beim Krebs mit seiner zärtlichen Fürsorge fühlt sie sich wie eine Prinzessin.
Der Jungfrau-Mann holt sie auf die Erde zurück, doch ist er so anpassungsfähig, daß er mit ihr in ihre Phantasiewelt eintaucht, zudem beglücken sie seine derbe Sexualität und sein gewitzter Geist. Das könnte genau die richtige Kombination sein, um ihre sexuellen Energien zu kanalisieren. Da es sich um ihr gegenüberliegendes Sternzeichen handelt, besteht eine magische Anziehungskraft zwischen den beiden. Seine oft kleinkarierte Kritik könnte störend wirken, doch wenn sie ihren Charme spielen läßt, bemerkt er die vielen Kleinigkeiten vermutlich gar nicht, die ihn normalerweise an ihr aufregen.

VEREINBARKEIT

♓	**Fische-Frau mit**		
♈	**Widder**	Phantastischer Sex, wenig Verständnis	♥♥
♉	**Stier**	Ihre Gefühlsspielchen greifen nicht	♥
♊	**Zwillinge**	Gegenseitige Faszination, oberflächlich	♥♥♥
♋	**Krebs**	Zärtliche Fürsorge	♥♥♥♥♥
♌	**Löwe**	Kampf um ständige Aufmerksamkeit	♥
♍	**Jungfrau**	Holt sie umsichtig auf die Erde zurück	♥♥♥♥♥
♎	**Waage**	Phantasievolle Verbindung	♥♥♥♥
♏	**Skorpion**	Erregender Sex, aber anstrengend	♥♥♥♥
♐	**Schütze**	Nicht in ihrem Element	♥
♑	**Steinbock**	Kommt sie mit seinen Grenzen klar?	♥♥♥♥
♒	**Wassermann**	Schöne Phantasien, doch zu unabhängig	♥♥
♓	**Fische**	Schwimmen im Kreis	♥♥♥♥♥

♥ wenig Einverständnis
♥♥ mühsam, aber produktiv
♥♥♥ Hartnäckigkeit lohnt
♥♥♥♥ stimulierend
♥♥♥♥♥ perfektes Team

Widder verführen

In die Verlegenheit werden Sie kaum kommen, denn der Widder ist stets als erster am Zug. Fesseln Sie seine Aufmerksamkeit nicht in den ersten zwei Minuten, können Sie es vergessen. Die Verführungstaktik des Widders ist direkt und kompromißlos. Entweder Sie zeigen Interesse oder nicht. Wenn nicht, dann wird der Widder kaum seine Zeit damit verschwenden, Sie zu verführen. Im umgekehrten Fall erleben Sie, wie Ihr Herz in atemberaubend leidenschaftlicher Aufmerksamkeit im Sturm erobert wird.

Widder glücklich machen

Wenn Sie einen Widder wirklich glücklich machen wollen, kaufen Sie ihm oder ihr einen schnellen roten Sportwagen. Seine oder ihre sexuelle Hingabe wird Ihnen für die nächsten Monate sicher sein. Ist Ihnen das zu übertrieben, kann auch eine rote Rose das romantische Sternzeichen zu erotischer Leidenschaft hinreißen. Und da der Widder sehr auf seine Gesundheit achtet und Bewegung braucht, kann auch ein Abonnement in einem Fitneß-Club ein ideales Geschenk sein.

Was vom Widder zu erwarten ist

Sensationeller Sex, Impulsivität und Egoismus sind die Kennzeichen einer stürmischen Beziehung mit dem Widder. Sie werden womöglich mit Geschenken überhäuft – dieses Sternzeichen ist sehr großzügig –, und mitunter mögen Ihnen auch romantische Gefühle entgegengebracht werden, aber versprechen Sie sich nicht zu viel. Er nimmt sich wenig Zeit für den Austausch von Zärtlichkeiten und stellt schnell klar, wo all diese Aufmerksamkeit hinführen soll.
Bei Konflikten blüht der explosive Widder geradezu auf. Empfindlichere Zeichen können sich schnell die Finger verbrennen. Mögen Sie es nicht so heiß, meiden Sie lieber das Schlafzimmer eines Widders.

Eine einzelne rote Rose sendet deutliche Signale, wenn der Widder etwas vorhat.

SEXUELLER ERFOLG

♈ **Widder**	
Lohnt sich das Warten?	Nein, hält sich an den ersten Eindruck
Bettgeschichten	Bis zur Ehe häufig
Affären	Paßt zu freiheitsliebenden Zeichen
Zusammenleben	Zieht vermutlich die Ehe vor
Ehe	Ja, sobald das Gefühl stimmt
Trennung	Widerwillig, kann aber ganz plötzlich erfolgen
Scheidung	Wenn die Entscheidung getroffen ist, wird es schnell gehen

ASTROQUOTE

Widder-Mann	*****
Widder-Frau	*****

ZEIT | KOMMUNIKATION | ERWIDERTE GEFÜHLE

Stiere verführen

Bringen Sie viel Geduld mit und senden Sie viele Signale. Bestellen Sie einen Tisch in einem Feinschmeckerlokal mit viel gutem Rotwein und sinnlichem Essen. Der Weg zum Herzen des phlegmatischen Stiers führt definitiv durch den Magen. Wenn sein Appetit erst einmal gestillt ist, erwacht vielleicht ein tieferes, leidenschaftlicheres Verlangen. Tragen Sie Ihre erotischste Kleidung, nehmen Sie Ihr bestes Parfüm. Ist das Objekt Ihrer Begierde ein Mann, erlauben Sie ihm hin und wieder einen Blick auf Strümpfe und Strapse. Wollen Sie eine Stier-Frau erobern, kaufen Sie Ihr teure Dessous. Bei der Gelegenheit können Sie ihr auch gleich eine Massage anbieten. Bleiben Sie dran!

Stiere glücklich machen

Geschenke, die das erdverbundene Wesen des Stiers widerspiegeln, den Sinn für materielle Werte und die Liebe zum Luxus, werden sehr geschätzt. Essen, Pflanzen, teure Badeöle, Lotionen sowie sinnliche Kleidung

Massageöle kommen dem Bedürfnis nach Luxus und sinnlichem Vergnügen entgegen, das im Herzen eines jeden Stiers schlummert.

bringen den Stier in Stimmung. Sie sehen gern gut aus und fühlen sich gut, also werden sie über einen Gutschein für einen Besuch in einem Schönheitssalon oder Kurhotel, wo man sich den ganzen Tag um ihr Wohlergehen kümmert, erfreut sein.

Was vom Stier zu erwarten ist

Lang dauernder, bodenständiger Sex, Treue und eine unglaubliche Sinnlichkeit verbergen sich hinter seiner ruhigen Fassade. Das Werben erfolgt langsam und sinnlich. Der Stier kann sehr großzügig sein. Sie erhalten Geschenke, die von guter Qualität und bleibendem Wert sind. Doch ist der Stier kein Freund vieler Worte, also erwarten Sie keine blumigen Liebeserklärungen. Er schwelgt auch nicht in Gefühlen oder dramatischen Inszenierungen. Dieses Sternzeichen will geheiratet werden, daher können Sie sich auf einen romantischen Antrag bei einem wunderbaren Essen gefaßt machen. Der Stier sucht einen Partner fürs Leben.

SEXUELLER ERFOLG

♉ Stier	
Lohnt sich das Warten?	Ja, er braucht sehr lange, um einen Schritt zu tun
Bettgeschichten	Selten
Affären	Könnte sein
Zusammenleben	Ihm ist der Bund der Ehe lieber
Ehe	»… bis daß der Tod euch scheidet«
Trennung	Nur unter extremem Druck
Scheidung	Letzter Ausweg

ASTROQUOTE

Stier-Mann	****
Stier-Frau	****

ZEIT	KOMMUNIKATION	ERWIDERTE GEFÜHLE

Schenken Sie dem Zwilling ein High-Tech-Spielzeug, aber möglichst eins, das ihn auf Sex programmiert.

Zwillinge verführen

Das Geheimnis bei der Verführung liegt darin, das Gesprächsthema auf Sex zu lenken und von da an dem natürlichen Talent des Zwillings seinen Lauf zu lassen. Zum Beispiel könnten Sie um eine Erklärung der Position Nr. 49 im Kamasutra bitten (aber recherchieren Sie das vorher genau nach) und erklären, daß das Ihrer Meinung nach physisch einfach nicht realisierbar sei. Der Zwilling ist in jedem Fall genau der Richtige, um Ihnen das Gegenteil zu beweisen.

Mit klugen Schmeicheleien kommen Sie beim Zwilling überallhin. Hören Sie ihm aufmerksam zu, nicken Sie hin und wieder vielsagend, steuern Sie ein oder zwei witzige Bemerkungen bei, und lassen Sie ihn dann solange reden, bis Sie schließlich im Bett landen.

Zwillinge glücklich machen

Da der Zwilling technische Geräte aller Art mag, würde er sich sicher über ein Handy oder den neuesten, noch kleineren tragbaren CD-Player freuen. Doch vielleicht sollten Sie sein Interesse eher auf fleischliche Belange richten und ihm ein Sexspielzeug schenken. Wie wäre es mit einer CD-ROM des Kamasutra? Wenn es ein Mittel gäbe, die sexuellen Phantasien des Zwillings aus seinem Kopf auf ein Videoband zu übertragen, so wäre das das ideale Geschenk. Oder ein digitaler Camcorder mit Fernbedienung!

Was vom Zwilling zu erwarten ist

Reden, Reden und Reden. Doch erwarten Sie nicht, daß der Zwilling deswegen etwas von seinen Gefühlen preisgibt – er kennt sie nämlich selbst nicht so genau. Der redegewandte Zwilling verspricht das Blaue vom Himmel, was er aber nicht halten kann. Die Dinge verändern sich beim Zwilling schnell, daher sollten Sie sehr flexibel sein um mitzuhalten. Trotzdem können Zwillinge gewinnende Partner und phantasievolle Liebhaber sein, wenn Sie Ihr Interesse lange genug fesseln. Doch erwarten Sie keine lebenslange Treue, denn das liegt nicht in ihrer Veranlagung.

SEXUELLER ERFOLG

♊ **Zwillinge**	
Lohnt sich das Warten?	Ja, sehr wankelmütiges Zeichen
Bettgeschichten	Häufig
Affären	Sicher
Zusammenleben	Meist lieber als die Ehe
Ehe	Mehrere
Trennung	Häufig
Scheidung	Sehr wahrscheinlich

ASTROQUOTE

Zwillinge-Mann	**
Zwillinge-Frau	**

ZEIT	KOMMUNIKATION	ERWIDERTE GEFÜHLE

KREBS
SEXUELLER ERFOLG

Krebse verführen

Drücken Sie auf die Tränendrüsen. Das weiche Herz des Krebses kann einer schluchzend vorgetragenen Geschichte nicht widerstehen, und für Notfälle hat er stets ein Taschentuch. Wenn Sie bedürftig, hungrig, verletzt oder unglücklich aussehen, wird der Krebs sich bestimmt nach Kräften um Ihr Wohlergehen bemühen. Hat er Sie dann mit nach Hause genommen, um Sie mit heißem Tee zu trösten, bedarf es nur eines kleinen Schrittes, bis Sie mit ihm im Bett landen.

Krebse glücklich machen

Ein Geschenk wird dem Krebs immer eine Freude machen, weil es zeigt, daß Sie an ihn denken. Der Krebs mag Geschenke fürs Haus, doch etwas Luxuriöses, das der Partner speziell für ihn ausgesucht hat, erfreut ihn noch mehr.
Perlen sind das traditionelle Geschenk für Krebse, doch sollten sie echt sein. Der Krebs hat auch eine besondere Vorliebe für Silberschmuck. Beide Geschlechter mögen das Funkeln eines in Silber gefaßten Mondsteins.

Der Krebs reagiert liebevoll auf ein wertvolles Geschenk, besonders auf eines mit persönlicher Note.

GEISTIGE BEZIEHUNG	STABILITÄT	EHERING

Was vom Krebs zu erwarten ist

Jede Menge Fürsorge, eine liebevolle Umgebung, ausgezeichnetes Essen und eine große Familie ist das, was ein Krebs zu bieten hat. Ihr Krebs-Partner wird warmherzig, liebevoll und treu sein – bis zum Schluß. Doch es ist nicht alles so rosig, wie es aussieht. Neben all dieser Fürsorge unterliegt der Krebs extremen Stimmungsschwankungen und einer Überempfindlichkeit, wodurch Sie sich vielleicht mehrmals täglich fragen: »Was habe ich bloß getan?« Dieses Sternzeichen ist sehr emotional, und das wird sich vermutlich auch nicht ändern lassen.

Der Krebs steht in enger Verbindung mit dem Mond. Daher verspüren Krebse von Zeit zu Zeit das Bedürfnis, sich völlig in sich zurückziehen.

Auch wenn sie ihren Partner dabei ausschließen, heißt das keinesfalls, daß sie ihn nicht mehr lieben. Ihr Krebs wird bald wieder ganz der oder die alte sein.

SEXUELLER ERFOLG

♋ Krebs	
Lohnt sich das Warten?	Ja, umständliche Annäherung
Bettgeschichten	Ja
Affären	Durchaus möglich
Zusammenleben	Wird lieber heiraten
Ehe	Höchstes Ziel
Trennung	Extrem widerstrebend
Scheidung	Hält lieber aus

ASTROQUOTE

Krebs-Mann	****
Krebs-Frau	***

Löwen verführen

Schmeicheleien bezaubern den Löwen jeden Tag aufs neue – genauso wie edle Geschenke. Aber Sie können es auch mit Distanziertheit probieren, schließlich liebt dieses Zeichen Herausforderungen. Vielleicht bewegen Sie ihn mit dieser Taktik dazu, zur Abwechslung mal hinter Ihnen herzulaufen.

Schmeicheln Sie dem auserlesenen Geschmack des Löwen mit gutem Jahrgangswein und umgeben Sie ihn dann mit edler Seide.

Löwen glücklich machen

Geschenke aller Art – je teurer, desto besser – halten den Löwen am Schnurren. Eine Wunschvorstellung des Löwen besteht darin, auf eine Designer-Modenschau mitgenommen zu werden und sich hinterher etwas auswählen zu dürfen. Ein Besuch beim teuersten Juwelier der Stadt hat eine fast orgiastische Wirkung. Hochwertige Toilettenartikel und Parfüm, ein Fünf-Sterne-Hotel – alles, was mit Luxus und schönen Menschen zu tun hat, macht den Löwen glücklich. Da er so sehr auf sein Äußeres bedacht ist, wäre ein Aufenthalt auf einer Schönheitsfarm ideal.

Was vom Löwen zu erwarten ist

Leidenschaft, ein vernünftiges Maß an Treue, Loyalität und recht viel Liebe können Sie von einem Löwen erwarten. Im Grunde ist er ein warmherziges und fürsorgliches Sternzeichen, wenn Sie den Löwen nicht provozieren, ständig seinen unbezähmbaren Stolz hervorkehren zu müssen. Das Mißfallen des Löwen äußert sich hingegen durch Unterkühlung. Er will die Kontrolle behalten. Andere Zeichen finden den Löwen sogar herrschsüchtig. Er kann eifersüchtig und besitzergreifend sein. Auf der anderen Seite ist er mitunter jedoch recht naiv, wenn es um Herzensangelegenheiten geht. Solange das sonnige Gemüt des Löwen die Oberhand behält, sind Ihnen viel verspielter Sex und sinnliche Liebe gewiß. Er hat ein liebevolles und zärtliches Wesen und zeigt auch offen seine Zuneigung.

SEXUELLER ERFOLG

♌ **Löwe**	
Lohnt sich das Warten?	Er erwartet, daß Sie sich anstrengen
Bettgeschichten	Möglich
Affären	Können auch länger dauern
Zusammenleben	Die Ehe wäre ihm lieber
Ehe	Mit Freuden
Trennung	Widerstrebend
Scheidung	Nach der Trennung so schnell wie möglich

ASTROQUOTE

Löwe-Mann	****
Löwe-Frau	*****

ZEIT	KOMMUNIKATION	ERWIDERTE GEFÜHLE
💋💋	💋💋💋💋	

Jungfrauen verführen

Die Jungfrau läßt sich nicht verführen, wenn sie es nicht selber will. Bei diesem Sternzeichen muß man auf sehr subtile Weise vorgehen. Sie verabscheut vulgäre, aufdringliche Annährungsversuche. Sie könnten sich einen Arztkittel anziehen oder nebenbei fallenlassen, daß sie vor kurzem eine Generaluntersuchung beim Gesundheitsamt gemacht haben. Doch am ehesten verführt man eine Jungfrau durch Witz und geistreiche Unterhaltung. Eine gewisse Reserviertheit erweckt in ihr den Wunsch, Sie besser kennenzulernen.

Jungfrauen glücklich machen

Da die Jungfrau ein ausgeprägtes Gesundheitsbewußtsein hat, lehnt sie Geschenke ab, die zur Übertreibung verleiten. Wenn Sie also bei der Geschenkeauswahl die Gesundheit im Hinterkopf behalten, wird die Jungfrau entzückt sein.
Ein Vibrator könnte genau das richtige Geschenk sein, um eine unerwartete Seite ihres Wesens ans Licht zu bringen. Stimulieren Sie damit die Nervenenden am ganzen Körper, und die Jungfrau wird in sinnlichem Vergnügen versinken.

Was von der Jungfrau zu erwarten ist

Die Jungfrau braucht genug Zeit, um eine feste Beziehung einzugehen. Doch wenn sie sich einmal zu einer Bindung entschlossen hat, ist sie im allgemeinen treu und loyal. Sollte sie Affären haben, geht sie dabei äußerst diskret vor.
Die Jungfrau hat einen bodenständigen Sexualtrieb, deshalb können Sie mit einer angemessenen Häufigkeit sexueller Kontakte rechnen. Doch meist sollten Sie die Initiative ergreifen, da die Jungfrau ansonsten ihrer Neigung zur Enthaltsamkeit verfallen könnte.
Die Jungfrau wird Sie auf loyale Weise umsorgen. Dieses Sternzeichen hat ein Bedürfnis, anderen Menschen zu Diensten zu sein, was sich in Beziehungen oft verstärkt. Ihre Interessen werden der Jungfrau am Herzen liegen, und sie wird Sie bei allem tatkräftig unterstützen.

Zeigen Sie der Jungfrau, daß Sie um ihr sexuelles Wohlergehen bemüht sind, und schenken Sie ihr Vitaminpillen (ohne Hintergedanken ...).

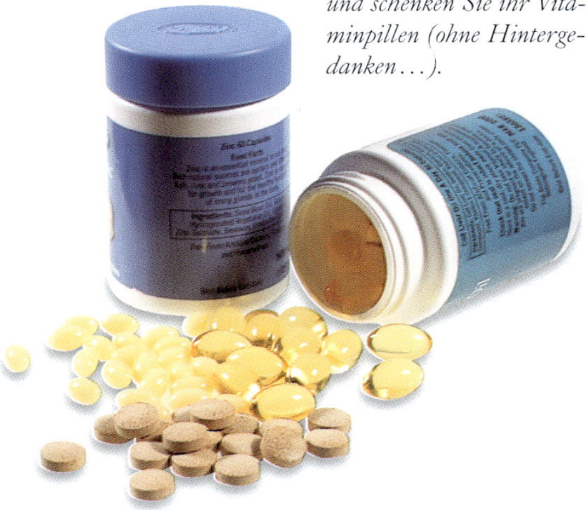

SEXUELLER ERFOLG

♍ **Jungfrau**	
Lohnt sich das Warten?	Ja, sie ist ein wandelbares Wesen
Bettgeschichten	Bestimmt
Affären	Ja
Zusammenleben	Könnte eine gute Idee sein
Ehe	Setzt hohe Standards
Trennung	Ja, wenn die Standards nicht erfüllt werden
Scheidung	Wenn alles andere versagt

ASTROQUOTE

Männliche Jungfrau *
Weibliche Jungfrau ***

Waagen verführen

Mit Romantik, Geschenken, Schmeicheleien, vielen Komplimenten und Hartnäckigkeit können Sie bei der Waage etwas ausrichten. Doch seien Sie gewarnt, es kann sehr lange dauern, falls Sie die Waage nicht so stark beeindrucken können, daß sie Ihnen freiwillig ins Bett folgt. Dieses Sternzeichen möchte gern ausgiebig umgarnt werden. Denken Sie daran, daß die Waage ungern Entscheidungen trifft, also lassen Sie ihr keine Alternative!

Eine Waage überrascht den geliebten Menschen mit Geschenken von erlesener Qualität, etwa aus den edelsten Materialien wie Seide oder Spitze.

Waagen glücklich machen

Für die Waage sind Geschenke Liebeserklärungen. Deshalb sollten sie von ausgesuchtem Geschmack sein. Ein Besuch in Salzburg zu den Festspielen gibt der Waage die Gelegenheit, ihre ästhetischen und kulturellen Neigungen auszuleben (außerdem liegt Österreich unter der Herrschaft der Waage).

Was von der Waage zu erwarten ist

Die erfahrene Waage hat sehr viel Charme und

GEISTIGE BEZIEHUNG	STABILITÄT	EHERING

Charisma, daher werden Sie stets einen bezaubernden Partner an Ihrer Seite haben. Das sehen auch andere Menschen so, und da sie für ihr Leben gern flirtet, sollten Sie keine ewige Treue von ihr erwarten. Mitunter läßt sich die Waage zu einem Seitensprung verleiten, wird sie jedoch ertappt, ist sie völlig zerknirscht. Dieses Sternzeichen wird Sie wegen jeder Kleinigkeit um Ihre Meinung fragen, die sie dann allerdings oft ignoriert. Die Waage nimmt großen Anteil an den Gefühlen ihres Partners, daher können Sie sich auf ihre besorgte Aufmerksamkeit verlassen, wenn sie nicht gerade mit jemand anderem flirtet. Sie möchte Sie jedoch keinesfalls verletzen oder Ihnen Kummer bereiten. Sie will ein ruhiges Leben, daher gibt es auch selten Streit und Auseinandersetzungen. Dieses Sternzeichen ist bekannt für seine Kompromißbereitschaft und Anpassungsfähigkeit. Doch seien Sie auf der Hut, denn hinter der unbekümmerten Fassade verbirgt sich mitunter das Gemüt eines habgierigen Goldgräbers.

SEXUELLER ERFOLG

♎ **Waage**	
Lohnt sich das Warten?	Kann unverhältnismäßig lange für eine Entscheidung brauchen
Bettgeschichten	Möglich
Affären	Mit vollem Genuß
Zusammenleben	Zieht die Ehe vor
Ehe	Sie ist für die Ehe gemacht
Trennung	Möglich, aber sie erträgt viel
Scheidung	Schwierige Entscheidung

ASTROQUOTE

Waage-Mann	***
Waage-Frau	**

Skorpione verführen

Wahrscheinlich ist das gar nicht nötig. Der unergründliche Skorpion umgarnt Sie möglicherweise bereits heimlich, ohne daß Sie es merken. Tun Sie so, als wären Sie schwer zu kriegen, ohne dabei geziert zu wirken. Bleiben Sie reserviert und geheimnisvoll. Bald frißt Ihnen der Skorpion aus der Hand.

Wenn der Skorpion kein Interesse zeigt, vergessen Sie es! Es handelt sich um ein fixes Zeichen, daher werden Sie ihn kaum umstimmen können. Andererseits mag es der dominante Skorpion ab und zu, wenn jemand anders zur Abwechslung mal die Zügel in die Hand nimmt. Das ist die Gelegenheit, ihn zu unterwerfen – natürlich nur im übertragenen Sinn.

Skorpione glücklich machen

Skorpione lieben Geheimnisse aller Art. Eine Wer-ist-der-Mörder-Party wäre ideal, besonders wenn sein bevorzugtes Sexspielzeug dabei ist.

Auch unternimmt der Skorpion gern Reisen an exotische Orte. Marokko mit seinen palastartigen Hotels ist genau der richtige Hintergrund für ein Rendezvous mit einem Skorpion.

Der Skorpion ist gefühlsintensiv, tiefgründig und hat ein geradezu hypnotisches Charisma.

Partner, die die Phantasien des Skorpions stets erneut anregen, werden ihn sehr glücklich machen.

GEISTIGE BEZIEHUNG	STABILITÄT	EHERING

Was vom Skorpion zu erwarten ist

Der Skorpion wird Ihnen eine enorme Gefühlsintensität, anhaltende Liebe, tiefe Leidenschaft und unerschütterliche Loyalität bescheren, solange Sie ihm treu sind. Er ist das eifersüchtigste Sternzeichen, darum sollten Sie sich beim Fremdgehen auf ein Donnerwetter gefaßt machen.

Der Skorpion verstrickt sich gern in verschiedene emotionale Manöver, die direktere Sternzeichen verwirren könnten, deshalb sollten Sie Ihre Sinne beisammen halten, wenn Sie sich mit diesem verschlagenen Zeichen einlassen. Vergessen Sie außerdem nicht, daß der Skorpion das unergründlichste der Wasserzeichen ist. Er neigt zu Stimmungsschwankungen, doch läßt er nichts davon nach außen dringen. Sie bemerken kaum, wenn der Skorpion bedrückt ist, bis er dann explodiert oder in eine Depression verfällt. Wenn Sie sensibel genug sind, bleiben Sie, was die emotionalen Entwicklungen des Skorpions angeht, wenigstens auf dem laufenden.

SEXUELLER ERFOLG

♏ **Skorpion**	
Lohnt sich das Warten?	Ja, er kann sein Interesse verbergen
Bettgeschichten	Durchaus möglich
Affären	Hobby des Skorpions – bis zur Ehe
Zusammenleben	Ja, aber er zieht wahrscheinlich die Ehe vor
Ehe	Als lebenslange Bindung verstanden
Trennung	Widerwillig
Scheidung	Bei extremer Provokation

ASTROQUOTE

Skorpion-Mann	*****
Skorpion-Frau	*****

Schützen verführen

Es ist nicht schwer, den Schützen zu verführen. Sie müssen sich nur auf ihn einlassen, über seine Witze lachen, ein reges Interesse an der Konversation zeigen und ab und zu einige tiefsinnige, sachbezogene Bemerkungen einstreuen. Schon bald lädt er Sie in sein Schlafzimmer ein. Wenn Ihr auserwählter Schütze sich als schwerfällig erweist oder Ihre Konkurrenz gut im Rennen liegt, lassen Sie durchblicken, daß Sie eine Reise für zwei Personen an einen traumhaften Ort gewonnen haben und nicht wissen, wen Sie mitnehmen sollen. Hat er angebissen, nehmen Sie ausreichend Geld mit.

Locken Sie den Schützen an einen exotischen Ort, wo Sie dann eine berauschende Mischung aus Sex und Abenteuer erleben.

Schützen glücklich machen

Wollen Sie den Schützen glücklich machen, fahren Sie mit ihm zu interessanten Orten. Es muß keine längere Reise werden, ein Tagesausflug kann schon aufregend sein. Zahlreiche Möglichkeiten bieten sich an, denn der Schütze hat eine lange Liste von Orten, die er unbedingt sehen will.

Was vom Schützen zu erwarten ist

Viel Spaß, Spontaneität und Reisen stehen auf der Angebotsliste des Schützen, dazu kommt ausgelassener Sex, unterbrochen von verschiedenen anderen Aktivitäten. Dieses Zeichen vagabundiert auf der Suche nach neuen Anregungen gern herum, weshalb Sie keine unmittelbare Treue erwarten dürfen. Der Weg vom ersten Kennenlernen bis ins Bett ist beim Schützen nicht sehr lang. Wenn sich die Beziehung mit einem Schützen erst gefestigt hat – und bei diesem Zeichen kann das eine Weile dauern –, ist er ein treuer Partner, der in anderen Bereichen aber ruhelos bleibt. Sie sollten das gemeinsame Leben abwechslungsreich und flexibel gestalten. Bereiten Sie ihm gelegentliche Überraschungen – ein Fest oder einen Wochenendausflug. Bestärken Sie ihn darin, weiterhin seinen eigenen Interessen nachzugehen. Dieses Sternzeichen braucht viel persönlichen Freiraum. Nur wenn er sich langweilt, kommt ein Schütze auf dumme Gedanken.

SEXUELLER ERFOLG

♐ **Schütze**	
Lohnt sich das Warten?	Ja, dies ist ein duales Zeichen
Bettgeschichten	Ungezügelte Lust wird später oft bereut
Affären	Mehr als wahrscheinlich
Zusammenleben	Ist ein freiheitsliebendes Zeichen
Ehe	Kann schnell hineinrutschen …
Trennung	… und ebenso rasch wieder heraus
Scheidung	Gut möglich

ASTROQUOTE

Schütze-Mann	****
Schütze-Frau	****

ZEIT	KOMMUNIKATION	ERWIDERTE GEFÜHLE

Steinböcke verführen

Millionäre, der Geschäftsführer oder Sproß eines Familienunternehmens und Leute mit hohem sozialem Ansehen haben die besten Chancen, dieses standesbewußte Zeichen zu erobern. Wollen Sie beim Steinbock etwas erreichen, sollten Sie Ihre beste Kleidung aus dem Schrank holen. Er interessiert sich für niemanden, der es nicht so weit gebracht hat wie er selbst. Bitten Sie jemanden, der Sie offiziell vorstellt. Das erste Treffen sollte in einem unverfänglichen Rahmen stattfinden. Machen Sie deutlich, daß Sie keine sexuellen Hintergedanken hegen. Folgen Sie den klassischen Werberitualen. Andererseits kann mitunter durchaus ein geschickter sexueller Schachzug gelingen, mit dem Sie den Steinbock ins Bett bekommen. Bei dieser Taktik sollten Sie ihm keine Gelegenheit geben, nein zu sagen.

Steinböcke glücklich machen

Der Steinbock spart sein Geld lieber, als es für sich selbst auszugeben (doch wenn er etwas kauft, ist es stets von guter Qualität). Wenn Sie Ihrem Steinbock also teure, entbehrliche Sachen schenken, wird er sich sicher darüber freuen – besonders wenn es sich um sinnliche Accessoires handelt. Als alter Traditionalist zieht der Steinbock stets das Klassische vor – Parfüm, Bücher, Gemälde und Autos.

Was vom Steinbock zu erwarten ist

Der Steinbock bietet ewige Treue. Dieses Sternzeichen schätzt eine stabile Partnerschaft, und sein Pflichtbewußtsein wird dafür sorgen, daß er alles für seine Familie und ihr Glück tut. Er nimmt die Ehe ernst. Der durchschnittliche Steinbock verbirgt hinter seiner äußeren Zurückhaltung ein warmes, liebevolles Herz. Einige Steinböcke sind so sehr mit ihrer Karriere beschäftigt, daß sie keine Zeit für die Familie erübrigen können, doch die meisten halten die mit Partner und Kindern verbrachte Zeit für wichtig genug, um die familiären Bindungen zu stärken.

GEISTIGE BEZIEHUNG	STABILITÄT	EHERING

Betören Sie den Steinbock mit teurem Parfüm und anderen Luxusgegenständen, die seinem erlesenen Geschmack schmeicheln.

SEXUELLER ERFOLG

♑ **Steinbock**	
Lohnt sich das Warten?	Ja, wenn das Angebot nicht gleich abgelehnt wird
Bettgeschichten	Selten
Affären	Falls ihn die Leidenschaft überkommt
Zusammenleben	Zieht den Ehestatus vor
Ehe	Er mag feste Bindungen
Trennung	Selten
Scheidung	Nur widerwillig

ASTROQUOTE

Steinbock-Mann	*
Steinbock-Frau	***

ZEIT	KOMMUNIKATION	ERWIDERTE GEFÜHLE

Wassermänner verführen

Der Trick beim Wassermann besteht darin, auf sich aufmerksam zu machen. Er tut so, als wäre er schwer zu kriegen, und gibt dann in letzter Minute nach. Es kann hilfreich sein, seine »wissenschaftlichen« Spiele mitzumachen: Geben Sie einen Überblick über die sexuellen Eigenarten aus soziologischer Sicht und fragen Sie den Wassermann nach seiner Meinung. Er liebt Workshops zu New-Age-Themen, daher würde sich eine kleine Recherche auf dem Gebiet lohnen. Natürlich könnte sich ein potentieller Verführer auch als Außerirdischer verkleiden oder eine seiner Umweltinitiativen unterstützen, doch im Grunde ist ein direkter Vorstoß am sinnvollsten.

Wassermänner glücklich machen

Da der Wassermann seiner Zeit um mehrere Jahre voraus ist, mag er alles Ungewöhnliche und Innovative. Kunsthandwerk aus der Dritten Welt gefällt ihm genauso wie Orte, an denen er Leute unterschiedlicher Kulturen treffen kann.

Ethnoschmuck oder Kunsthandwerk aus der Dritten Welt beruhigen das Gewissen des Wassermanns.

Wenn es zur Sache geht, steht der Wassermann auf technologische Kommunikation. Da er auf Cyber-Sex abfährt, könnte ihm ein Internet-Anschluß gefallen, damit er mit Leuten auf der ganzen Welt kommunizieren kann.

GEISTIGE BEZIEHUNG	STABILITÄT	EHERING

Was vom Wassermann zu erwarten ist

Machen Sie sich beim Wassermann auf das Unerwartete gefaßt. Dieses Sternzeichen will einfach anders sein. So wird der unkonventionelle Wassermann vielleicht heiraten. Ein eingefleischter Junggeselle wird nach einem One-Night-Stand mit einer Unbekannten möglicherweise seine Verlobung bekanntgeben, während ein mehr von Saturn geprägter Wassermann eine kurze Affäre hat und sich danach aus dem Staub macht. Der ergebenste Wassermann wird plötzlich seinen persönlichen Freiraum beanspruchen, verschwinden und vergessen zu sagen, wann er oder sie zurückkommt. Ein sehr zurückhaltender Wassermann wird ganz unerwartet seine unsterbliche Liebe gestehen. Die von Uranus beeinflußte Seite dieses Sternzeichens sucht nach Freiheit und kurzen Affären; die saturngeprägte Seite strebt nach ewiger Liebe und Heirat. Welche Seite wann zum Ausdruck kommt, ist fraglich. Doch wenn er sich bindet, ist er treu.

SEXUELLER ERFOLG

♒ **Wassermann**	
Lohnt sich das Warten?	Sie können es versuchen
Bettgeschichten	Unvorhersehbar
Affären	Läßt sich ungern Chancen entgehen
Zusammenleben	Er mag das Unkonventionelle
Ehe	Er bindet sich nur schwer
Trennung	Durchaus möglich
Scheidung	Ja, wenn es nicht geklappt hat

ASTROQUOTE

Wassermann	***
Wasserfrau	***

Fische verführen

Eine alte, schluchzend vorgebrachte Geschichte müßte genügen, um den Fisch leicht zu verführen, denn er verwechselt leicht Sympathie mit Liebe. Wenn Sie einmal die Aufmerksamkeit des Fisches erregt haben, dürfte der Rest eine Kleinigkeit sein. Alkoholische Getränke werden Ihnen dabei behilflich sein, denn dieses Sternzeichen spricht rasch auf Alkohol an. Auch Kerzen können ihren Teil beitragen sowie alles, was eine romantische Atmosphäre schafft. Aber denken Sie daran, subtil vorzugehen, denn jegliche Grobheit wird den Fisch verschrecken.

Erfüllen Sie die romantischen Wünsche des Fisches, indem Sie eine Flasche mit gutem Wein entkorken.

Fische glücklich machen

Fische lieben Geschenke jeder Art – je romantischer, desto besser. Für sie ist Schenken ein Ausdruck der Liebe, und Liebe ist ihnen äußerst wichtig. Sie halten sich gern in der Nähe von Wasser auf; denn es besänftigt ihre Seele. Daher ist eine Reise ans Meer oder an einen See – für ein paar Stunden oder mehrere Wochen – das ideale Geschenk für Ihren Fische-

DER WIDDER IST EINES DER LEIDENSCHAFTLICHSTEN UND IMPULSIVSTEN STERNZEICHEN. ER NIMMT SICH EINFACH, WAS IHM BELIEBT, OHNE LANGE ABZUWARTEN. ER STEHT AUF RASCHEN SEX.

♈

Die treibenden Kräfte des Widders sind Habgier, Egozentrik und Selbstsicherheit. Wenn Sie Ihre Lust ausleben, interessiert Sie hauptsächlich die Befriedigung der eigenen Bedürfnisse, und zwar so schnell und so direkt wie möglich. Als kardinales Feuerzeichen lieben Sie die schnelle Verführung und glühende, geräuschvolle Leidenschaft. Sind Sie Widder-Mann, lassen Sie sich vollkommen von Ihrer Lust lenken, wenn Sie hinter Ihrer Idealfrau her sind; die Widder-Frau ist genauso zielstrebig.

Als gefühlsorientiertes Zeichen genießen Sie unkomplizierten Sex von ganzem Herzen, aber von der Kunst der langsamen, subtilen Verführung haben Sie keinen Schimmer. Sie fragen einfach, wenn Sie etwas wollen, und nehmen dabei wenig Rücksicht auf die Bedürfnisse Ihres Partners. Als Feuerzeichen sind Sie bei Ihren ungeduldigen Forderungen im günstigsten Fall direkt, im schlimmsten Fall rüde und grob.

♈

Wie die meisten Feuerzeichen haben Sie ein unterentwickeltes Verhältnis zu Ihrem Körper. Sicher benutzen Sie ihn zum Sex, aber entspricht diese Art Sex jemals tatsächlich Ihren Phantasien? Wohl kaum, solange Sie nur einem schnellen Orgasmus hinterherjagen. Das könnte sich ändern, wenn Sie lernen, auf die Bedürfnisse Ihres Körpers zu hören und Ihre Erfahrungen mit denen Ihres Partners zu teilen.

Als Widder verspüren Sie einen Drang, der bei der unmittelbaren Erfüllung des Verlangens keinen Aufschub duldet, und ähnlich wie der herrschende Planet Mars wollen auch Sie als Sieger aus dem Kampf der Geschlechter hervorgehen. Immer suchen Sie nach neuem Prickeln. Während Mars Sie ständig vorantreibt, genießen Sie zwar die Aufregung der Jagd, doch liegt Ihnen hauptsächlich an der eigentlichen Eroberung. Daher geben Sie bei zu starkem Widerstand schnell auf und suchen woanders weiter. Widder unterwerfen sich höchst selten. Auch beim Sex müssen Sie in allem und immer die Oberhand behalten. Der unge-

PRIORITÄT LIEBE					KÜHLE LEIDENSCHAFT					UMSTÄNDLICH				

♈

GEEIGNETE GESCHENKE

Ein Sportwagen
•
Abonnement im Fitneß-Studio
•
Ein Erlebnis-wochenende
•
Irgendein Designer-Stück

schliffene Widder läßt sich kaum auf emotionale Spielchen ein, wohingegen ihm Sexspiele durchaus gefallen – solange er dabei Sieger bleibt.

♈

Sie sind ein extrovertierter, leidenschaftlicher Sexathlet – zumindest glauben Sie das. Ein anfängliches Interesse am Sex ist sicher vorhanden, aber können Sie das dauerhaft aufrechterhalten? Eine Ihrer negativen Charaktereigenschaften als Kardinalzeichen besteht darin, daß Sie lieber etwas anfangen als es zu Ende zu bringen. Es interessiert Sie nicht, etwas Stück für Stück aufzubauen.

Wenn sich die Dinge zu langsam entwickeln, verlieren Sie schnell das Interesse. Niemand würde jedoch den Mut aufbringen, so etwas offen auszusprechen. Widder haben immer recht! Das Tempo, das Sie vorgeben, muß stimmen; Sie kümmern sich kaum um die tieferen Gefühle anderer, denn Ihre Lust verschlingt alles sofort. Diese egoistische Einstellung beim Sex kann zu häufigen One-Night-Stands, aber nur selten zu einer dauerhaften Beziehung führen. Daher sind viele Widder-Affären wie lodernde Großfeuer, die spektakulär brennen, aber nach kurzer Zeit verlöschen.

Tatsächlich sind Widder die klassischen Schürzenjäger. Dies befriedigt ihr Bedürfnis nach ständiger Stimulierung und hilft ihnen, Verpflichtungen zu umgehen, die sie ängstigen.

Wenn sie sich dann endlich einmal verlieben statt nur ihrer Lust nachzugeben, kommt die romantische und etwas naive Seite ihrer Feuernatur hervor, aber sie bleiben eigensinnig und leidenschaftlich. Egal wie romantisch ein Widder veranlagt ist, seine Leidenschaft ist unauflöslich mit Liebe verbunden, so daß er seine Gefühle auf eine sehr direkte Weise zeigt. Im Grunde seines Herzens ist er ein Romantiker und sucht eine Seelenverwandtschaft. Wenn er diese gefunden hat, erwartet ihn ein Leben voller Glückseligkeit und Harmonie.

Auch wenn Sie verliebt sind, bleiben poetische Liebeserklärungen eine Seltenheit. Sie haben keine Hemmungen, ab und zu »ich liebe dich« zu sagen, aber es fällt Ihnen recht schwer, mehr als das momentane Gefühl zu enthüllen.

♈

Dieses Sternzeichen ist weitgehend treu, doch im Falle eines Seitensprungs wird dem Partner alles gleich brühwarm erzählt. Sie sollten

♂	**FEUER**	**ERDE**	**LUFT**	**WASSER**	**LUST**	**LIEBE**	**KÜHL**

Widder fahren gern auffällige Sportwagen. Sie verleihen ihnen ein Gefühl von Geschwindigkeit und Wagnis, das ihrer leidenschaftlichen und ungestümen Natur entspricht.

lernen, den richtigen Moment abzupassen, statt einfach damit herauszuplatzen, nur um sich durch Ihre »Ehrlichkeit« erleichtert zu fühlen.

♈

Widder-Frauen und -Männer sind sich ähnlich. Auch die Widder-Frau sucht nach Sexabenteuern, und ihre Lieblingsposition ist oben. Schwierigkeiten könnten sich aus Ihrer »herrischen Art« und deren Wirkung auf andere Sternzeichen ergeben, was jedoch im Grunde nur der Ausdruck Ihrer natürlichen Neigung zur Initiative ist.

♈

Das Zeichen des Widders ist eng mit dem Kopf verbunden. Viele Widder mögen es sehr, wenn man ihnen den Kopf streichelt, beson-

LEIDENSCHAFT	DIREKT	INDIREKT	AKTIV	PASSIV	PHYSISCH	MENTAL	EMOTIONAL

♈

ROMANTISCHE GESTEN

Eine einzelne rote Rose
•
Geschenke mit persönlicher Note

SINNLICHE ACCESSOIRES

Laute, fetzige Musik
•
Etwas Rotes
•
Ein Rubinring

ders in der Nackengegend und an der Stirn. Doch wenn es dann zur Sache geht, sollte man sich am Herrscherplaneten Mars orientieren: Hier findet sich eine enge Verbindung zu den Geschlechtsorganen und besonders zu den Brustwarzen, die den Widder auf dem schnellsten Weg in höchste Erregung versetzen.

♈

Der Widder liegt am liebsten oben. Es ist für ihn geradezu ein Zwang, auf allen Gebieten führen zu müssen.

Sie suchen umkomplizierte sexuelle Abenteuer, Freiheit, Leidenschaft und die eigene

Der Kopf ist für den Widder eine erogene Zone. Das Streicheln des Nackens empfindet er als besonders erotisch.

Befriedigung. Jemand, der Leben und Liebe so genießt wie Sie, wird Sie glücklich machen. Für den Widder ist Ehrlichkeit in einer Beziehung sehr wichtig; er kommt mit schrägen Untertönen nicht klar. Ein freimütiger Partner, der genauso direkt und unverblümt ist wie Sie, ergänzt Ihr Liebesleben perfekt.

Da Mars über Ihr Zeichen herrscht, kann ein gewisses Risiko Ihrer Lust einen zusätzlichen Kick geben. Ein Partner, der gern neue Positionen ausprobiert, es an ungewöhnlichen Plätzen treibt, erotische Unterwäsche trägt und mit diversen Accessoires experimentiert, wird Sie länger bei der Stange halten als die meisten anderen.

Zudem haben Sie einen Hang zur Romantik. Daher wird es ein Partner, der Ihnen Geschenke macht und eine erotische Atmosphäre schafft, leicht haben, vor allem, wenn sie oder er zuweilen ganz spezielle Verabredungen miteinander arrangieren. Ein Partner, der immer neue Überraschungen für Sie bereithält, wird Ihr Interesse über längere Zeit wachhalten.

♈

Als Widder mögen Sie keine Enttäuschungen und hassen es, wenn man Sie warten läßt. Sie mögen es auch nicht, wenn man Ihnen sagt,

♀	FEUER	ERDE	LUFT	WASSER	LUST	LIEBE	KÜHL

was Sie tun sollen. Deshalb muß Ihr Partner neue Ideen sehr geschickt in Ihr Sexualleben einbringen: auf direkte Weise, aber ohne Sie vor den Kopf zu stoßen. Ein etwaiges Drängen von seiten Ihres Partners wird auf starken Widerstand stoßen, auch wenn die Neuerung Ihr Sexualleben aufpeppen könnte.

Versteckte Anspielungen und vage Hinweise machen wenig Eindruck auf Sie. Auf Heuchelei und Diplomatie verstehen Sie sich kaum. Die Kunst des Kompromisses ist Ihnen fremd. Statt dessen stehen bei Ihnen die eigenen Bedürfnisse an erster Stelle, die anderen müssen warten.

Wie ein tapferer Ritter wünscht sich der Widder, von der wahren Liebe fortgerissen zu werden.

♈

Die Phantasien des Widders kreisen um eine unersättliche sexuelle Erregung zwischen den Partnern. Er hat ein romantisches und leidenschaftliches Wesen, weswegen das Bild des Ritters, der den Drachen tötet und die verzweifelte Maid rettet, sehr gut zu ihm paßt. Natürlich hat die Gerettete ihre Dankbarkeit bereitwillig auf erotische Weise zu zeigen. Als Widder-Frau werden Sie die Maid sein, die auszieht, ihren verirrten Ritter zu befreien – Widder-Frauen übernehmen in ihren Phantasien stets die Initiative.

Widder-Phantasien können gefährlich und hocherotisch sein. Ein wenig Sado-Masochismus gibt Ihren Vorstellungen vielleicht zusätzlichen Pep. Gelegentlich übernehmen Sie in Ihren Phantasien die passive Rolle, nur um zu sehen, wie man sich dabei fühlt.

Am liebsten treiben Sie es auf dem Bärenfell vor dem Kamin, auf dem Rücksitz des Autos, auf der Treppe… Sie sind zu ungeduldig und abenteuerlustig, um bis ins Schlafzimmer zu kommen!

LEIDENSCHAFT	DIREKT	INDIREKT	AKTIV	PASSIV	PHYSISCH	MENTAL	EMOTIONAL

♈

APHRODISIAKA

Ingwer

•

Tomaten

•

Schnelle Motorräder

•

Leder

Sie mögen auch riskante Plätze wie vielleicht den Aufzug oder bei einer Party den Berg von Mänteln und Jacken im Schlafzimmer. Die freie Natur reizt den sportlichen Widder ebenfalls. Als Feuerzeichen lieben Sie Wärme und tun es in einer heißen Sommernacht gern im Freien.

♈

Widder mögen schnellen, scharfen Sex und langweilen sich leicht. Daher sind Ihre Beziehungen eher von kurzer Dauer. Wenn Sie aber eine echte Seelenverwandtschaft finden sollten, so verbringen Sie möglicherweise Ihr ganzes Leben miteinander.

Wenn der Widder wirklich liebt, kann er überraschend eifersüchtig sein. Er wird einen Seitensprung seines Partners kaum tolerieren. Andererseits können Sie sich durchaus einer Versuchung hingeben und Ihrem Partner anschließend versichern, daß das mit Ihrer Liebesbeziehung nichts zu tun hatte.

Als Widder verfügen Sie über ein stürmisches Temperament. Sie lassen Ihren Gefühlen freien Lauf und knallen bei den kleinsten Meinungsverschiedenheiten die Tür hinter sich zu. Doch kommen Sie bald wieder zurück, denn Ihr Zorn verraucht schnell. Der Partner sollte allerdings keine Entschuldigung erwarten. Da Widder vorwiegend in der Gegenwart leben, erwarten sie von ihren Partnern, daß sie Meinungsverschiedenheiten genausoschnell vergessen wie sie selbst.

Die Beziehungen des Widders enden für gewöhnlich abrupt. Trotz einer gewissen Anzahl an »zweiten Versuchen« wird die Tür eines Tages zuknallen und sich nicht mehr öffnen. Sie gehen einfach Ihrer Wege, finden vielleicht einen neuen Partner oder eine aufregendere Herausforderung in Ihrem Leben. Der Widder ist nicht das treueste Sternzeichen, und mit dem Ende einer Beziehung brechen Sie normalerweise jeglichen Kontakt ab. Dieses Sternzeichen mag schnelle Abgänge und saubere Trennungen. Es gibt keine nostalgischen Rückblicke auf das, was hätte sein können.

Von seinem Gegenüber, der Waage, kann der Widder lernen, wie eine ernsthafte Beziehung funktioniert und wie das »Ich« zu »Wir« werden kann. Sie können die Möglichkeiten entdecken, die sich aus der freudigen Erwartung und dem Schließen von Kompromissen ergeben. Sie erleben, wie man Sinnlichkeit ebenso wie Sexualität genießen kann, und können lernen, Erotik und Phantasien zu

ZEIT					KOMMUNIKATION					ERWIDERTE GEFÜHLE				

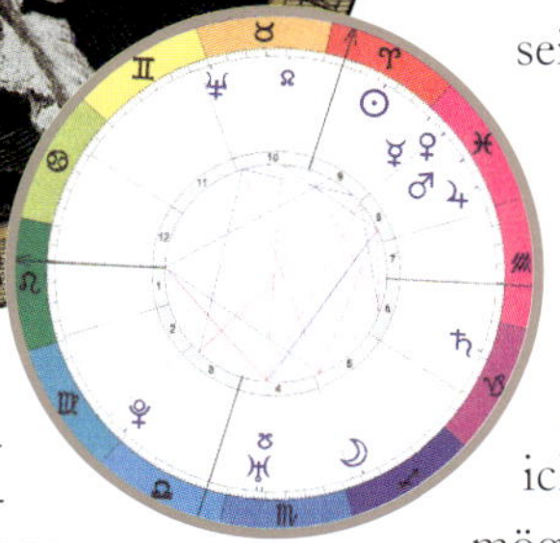

Der berühmte Liebhaber Casanova hatte eine starke sexuelle Anziehungskraft und verführte Hunderte von Frauen mit seinem Charme.

schätzen. Sie profitieren enorm von der Entdeckung, daß man Gefühle ebenso wie Leidenschaft teilen kann. Dies mag schwierig erscheinen, doch für den Widder ist es von großem Vorteil, wenn er seine Gefühle in einer Beziehung jemandem offenlegen kann, dem er vertraut.

♈

Casanova war ein Genie in der Kunst der schnellen Verführung und behauptete, innerhalb von 15 Minuten praktisch jede Frau erobern zu können. Bei einer längeren Zeitspanne habe er sie soweit bringen können, sich ein Leben lang nach ihm zu verzehren. Natürlich war er ein Widder.

Casanova liebte alle Frauen, die ihm begegneten: Herzoginnen, Bäuerinnen, Huren und Nonnen, ob jung oder alt – alle verfielen seinem Zauber. Von sich selbst sagte er: »Die Hauptbeschäftigung meines Lebens bestand in der Kultivierung der Sinnesfreuden. Nichts anderes war mir so wichtig. Ich fühlte mich zur Sexualität geboren, ich habe sie immer geliebt, und ich wurde im Gegenzug so oft geliebt wie möglich.« Obwohl er kein besonders gutaussehender Mann war, strahlte er ein enormes sexuelles Charisma aus.

Als seine aufsehenerregenden Memoiren nach seinem Tod veröffentlicht wurden, konnten die meisten Leute nicht glauben, was sie in diesen unglaublichen Texten lasen: Indiskretion und Übertreibung liegen dem Widder ganz offensichtlich im Blut.

GEISTIGE BEZIEHUNG	STABILITÄT	EHERING

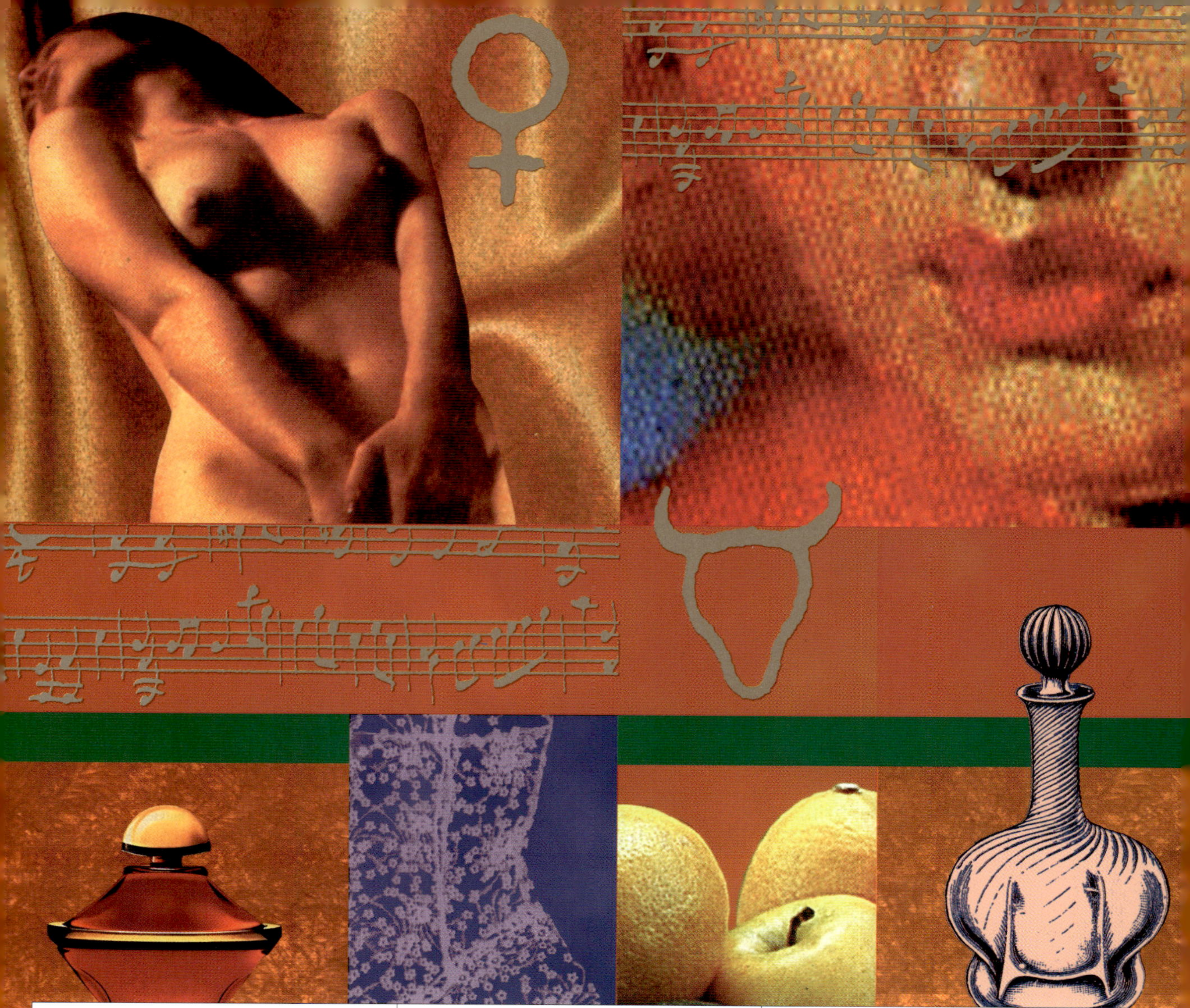

SEX OHNE BINDUNG	WILDER SEX	LANGSAME VERFÜHRUNG

STIER ♉

21. APRIL
21. MAI

DER STIER IST DAS SINNLICHSTE STERNZEICHEN. ER MAG SCHÖNE MENSCHEN UND ORTE. SEIN ROBUSTER, KRÄFTIGER KÖRPER STRAHLT SINNLICHKEIT AUS UND WECKT VERLANGEN, DOCH GEHT DER STIER NUR ZÖGERND AUF EINEN POTENTIELLEN PARTNER ZU – LIEBER LÄSST ER SICH VERFÜHREN.

♉

Sie sind vorsichtig und praktisch veranlagt – ein Effekt des soliden Erdelements. Sie brauchen einige Zeit, um auf die offensichtlichsten sexuellen Signale zu reagieren oder auf Ihr eigenes körperliches Verlangen. Aber wenn Sie sich dann zu einer Aktion entschließen, führen Sie sie auch zu Ende.

Ungeachtet der starken Libido lassen Sie sich nicht von Ihrer Lust leiten. Sie brauchen ein geordnetes Leben und sind für Ihre Besitzansprüche bekannt. Ein aktives Sexualleben ist Teil einer festen Beziehung. Sie kosten die Sexualität aus, ohne jedoch alles andere um Sie herum zu vergessen. Klappt es damit aber nicht, werden Sie sich kaum nach einer neuen Beziehung umsehen; viele Stiere halten aus Sicherheitsgründen auch an Partnerschaften ohne Sex fest.

Sie haben eine enge Beziehung zu Ihrem Körper und mögen daher die Ansicht vertreten, daß das physische Erleben das Wesentliche am Sex ist. Wenn Sie Ihre ablehnende Haltung, was das Teilen von Gefühlen und Phantasien angeht, überwinden könnten, wäre das für Sie sicher lohnend.

♉

Geboren unter der Herrschaft der sinnlichen Venus, verbergen Sie Ihr Interesse am Sex nicht. Dieser erotische Planet erfüllt Ihre Sinne mit heißem Verlangen. Er verkörpert den Sirenenruf nach körperlicher Lust und sinnlicher Befriedigung. Und doch gehören Sie zum soliden Erdelement. Sie sind eine Mischung aus venusgegebener Sinnlichkeit und erdnaher praktischer Veranlagung. So finden sich in Ihrem Schlafzimmer Satinbezüge auf einem extrabreiten Bett, Ihr Schrank ist voll sinnlicher Seidendessous, über die Sie möglicherweise einen warmen, praktischen Frottee-Bademantel ziehen.

Venus mag hübsche Gesichter, und so wählen Sie womöglich einen attraktiven Partner. Doch andere Eigenschaften wie die gegenseitige Vereinbarkeit sind Ihnen noch viel wichtiger.

PRIORITÄT LIEBE	KÜHLE LEIDENSCHAFT	UMSTÄNDLICH

♉

GEEIGNETE GESCHENKE

Eine goldene Uhr
•
Designer-accessoires

Der Stier hält nichts von One-Night-Stands. Sie möchten Ihren Partner erst besser kennenlernen, sich sicher fühlen, ehe Sie sich ins Reich der sexuellen Genüsse wagen. Wenn Sie endlich den Schritt ins Bett tun, ist alles genau geplant. Ihre Verführungstechnik ist langsam und sinnlich, gleichzeitig hartnäckig und entschlossen. Stiere geben nicht so leicht auf. Schwächere Zeichen geben oft nach, nur um endlich ihre Ruhe zu haben, und entdecken dann erstaunt einen umsichtigen Liebhaber, der nur um ihr Vergnügen bemüht ist.

Trotz des Einflusses der Venus könnte es Ihnen an Phantasie mangeln, was in Verbindung mit ihrem Hang zur Routine möglicherweise zu sexueller Eintönigkeit führt. Ihr Verhalten im Bett kann vorhersehbar und dadurch langweilig werden – auch wenn Sie Venus im Widder oder in den Zwillingen haben, um ein wenig mehr Schwung in die Sache zu bringen. Jedenfalls sind Sie ein Meister des verlängerten Vorspiels und Träger sinnlicher Befriedigung. Wenn Ihr Partner Sie gänzlich akzeptiert, entwickeln Sie das größte Durchhaltevermögen aller Sternzeichen.

Obwohl Ihr Zeichen recht unflexibel ist, können Sie dank Ihrer Sinnlichkeit zu mehr Abenteuerlust im Bett angeregt werden. Umsicht ist hier das Schlüsselwort. Beim leisesten Gefühl, unter Druck gesetzt zu werden, ziehen Sie sich zurück und weigern sich, von der gewohnten Routine abzuweichen.

♉

Wenn Sie sich verlieben, passiert das von ganzem Herzen und endgültig. Sie gehen eine Be-

Der Stier steht auf langsame Verführung. Sie verfolgen das Objekt Ihrer Begierde behutsam und beharrlich, wobei Sie sich aller klassischen Werberituale bedienen.

	FEUER	ERDE	LUFT	WASSER	LUST	LIEBE	KÜHL
♂							

ziehung fürs Leben ein. Der Stier nimmt die Liebe sehr ernst und wird bald heiraten wollen. Es ist Ihnen wichtig zu zeigen, daß Sie verliebt sind, und großzügig wie Sie sind, wollen Sie auch Ihre Mitmenschen an diesem schönen Gefühl teilhaben lassen. Daher ist ein verliebter Stier auch stets gesellig. Freunde werden zu opulenten Abendessen eingeladen, damit sie die neue Liebe kennenlernen. Gemeinsam besuchen Sie kulturelle Veranstaltungen, die Ihnen sehr wichtig sind. In der Liebe verhalten Sie sich geradeheraus und direkt. Die physische Seite der Partnerschaft läuft ausgezeichnet, doch können Gefühle Sie durcheinanderbringen. Sie glauben, daß außer dem Gesehenen und dem Gesprochenen nichts existiert. Daher sind Sie durch die Spielchen auf der Gefühlsebene, die die anderen Sternzeichen mitunter so gut beherrschen, irritiert. Deshalb ist es wesentlich, daß Sie lernen, auf der Gefühlsebene mit Ihrem Partner zu kommunizieren. Gefühle mit Hilfe von Berührungen und Gesten mitzuteilen kann ein guter Ausgangspunkt sein, doch müssen Sie auch miteinander reden.

Potentielle Partner des Stiers sollten sich mit den Worten »Eifersucht« und »Besitzanspruch« auseinandersetzen. Der Stier ist treu bis zur letzten Konsequenz und erwartet dasselbe von seinem Partner. Mit Flirtereien ist es endgültig vorbei, und von weiblicher Emanzipation hat man im Haus des Stiers noch nichts gehört. In der Partnerschaft des Stiers müssen zwei Menschen definitiv zu einer unauflöslichen Einheit verschmelzen. Wehe dem Partner, der nach persönlichen Freiräumen und Freiheiten strebt! Einige Sternzeichen schätzen diese Art der Bindung, während andere sich stark eingeengt fühlen.

♉

Bei diesem negativen Sternzeichen sind es eher die Frauen, die mit ihrer angeborenen Sinnlichkeit zurechtkommen. Viele Stier-Männer un-

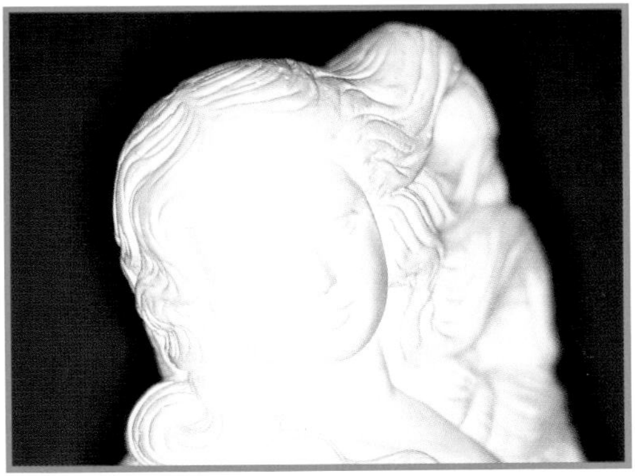

Hals und Geschmacksknospen sind die erogenen Zonen des Stiers; ihn machen Häppchen und Küsse an.

LEIDENSCHAFT	DIREKT	INDIREKT	AKTIV	PASSIV	PHYSISCH	MENTAL	EMOTIONAL

♉

ROMANTISCHE GESTEN

Gute Schokolade
•
Hübsch verpacktes Parfüm
•
Liebeslieder
•
Ein Feinschmeckermenü

SINNLICHE ACCESSOIRES

Unterwäsche oder Hemden aus Seide
•
Gesteppter Satin-Morgenmantel
•
Teure parfümierte Öle und Lotionen
•
Satinbettwäsche

terdrücken ihr sexuelles Verlangen, da es ihnen an Mut mangelt, auf potentielle Partnerinnen zuzugehen. Stier-Frauen dagegen warten voller Freude auf denjenigen, der den ersten Schritt tut. Sie mögen vorsichtige Annäherungsversuche und langsame Verführungstechniken.

Die erogenen Zonen des Stiers sind der Mund und die Geschmacksknospen. Lassen Sie sich von Ihrem Partner hin und wieder mit saftigen Häppchen füttern, die Ihre Sinne stimulieren.

Der Stier hat eine enge Verbindung zu Hals und Nacken. Das sanfte Streicheln des Halses erregt ihn ausgesprochen. Als Erdzeichen ist sein ganzer Körper Berührungen gegenüber extrem empfänglich, daher löst ein langsam abwärts wanderndes Streicheln bei Ihm genußvolle Schauer aus.

♉

Am liebsten lassen Sie sich bei der Liebe Zeit! Ein ganzes Wochenende bei ungestörtem sexuellen Vergnügen ist Ihr Ideal.

Zu Ihnen paßt ein Partner, der Ihnen Ihr eigenes Tempo zugesteht, der eine gemächliche Steigerung genießt, ein langes Vorspiel und den für Stiere typischen kraftvollen Höhepunkt. Wenn Sie gedrängt werden, Ihr Tempo

Der Stier ist ein sehr sinnliches Erdzeichen, daher liebt er es, wenn sein Körper sanft gestreichelt und massiert wird.

♀	FEUER	ERDE	LUFT	WASSER	LUST	LIEBE	KÜHL

dem Partner zuliebe zu beschleunigen, fühlen Sie sich nicht mehr wohl. Daher schätzen Sie einen Partner, der Sie verwöhnt und auf Ihre Bedürfnisse eingeht.

Tast- und Geruchssinn sind beim Liebesspiel des Stiers von großer Wichtigkeit. Unter der Herrschaft der Venus bedeutet Ihre natürliche Sinnlichkeit, daß Sie viele glückliche Stunden beim Streicheln und Massieren Ihres Partners verbringen können. Seide und Parfüm stimulieren ihre Sinne, und Lotions und Öle bereiten Ihnen großes Vergnügen. Darüber hinaus sollten Sie die sinnliche Wirkung eines guten Essens mit einem edlen Wein vor dem Liebesakt nicht unterschätzen.

♉

Sie hassen es, zu etwas gedrängt oder gezwungen zu werden. An einem groben und unsensiblen Partner werden Sie schnell das Interesse verlieren, und er wird möglicherweise das berüchtigte Temperament des Stiers zum Ausbruch bringen. Auch ungehobeltes Verhalten stößt Sie als venusbestimmtes Zeichen ab.

Am meisten sind dem Stier Veränderungen zuwider. Die kleinste Abweichung von seiner Routine, und sei es nur die Einführung einer neuen Position, löst bei Ihnen Unbehagen aus.

Stiere gehen auch nicht gern Risiken ein, daher ist Safer Sex ein wichtiges Thema für Sie. Aus diesem Grund lehnen Sie auch schnelle, unvorbereitete Affären ab.

♉

Ihr Herrscherplanet Venus ist nicht ohne Schattenseiten, und auch Ihr Gegenüber, den erotischen Skorpion, sollten Sie nicht vergessen. Diese Kombination kann zu finsteren erotischen Phantasien führen, wie beispielsweise zur Verbindung von Schmerz und Vergnügen. Doch werden diese sexuellen Phantasien, genauso wie andere, ein wohlgehütetes Geheimnis bleiben, das kaum je in die Tat umgesetzt wird.

Was die bevorzugten Orte angeht, so hat es ein Stier einmal auf den Punkt gebracht: »Ein Kartoffelsack würde es auch tun, solange er bequem ist.« Doch für gewöhnlich bevorzugen Sie ein weiches Bett. Um dem Tast- und Geruchssinn des Stiers zu schmeicheln, sollte die Umgebung bequem und von angenehmen Aromen erfüllt sein.

Da Sie eine tiefe Bindung zu Mutter Erde verspüren, könnten eine Decke und ein gefüllter Picknick-Korb in einer lauen Sommernacht ihren Zweck erfüllen. Oder besuchen Sie ein

LEIDENSCHAFT	DIREKT	INDIREKT	AKTIV	PASSIV	PHYSISCH	MENTAL	EMOTIONAL

♉

APHRODISIAKA

Trüffel
•
Moschus
•
Soul-Musik
•
Belgische Pralinen

bekanntes Ausflugsziel, wenn niemand sonst dort anzutreffen ist.

♉

Einen One-Night-Stand werden Sie selten erleben, da Sie Ihrer einzigen wahren Liebe auf ewig treu bleiben. Aus diesem Grund sind Ihre Beziehungen grundsätzlich von Dauer. Sie werden eine Beziehung nur mit größtem Unwillen beenden. Als eins der treuesten Sternzeichen halten Sie unter allen Umständen an dem fest, was Ihnen bedeutsam erscheint.

Der Stier schätzt den Status der Ehe und trennt sich daher nur widerstrebend von seinem Partner, auch wenn die Beziehung bar jeder Liebe ist. Für Ihre Persönlichkeit ist Scheidung nur selten eine Alternative. Wenn man Sie jedoch dazu zwingt, werden Sie bis zum bitteren Ende um die Aufteilung des gemeinsamen Besitzes kämpfen.

♉

Eines wird ein Stier nie vergeben: Untreue. Wenn Sie einmal betrogen worden sind, schwelt in Ihnen ein tiefer Groll. Wenn den Partner also eine schnelle außereheliche Affäre reizt, sollte sie am besten rasch zu den Akten gelegt werden.

♉

Von Ihrem gegenüberliegenden Sternzeichen, dem Skorpion, können Sie eine Menge über die Beherrschung der Leidenschaft und das Überwinden bestimmter Tabuzonen im Leben lernen. Der Skorpion wagt sich in Bereiche vor, in die die meisten Stiere keinen Fuß setzen würden, vor allem in sexueller Hinsicht. Als intuitives Zeichen vermittelt der Skorpion auch Einblicke in Gefühle und Emotionen, die Ihnen dabei helfen können, sich Ihrem Partner gegenüber zu öffnen. Die größte Schwierigkeit des Stiers besteht darin, sich nicht fallen lassen zu können, ganz anders als der Skorpion, dem dadurch eine sehr innige Bindung möglich ist.

♉

Der Leinwandheld Rudolph Valentino, einer der großartigsten Liebhaber, war ein Stier. Mit seinen dunklen, glühenden Schlafzimmeraugen und seiner magischen Sinnlichkeit war er der Traum aller Frauen. Auf der Leinwand verkörpert er einen leidenschaftlichen, meisterhaften Liebhaber, privat dagegen war er äußerst träge, wenngleich sehr sympathisch.

Er begann seine Karriere als Tanzpartner wohlhabender Frauen. Mit seinem südländi-

ZEIT	KOMMUNIKATION	ERWIDERTE GEFÜHLE

schen Aussehen und dem Charme des Stiers war er für den langsamen, erotischen Tango wie geschaffen. Er wurde von hochklassigen Cabarets wie dem Maxim's angestellt, um deren reichen und gelangweilten Kundinnen ein paar glückliche Stunden zu bescheren. Obwohl er stets bestritt, ein Gigolo gewesen zu sein (eine Vorstellung, die dem Stier zuwider ist), überschütteten ihn die reichen Damen bereitwillig mit wertvollen Geschenken wie Seidenhemden, Schmuck und teurem Parfüm.

Als erfolgreicher Filmstar heiratete er eine schöne, aber kalte und herrische Schauspielerin, die er von Herzen liebte. Während ihrer Flitterwochen in Italien verwöhnte Valentino sich selbst mit Garnituren seidener Unterwäsche, Schlafanzügen und Morgenmänteln, gesteppten Hausjacken und handgefertigten Seidenhemden. Doch die Ehe scheiterte. Er wollte ein Heim und eine Familie, sie hingegen widmete sich ausschließlich ihrer Karriere. Nach der Scheidung fiel er in eine lange, tiefe Depression und erholte sich nie mehr vollständig von seiner verlorenen Liebe.

Inzwischen war er zur heißesten Ware seines Filmstudios geworden. Er wurde als erotischster Mann der Welt vermarktet, und seine weiblichen Fans glaubten, daß er stundenlang in alten Büchern über die Liebe schmökerte. Dort mag er auch alles gelernt haben über die »zehn Wege zu unglaublichem Entzücken, endlos verlängert bis in Ewigkeit« – so die passende Grabinschrift für einen erotischen Stier.

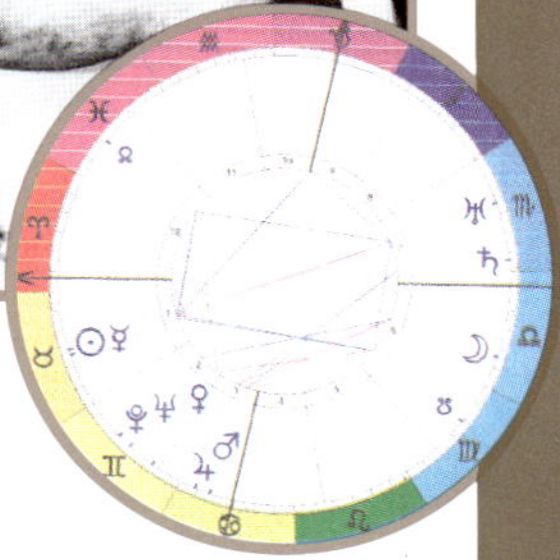

Das Sexidol Rudolph Valentino war ein typischer Stier, der nach einem stabilen, liebevollen Heim mit Familienleben strebte.

GEISTIGE BEZIEHUNG	STABILITÄT	EHERING

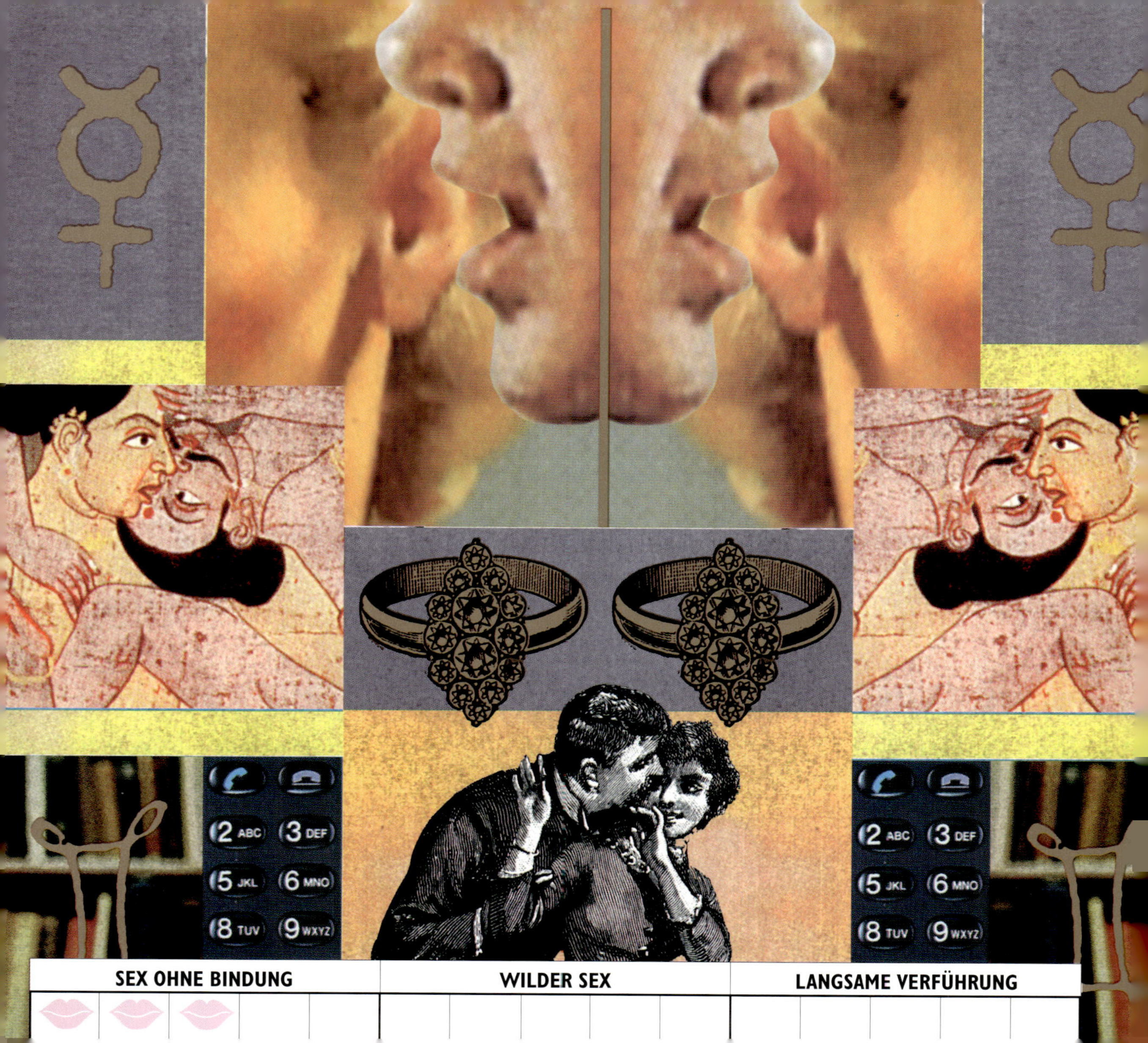
2 ABC
3 DEF
5 JKL
6 MNO
8 TUV
9 WXYZ
2 ABC
3 DEF
5 JKL
6 MNO
8 TUV
9 WXYZ
SEX OHNE BINDUNG
WILDER SEX
LANGSAME VERFÜHRUNG

DER ZWILLING IST STETS AUF DER SUCHE NACH NEUEN ERLEBNISSEN. MIT WECHSELNDEN PARTNERN TANZT ER EINEN KOMPLIZIERTEN SEXUELLEN REIGEN. DOCH IST SEX FÜR IHN EIN INTELLEKTUELLES BETÄTIGUNGSFELD – GEFÜHLE BRAUCHT ER NICHT, ER DISKUTIERT SIE.

♊

Kühle Zuneigung ist alles, was von dem netten Sexabenteuer zu erwarten ist, auf das Sie sich einlassen. Möglicherweise entgeht Ihnen mitunter die Gelegenheit zum Ausleben Ihrer Lust, doch Ihr Stil richtet sich eher auf flüchtige Liebschaften. Sie verzaubern die verletzlichen und leicht zu beeinflussenden Sternzeichen mit tükkischen Worten und überzeugen sie schließlich davon, daß sie mit Ihnen die beste Affäre aller Zeiten erleben werden. Wenn Sie sie dann endlich soweit haben, verlieben Sie sich entweder selbst oder machen sich rasch aus dem Staub.

Eins ihrer größten Probleme in Beziehungen liegt im Unverständnis für die Gefühle des Partners. Sie können sich tatsächlich so unsensibel gegenüber den Gefühlen Ihrer Mitmenschen verhalten, daß Sie gedankenlos deren Hoffnungen auf wahre Liebe zerstören, ohne es überhaupt zu merken. Wenn Sie daran etwas ändern wollen, dürfen Sie nicht nur reden, sondern sollten hin und wieder auch mal zuhören. Sie gehen meist davon aus, daß jeder andere genauso fühlt wie Sie selbst. Da nicht einmal Sie selbst wissen, was Sie im nächsten Moment fühlen werden, ist das ein sehr unsicherer Ausgangspunkt. Vor allem sind viele andere Sternzeichen weitaus emotionaler veranlagt als Sie.

♊

Ihr unaufhörliches Gerede und Ihr überstürztes Handeln verdanken Sie Ihrem Planeten Merkur. Er hat eine flinke Zunge und einen windigen Charakter. Ähnlich wie der Zwilling läßt er sich einfach nicht bremsen.

Merkur verleiht Ihnen den jugendlichen Charme und den ewigen Wunsch nach Veränderung. Auch kann er mit falschen Versprechungen Menschen um den Finger wickeln, die Konsequenzen interessieren ihn dann nicht weiter. Außerdem verleiht er dem Zwilling seine unersättliche Neugier, die Neigung zu Blitzreaktionen und sein wechselhaftes Wesen.

PRIORITÄT LIEBE	KÜHLE LEIDENSCHAFT	UMSTÄNDLICH

♊

GEEIGNETE GESCHENKE

Schmuck, vor allem Ringe

•

Eine Flasche Gin – oder zwei

•

Jazz-CDs

•

Handy

•

Tragbarer CD-Player

•

Digitale Kamera

Wenn Sie mehrere oberflächliche Beziehungen gleichzeitig eingehen, dann ist sicher Merkur am Werk. Merkur wird, wie der Zwilling auch, nie dort bleiben, wo man ihn zuletzt gesehen hat.

♊

Für den Zwilling nimmt Freundschaft einen höheren Stellenwert ein als Liebe. Es kann sich als schwierig erweisen, den Zwilling in eine sexuelle Beziehung zu verwickeln, obwohl er flüchtigen Sex in einigen Fällen sogar als Akt der Freundschaft betrachtet. Mitunter stürzt er sich in ein Sexabenteuer, obwohl er im Grunde nur Freundschaft sucht.

Auch wenn der Zwilling viel redet – er mag nicht nur das Gespräch über Sex, sondern auch den Gedanken daran. Er genießt die Herausforderung, Leute dazu zu überreden, mit ihm ins Bett zu gehen, ohne daß sie es eigentlich bemerken. Sein sexueller Einfallsreichtum und die ausgefeilten Phantasien mögen andere weniger forsche Sternzeichen überraschen.

Sie flirten von Natur aus gern. Sogar ältere Zwillinge versuchen, ein hübsches Mädchen oder einen interessant aussehenden Mann für sich zu gewinnen, was oft genug auch gelingt. Flirten ist für Ihren schlagfertigen und beweglichen Geist wie ein Ablaßventil. Dann verlieren Sie plötzlich das Interesse und wechseln den Partner, es sei denn, Sie sind bereits mit ihm im Bett.

Wenn Sie sich endlich verlieben, dann sicherlich in jemanden, zu dem sie eine enge geistige Bindung und mit dem Sie Spaß haben. Für einen Zwilling ist dies weitaus wichtiger als eine emotionale Bindung. Der/die Geliebte muß zugleich auch Freund und Begleiter sein und die gleiche Wellenlänge haben. Da Ihnen Gefühle nahezu fremd sind, werden Sie womöglich stundenlang darüber diskutieren, doch sie in Ihrem Innern kaum zulassen und durchleben. Auch geht Ihnen die Verbindung zum Körper zu sehr ab, um beim Geschlechtsakt wirklich Ihre Gefühle genießen zu können. Ihrer Beziehung mangelt es daher – trotz verbaler Intimität – an der Tiefe, die geteilte Gefühle und physische Erlebnisse mit sich bringen.

♊

Wenn Sie verliebt sind, verleihen Sie möglicherweise Ihrer romantischen Ader Ausdruck, indem Sie rote Rosen kaufen oder Liebesgedichte verfassen. Natürlich verbringen Sie Stunden mit Ihrem Partner am Telefon. Doch eine Ver-

♂	FEUER	ERDE	LUFT	WASSER	LUST	LIEBE	KÜHL

Der Zwilling ist ein duales Zeichen, daher reizt ihn vielleicht ein flotter Dreier, wenn auch nur in seiner Phantasie.

ZWILLINGE ♊

22. MAI
21. JUNI

pflichtung einzugehen – das steht auf einem ganz anderen Blatt. Bevor Sie einen Heiratsantrag machen, brüten Sie ewig. Während Sie davon überzeugt sein mögen, daß Sie wirklich verliebt sind, stellt sich mit der Zeit vielleicht heraus, daß Sie eher in die Liebe verliebt waren als in den realen Partner.

♊

Ihre wichtigste erogene Zone liegt zwischen den Ohren. Was Zwillinge wirklich reizt, sind Sexphantasien. Auch Reden stimuliert Sie, sei es zärtliches oder eher derbes Bettgeflüster.

Überhaupt ist der Kopf erogene Zone. Sie mögen es, wenn er gestreichelt wird, vielleicht ein paar Zentimeter unter dem Haaransatz oder im Nacken bis hinunter zu den Schultern und Armen.

Zwar können Sie es nicht ausstehen, wenn Ihre Hände zu fest gedrückt werden, wenn sie aber sanft gestreichelt oder Ihre Handfläche und die Finger geküßt und angeknabbert werden, erregt Sie das – solange es nicht zu intensiv wird. Auch die Ohren können zur erogenen Zone werden. Eine sanft forschende Zunge vermag sogar Ihr Gehirn vorübergehend auszuschalten.

LEIDENSCHAFT	DIREKT	INDIREKT	AKTIV	PASSIV	PHYSISCH	MENTAL	EMOTIONAL

♊

ROMANTISCHE GESTEN

Kinokarten (nur letzte Reihe)

SINNLICHE ACCESSOIRES

Erotikliteratur in Massen

•

Erotischer Krimskrams

•

Erotische Filme (nur zu Forschungszwecken)

Der Kopf ist die erogene Zone des Zwillings. Es stimuliert ihn, wenn der Partner ihm süße Nichtigkeiten ins Ohr flüstert oder ihm zärtlich Kopf und Hals streichelt.

♊

Der Zwilling liebt Phantasien und Tagträume so sehr, daß er diese mitunter einer realen Affäre vorzieht. Als duales Zeichen können Sie auch mit sich selbst glücklich werden – für eine kurze Zeit zumindest.

Alle Zwillinge lachen gern. Ihr Spott mag mitunter sarkastisch ausfallen, aber er ist stets gutmütig. Sie schätzen Partner, die ebenso schlagfertig austeilen können.

Was Ihnen gefällt, ist immer schwierig festzustellen, da es im nächsten Moment schon wieder etwas ganz anderes ist. Ihre Aversion gegenüber Langeweile ist fast schon legendär. Daher muß Ihr Sexpartner gewillt und in der Lage sein, alles auszuprobieren, auch wenn es anatomisch noch so unmöglich erscheint, wobei gleichzeitig das neueste Buch oder der neueste Kinofilm diskutiert werden kann.

Zwillinge spielen gern – auch sexuelle Spiele. Wenn es Ihnen also gelingt, Sex zu einem Spiel zu machen, werden Sie sich nie langweilen. Doch wenn Sie in der körperlichen Ertüchtigung tiefere Erfüllung finden möchten, so müssen Sie für eine Weile fest mit Ihrem Körper verbunden bleiben.

Wenn Sie sich nun auf physische Kontakte einlassen, sollte Ihr Partner sanft mit Ihnen umgehen: sanfte Küsse, leichte Berührungen, kitzelnde Schmetterlingsküsse versetzen den Zwilling in Erregung.

♊

Da Sie viel gestikulieren, können Sie es nicht leiden, wenn Ihre Hände festgehalten werden. Es bringt Sie zum Wahnsinn, wenn Sie beständig Händchen halten müssen.

Genausowenig darf man Ihre Füße berühren. Das würde Sie mit einem Ruck auf die Erde zurückholen, und der Zwilling steht einfach nicht gern mit beiden Beinen fest auf der Erde.

♀	FEUER	ERDE	LUFT	WASSER	LUST	LIEBE	KÜHL

Widerwillen löst bei Ihnen auch der Gedanke an eine feste Bindung aus. Bei Ihrem übermäßigen Bedürfnis nach Freiheit und Unabhängigkeit und Ihrer rastlosen Energie versetzt Sie die Tatsache, an einem Ort oder in einer Beziehung festzustecken, in unerträglichen Streß.

♊

Von allen Sternzeichen hat dieses die stärkste Neigung zu lebhaften Phantastereien und Hirngespinsten, und das Ausmaß der Zwillingsphantasie ist grenzenlos. Ihrem sprühenden Geist mangelt es nie an neuen Einfällen, die Sie so stark fesseln können, daß Sie dabei die Realität völlig vergessen. Ihr Phantasiepartner scheint häufig weitaus befriedigender als das wirkliche Leben.

Sie brauchen intellektuell stimulierende Phantasien, während Sie Ihrer lebhaften erotischen Vorstellungskraft freien Lauf lassen. Warum stellen Sie sich nicht vor, die Fortsetzung des Kamasutra zu schreiben? Das könnte Sie für ein oder zwei Stunden beschäftigen. Bei Ihrer Vielseitigkeit und Ihrem Humor könnte direkt ein Epos daraus werden.

Sie geben sich auch gern der Vorstellung von wilden Sexorgien hin, nur um zu erfahren, wie das ist. Ihre Phantasie erlaubt alles.

Das Kamasutra, eine antike Abhandlung über Liebes- und Sexpraktiken, könnte von einem Zwilling geschrieben worden sein.

♊

Typischerweise findet man einen erotischen Zwilling wegen seines Lebenswandels häufig in den Klatschspalten der Zeitungen. Seine Lieblingsplätze könnten das Gästezimmer, eine Party oder die Flure zwischen den Bücherregalen in der Bibliothek sein; auf oder unter einem Schreibtisch… Dann wären da noch die Weinstube, die Single-Bar oder das Café. Jeder Ort mit Publikum ist geeignet; verbale Verführung braucht keine Privatsphäre, und in jedem Zwilling steckt irgendwo ein Exhibitionist.

LEIDENSCHAFT	DIREKT	INDIREKT	AKTIV	PASSIV	PHYSISCH	MENTAL	EMOTIONAL

♊

APHRODISIAKA

Erotika

•

Derbes Bettgeflüster

•

Gin

•

Schuluniformen

Büroschränke sind ein beliebter Unterschlupf für ein Stelldichein des Zwillings. Sportlichere Vertreter des Sternzeichens würden es vielleicht gern auf einem Drahtseil oder in einer Hängematte tun, möglichst weit vom Erdboden entfernt.

♊

»Geh mit einem Lächeln auf den Lippen!« ist das Motto des Zwillings, wenn eine Beziehung zu Ende geht. Auf diese Weise, so hoffen Sie, wird man Ihr Fortgehen im Moment gar nicht bemerken. Von Geburt an beherrscht der Zwilling den raschen Abgang, denn er haßt es, in Schwierigkeiten zu geraten oder sein Verhalten erklären zu müssen. Sie gehen aus der Tür und lassen einen verwirrten Partner zurück, der Ihren Abschiedsbrief liest und nicht recht weiß, was er falsch gemacht hat. Wahrscheinlich gar nichts. Sie haben sich eben gelangweilt oder ein anderes hübsches Gesicht gesehen, oder es war Ihnen einfach danach. Auf zur nächsten Erfahrung! »Blicke nie zurück!« ist ein weiteres Motto des Zwillings. (Eigentlich haben Zwillinge für jede Situation ein passendes Motto.)

Falls Sie sich auf die Ehe eingelassen haben, könnte in Kürze eine Scheidung anstehen. Sie lassen sich nicht gern an die Vergangenheit ketten und mögen auch keine Bitterkeit. Eher geben Sie Ihrem Ex-Partner all Ihr Vermögen, als sich mit ihm über die Aufteilung der Güter zu streiten – nur Ihre geliebten Bücher und CDs werden Sie ihm natürlich niemals überlassen. Dafür wird sich ein Zwilling erbittert streiten.

Die meisten Ihrer Ex-Partner denken voller Zuneigung an die Beziehung mit Ihnen zurück. Alles in allem hatten sie eine wundervolle Zeit und wurden ständig unterhalten. Das Leben ist ein einziger Spaß, wenn ein Zwilling in der Nähe ist.

♊

Der Schütze, das gegenüberliegende Sternzeichen, hat eine bemerkenswert ähnliche Einstellung zu Beziehungen. Beide sind gesellig, amüsieren sich gern und lieben die Freiheit. Der Schütze hat aber eine Tiefe, die dem Zwilling fehlt. Statt für oberflächliche Affären interessiert sich der Schütze für die tiefere Bedeutung der Dinge. Was ist diese Liebe eigentlich? Was hat Liebe mit Sex zu tun? Diese Fragen lassen sich auch auf Ihr Leben übertragen. Der Schütze kann Ihnen auch beibringen, wie Sie Ihren Hang zum Zynismus loswerden.

ZEIT	KOMMUNIKATION	ERWIDERTE GEFÜHLE

Wenn Sie an die Liebe glauben, sind Sie auch eher in der Lage, sie zu erleben.

♊

Über Jahre war Joan Collins ein Starlet, das möglichst sexy auszusehen hatte. Sie wurde beim Flirten mit attraktiven Männern fotografiert und war in vielen Klatschspalten vertreten. Aber aufgrund Ihres Zwillingswesens war niemand sicher, ob sie wirklich so war oder allen etwas vorspielte.

In reiferem Alter wurde sie als Supervamp Alexis in der populären Fernsehserie *Denver Clan* berühmt, ehe sie sich dann dem Schreiben widmete. Im Endeffekt kann niemand genau sagen, wieviel von ihrer ungestümen Persönlichkeit Realität und wieviel Schauspielerei ist. Möglicherweise weiß sie als Zwilling es selbst nicht so genau.

Sie war viermal verheiratet und wurde genausooft geschieden, was ein typischer Werdegang für dieses rastlose Sternzeichen ist. Als schillernde und begehrenswerte reifere Frau stellt sie ihre jugendlichen Liebhaber gern zur Schau. Sie wurde überall auf der Welt zum Vorbild älterer Frauen und zum Objekt zahlreicher Phantasien. Seit sie bei ihren Liebhabern ein Alter gefunden hat, das zu ihr paßte, bleibt sie dabei – typisch Zwilling!

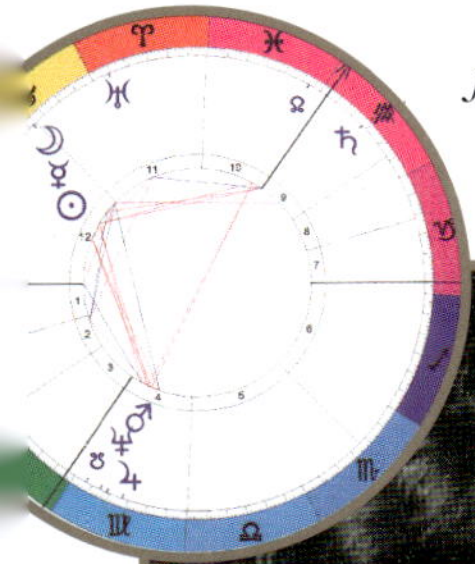

Joan Collins schuf – typisch Zwillinge – das Image einer koketten und schillernden Persönlichkeit.

Als Joan Collins sich der Literatur zuwandte, ließ sie ihre stark gefühlsgeladene, sexuelle Phantasie auf die Öffentlichkeit los. Zwillinge reden und schreiben oft lieber über Sex, als daß sie ihn tatsächlich ausleben. Solch eine Vorstellungskraft kann übertriebene sexuelle Affären mit ausführlichen erotischen Details produzieren. Fügt man diesem hocherotischen Stil noch ein wenig merkurhaften Klatsch hinzu, so ist der Bestseller perfekt.

GEISTIGE BEZIEHUNG	STABILITÄT	EHERING

SEX OHNE BINDUNG	WILDER SEX	LANGSAME VERFÜHRUNG

DER KREBS NÄHERT SICH NIE DIREKT SEINEM ZIEL, SONDERN BEWEGT SICH SEITLICH FORT. DIES GILT AUCH FÜR SEIN SEXUELLES VERHALTEN. HINTER EINEM PANZER SCHEINBARER GLEICHGÜLTIGKEIT VERBIRGT SICH GROSSE LEIDENSCHAFT. PACKEN DIE SCHEREN EINMAL ZU, DANN LASSEN SIE SO SCHNELL NICHT WIEDER LOS.

♋

Als Krebs unterliegen Sie der Herrschaft des Mondes und sind daher sensibel, verletzlich und starken Stimmungsschwankungen unterworfen. Unter dem Anschein sexueller Raffinesse liegt ein weiches Herz verborgen, das sich davor fürchtet, verletzt zu werden. Deshalb geben Sie Ihre Gefühle nicht gern preis. Wie bei allen Wasserelementen kann der sexuelle Trieb durch geschickte Manöver verdrängt werden. Doch ist der Krebs ein Kardinalzeichen. Daher übernehmen Sie beim Sex letztlich die Initiative, wenn auch möglicherweise auf Umwegen.

Ihr Spiel mit Emotionen könnte Ausdruck einer angeborenen Überempfindlichkeit sein, aber Sie setzen es auch ein, damit Ihnen der Partner ein größeres Sicherheitsgefühl vermittelt. Sie unterliegen erstaunlichen Stimmungsschwankungen. Einem Satz wie: »Nicht heute Nacht, Schatz, ich habe Kopfschmerzen« könnte durchaus kurz darauf ein schmollendes »Liebst du mich denn nicht mehr?« folgen, wenn der Partner Sie wie gewünscht allein läßt. Und dann erscheint plötzlich eine atemberaubend erotische Sirene hinter dem Panzer, und der Krebs fällt über den erstaunten Partner her.

Als Wasserzeichen können Sie Gefühle des Partners reflektieren. Diese Fähigkeit wird durch den Mond verstärkt und zu einer hohen Kunst ausgefeilt, so daß der Partner vielleicht gar nicht merkt, daß es sich nur um seine eigenen reflektierten Gefühle handelt.

♋

Der Mond verleiht Ihnen eine enorme Sensibilität und den Hang zur Melancholie. Sie selbst dürften bereits gemerkt haben, daß Sie ein zyklisches Wesen sind. Es gibt Momente, in denen Sie gern unter Menschen sind, und andere, in denen Sie sich zurückziehen müssen

22. JUNI
23. JULI

PRIORITÄT LIEBE	KÜHLE LEIDENSCHAFT	UMSTÄNDLICH

♋

GEEIGNETE GESCHENKE

In Weinbrand eingelegte Pfirsiche
•
Antiquitäten
•
Eine Kristallkugel

und Zeit für sich selbst brauchen. Hier ist der zunehmende und abnehmende Mond am Werk.

♋

Als Krebs verspüren Sie ein starkes inneres Bedürfnis, für andere zu sorgen. Ebenso sind Sie im Liebesleben fürsorglich, interessiert und darauf ausgerichtet zu teilen. Mitunter lassen Sie sich in flüchtige Affären verwickeln, nicht aus purer Lust, sondern aus Mitleid – obwohl auch erstere ein Grund sein kann. Sie geben sich dann auch große Mühe, niemanden zu kränken. Weil Sie selbst emotional so verletzlich sind, nehmen Sie das von anderen Leuten auch an. Sie sollten sich aber klar machen, daß die meisten Menschen, was die reine Lust angeht, nicht so empfindlich sind. Trotz allem kann auch ein Krebs das Ende einer Beziehung verschmerzen, und in der Anlage des Kardinalzeichens findet sich sogar ein Schuß Rücksichtslosigkeit.

Der Krebs hat einen stark ausgeprägten Beschützerinstinkt, was zu sexuellen Besitzansprüchen führen kann. Krebs-Männer und -Frauen übernehmen gern die Mutterrolle in der Partnerschaft. Sie neigen dazu, Ihren Partner mitunter wie ein Kind zu behandeln und ihn streng zu überwachen. Ein solches Verhalten kann in der Beziehung zu emotional inzestuösen Untertönen führen. Wenn Ihr Partner unzufrieden ist, sollten Sie sich ein wenig kritisch beobachten – vielleicht spielen Sie augenblicklich zu sehr die Mutter.

♋

Sie gehören zu einem romantischen Sternzeichen. Wenn Sie sich verlieben, wollen Sie die ganze Palette: Herzen, Blumen und eine Hochzeit in Weiß. Dank Ihres ausgeprägten Tastsinns können Sie von Liebkosungen und Küssen nie genug kriegen.

Ihr Partner muß auf der gleichen emotionalen Wellenlänge liegen. Wenn Sie Ihre Gefühle teilen können, wird Ihr Partner sich vollkommen umsorgt und verstanden fühlen, und das erwarten Sie für sich selbst auch.

In der Liebe ist die Überempfindlichkeit Ihr größtes Problem. Sie verlangen die ungeteilte Zuneigung des Partners, weil sie Ihnen Sicherheit gibt. Nur so lassen Sie sich überzeugen, daß Sie geliebt werden – und bei Ihrer Verletzlichkeit brauchen Sie eine ständige Bestätigung. Wenn Ihr Partner Verständnis für dieses Bedürfnis aufbringt, wird die Beziehung reibungslos verlaufen. Ihr Partner sollte

♂	FEUER	ERDE	LUFT	WASSER	LUST	LIEBE	KÜHL

außerdem Ihren regelmäßig auftretenden Wunsch nach Privatsphäre und Ruhe akzeptieren. Sie brauchen Zeit, um zu träumen und sich über Ihre Gefühle klarzuwerden. Allerdings müssen Sie lernen, dieses Bedürfnis so auszudrücken, daß Sie Ihren Partner nicht vor den Kopf stoßen.

Der nostalgische und sentimentale Krebs genießt Sex vor allem im Rahmen der Ehe oder einer Liebesbeziehung.

Krebse sind wunderbare Köche, die ihre Liebe auch durch ein gutes Essen zeigen.

♋

Krebse lassen sich stark von Brust und Bauch steuern, daher sind das auch Ihre erogenen Zonen. Allerdings sollte sich der Partner nicht direkt diesen widmen, sondern die Erregung durch leidenschaftliche Küsse langsam wecken; ein zartes Streicheln des Bauches erhöht dabei das Lustempfinden.

Die Brustwarzen können zu sensibel für eine direkte Berührung sein, daher wird ein zärtlicher Partner Sie eher beglücken als einer, der zu heftigen Berührungen neigt. Die meisten Krebs-Männer mögen es, wenn ihre Brust leicht mit den Fingerspitzen oder den Handflächen berührt wird. Krebs-Frauen haben es gern, wenn die ganze Brust zärtlich umfaßt und gestreichelt wird.

♋

Der Krebs schmust und küßt gern. Wenn Sie sich eng an Ihren Partner kuscheln können, fühlen Sie sich geborgen. Krebse können stun-

LEIDENSCHAFT	DIREKT	INDIREKT	AKTIV	PASSIV	PHYSISCH	MENTAL	EMOTIONAL

♋

ROMANTISCHE GESTEN

Perlen
•
Silber
•
Sentimentale Liebeslieder
•
Wohlduftende weiße Blumen
•
Ein gerahmtes Foto von Ihnen beiden

SINNLICHE ACCESSOIRES

Aphrodisisches Kochbuch

Brust und Bauch sind die erogenen Zonen des Krebses. Zarte Berührungen wecken Leidenschaft und Verlangen.

denlang Händchen halten. Sie gehen Hand in Hand spazieren und sitzen ewig auf einer Parkbank, vor allem bei Mondlicht.

Das Gefühl, von jemandem mit der gleichen emotionalen Wellenlänge beschützt zu werden, ist für Sie besonders wichtig. Dann werden Sie aus Ihrem Panzer hervorkommen und Ihren erotischen Gelüsten freien Lauf lassen.

Sie brauchen das Gefühl, geliebt und umsorgt zu werden genauso wie Sie Ihren Partner lieben und umsorgen. Wenn diese Gegenseitigkeit gegeben ist, verschafft Ihnen die körperliche Liebe höchste sinnliche Genüsse. Eßbare Körperfarben wurden möglicherweise für Krebse erfunden.

Da der Krebs seinem Magen viel Aufmerksamkeit widmet, ist er immer für ein gutes Essen zu haben – am liebsten bei Kerzenschein, zurückgezogen und romantisch, so daß er seinem Partner ungestört in die Augen blicken kann. Erleben Sie das erotische Vergnügen beim gegenseitigen Füttern mit feinen Häppchen!

♋

Die Verletzung Ihrer Privatsphäre verabscheuen Sie zutiefst. Ein Liebhaber, der Sie zur Intimität drängt, ehe Sie innerlich dazu bereit sind, erstickt jegliche Lust.

Auch bei Risiken vergeht Ihnen die Lust. Sie wollen sich sicher fühlen, ehe Sie sich in ein Liebesabenteuer wagen. Ein Kuß ist noch in Ordnung, aber viel weiter werden Sie sicherlich nicht gehen, wenn die Möglichkeit besteht, in Ihrem Liebesnest entdeckt zu werden.

♋

Die Idealvorstellung des Krebses entspricht einer kühlen Oase, die in der milden Wüstenluft im Vollmond glitzert, einem verführerischen Augenpaar, der überwältigenden Anziehungskraft zwischen zwei Menschen… welche

♀	FEUER	ERDE	LUFT	WASSER	LUST	LIEBE	KÜHL

Rolle Sie auch immer in dieser romantischen Phantasie übernehmen, sie endet sicher mit dem leidenschaftlichen Liebesakt.

Als verträumtes Wasserzeichen haben Sie eine lebhafte Phantasie, doch halten Sie diese Vorstellungen für gewöhnlich unter Verschluß und enthüllen sie nur Ihren intimsten Partnern. Beim Kardinalzeichen sind die Phantasien aktiv und monumental. Sie übernehmen beim Sex die Initiative und kontrollieren die Situation. Bei negativen Wasserzeichen hingegen sind Sie passiv und träge.

Der Krebs mag besonders das Gefühl der Geborgenheit beim Schmusen mit dem geliebten Partner.

Doch für den Krebs findet die Phantasie nicht ausschließlich im Kopf statt. Sie wird zum emotionalen Erlebnis, genau wie der Liebesakt. Wenn die geistigen Bilder für Sie einen Sinn haben sollen, müssen Ihre Gefühle mit eingebunden sein. Das Szenario muß Sie mitreißen und Ihr Innerstes an die Oberfläche bringen. Das ist die Funktion der Phantasie – sie soll Gefühle und Emotionen enthüllen, die Sie niemals in Ihr Liebesleben einbringen würden. Die Phantasie dient gewissermaßen als Ablaßventil für jene tief verborgenen düsteren Empfindungen, die Sie kaum sich selbst gegenüber zuzugeben wagen.

♋

Ein romantisches Versteck am Strand ist das ideale Liebesnest für den Krebs; vor allem wenn es reichlich sinnliche Snacks zum Knabbern und weiche Kissen und Decken gibt, auf denen man es sich bequem machen kann. Schwimmen ist eine der Lieblingsbeschäftigun-

LEIDENSCHAFT	DIREKT	INDIREKT	AKTIV	PASSIV	PHYSISCH	MENTAL	EMOTIONAL

♋

APHRODISIAKA

Avocado
•
Mondschein
•
Meeresfrüchte
•
Weintrauben

gen des Krebses, daher ist Sex in oder am Wasser Balsam für seine empfindsame Seele. Zweifellos haben Sie bereits das Vergnügen entdeckt, zusammen mit dem Partner zu baden oder zu duschen. In der Sauna oder im türkischen Dampfbad ist es wohl etwas zu heiß für Ihre empfindliche Haut, aber ein schönes Solebad wäre ideal.

Doch die meisten Krebse lieben sich bevorzugt zu Hause – vielleicht vor dem Kaminfeuer oder auf dem Wasserbett.

♋

Als eines der treuesten Sternzeichen werden Sie Ihre Beziehung kaum wegen einer flüchtigen Affäre aufs Spiel setzen, obwohl Sie durchaus die Gelegenheit dazu hätten. Wenn Ihr Partner untreu war, können sie zum Wohl der Familie sogar darüber hinwegsehen.

Es liegt Ihnen nicht, Beziehungen zu beenden. Auch wenn Ihnen klar ist, daß es nicht funktionieren kann, möchten Sie den Partner nicht durch einen endgültigen Bruch verletzen. Werden Sie verlassen, leiden Sie stark. Als sentimentales Zeichen neigen Sie dazu, zurückzublicken und Verlorenem nachzutrauern.

Wenn Sie verheiratet sind, werden Sie eine Scheidung ablehnen, da die Ehe für Sie einen hohen Stellenwert besitzt, vor allem wenn Sie Kinder haben. Sie nehmen Ihr Versprechen, Krankheit und Gesundheit, Armut und Reichtum mit dem Partner zu teilen, sehr ernst.

Das größte Trauma erleiden Sie, wenn Sie nach einer Trennung Ihr Zuhause verlassen müssen. Ein Umzug löst bei Ihnen ein Gefühl tiefer Verunsicherung aus.

♋

Aus der Sicht des Krebses ist der Steinbock ein kühles, unsentimentales Sternzeichen. Aber Sie können von Ihrem härteren Gegenüber eine Menge über die Kontrolle exzessiver Emotionalität und Launenhaftigkeit lernen. Der Steinbock gestattet seinen Gefühlen nie, sich ihm in den Weg zu stellen – unter dem Einfluß dieses disziplinierten Zeichens können Sie selbstsicherer und unabhängiger werden. Zudem sollten Sie von der Fähigkeit des Steinbocks, sich von der Vergangenheit zu lösen, etwas abschauen. Sein schwarzer Humor kann Ihnen auch über Ihr Selbstmitleid hinweghelfen.

♋

Rose Kennedy war die Matriarchin des Kennedy-Clans. Als Mutter des Präsidenten John F. Kennedy herrschte sie mit eiserner Entschlos-

ZEIT	KOMMUNIKATION	ERWIDERTE GEFÜHLE

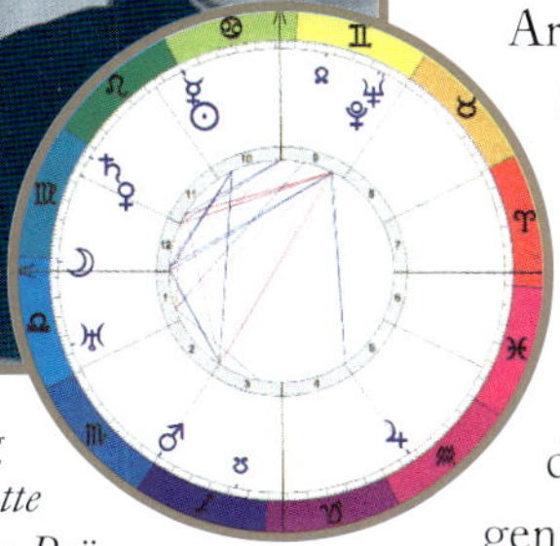

Rose Kennedy, Oberhaupt der eng verbundenen Kennedy-Familie, hatte großen Einfluß auf ihren Sohn, den Präsidenten – in seiner Jugend wie im Erwachsenenalter.

senheit über ihre kinderreiche Sippe. Der Zusammenhalt innerhalb der Familie war legendär. Daß sie eine Krebs-Mutter war, muß nicht extra erwähnt werden.

Weniger bekannt ist, daß ihr Mann, ein Diplomat, sie ständig betrog; aber sie hielt zu ihm und ließ nichts von den Unstimmigkeiten in ihrer Ehe nach außen dringen. Schließlich war Joe Kennedy der Mann, dem sie als junges Mädchen ihr Herz geschenkt hatte. Sie heiratete ihn trotz aller Widerstände von Seiten ihrer Familie. Die Ehe mit Rose bedeutete für Joe einen erheblichen sozialen Aufstieg. Es schien zunächst, als wäre diese Ehe im Himmel geschlossen worden.

Als Fisch heiratete Joe Rose, weil sie seiner Mutter ähnelte und er auf sie als Ehefrau stolz sein konnte. Doch für Joe gab es zwei Arten von Frauen: einerseits die Mutter, die Schwester und die Frau, die man heiratet, und andererseits die Frauen, mit denen man sich amüsieren konnte. Da er eine aus der ersten Kategorie geheiratet hatte, sah Joe keine Notwendigkeit, auf jene aus der zweiten Kategorie zu verzichten. Gegenüber Rose machte er kein Geheimnis daraus. Das war sein Leben, und als gehorsame Ehefrau hatte sie sich nicht zu beklagen.

Daher steckte Rose ihre schier unerschöpfliche Energie in die Familie. Eine Zeitlang lebten Joe und Rose getrennt, wobei sie die Fassade des Ehelebens stets aufrechterhielten. Er war Senator in Washington, sie lebte mit den Kindern weiterhin in Boston. Aber auf ihr Drängen hin wurden die Ferien immer gemeinsam auf dem Familiensitz verbracht. So war die Familie wenigstens für die Öffentlichkeit intakt.

GEISTIGE BEZIEHUNG	STABILITÄT	EHERING
	💋💋	💋💋💋💋

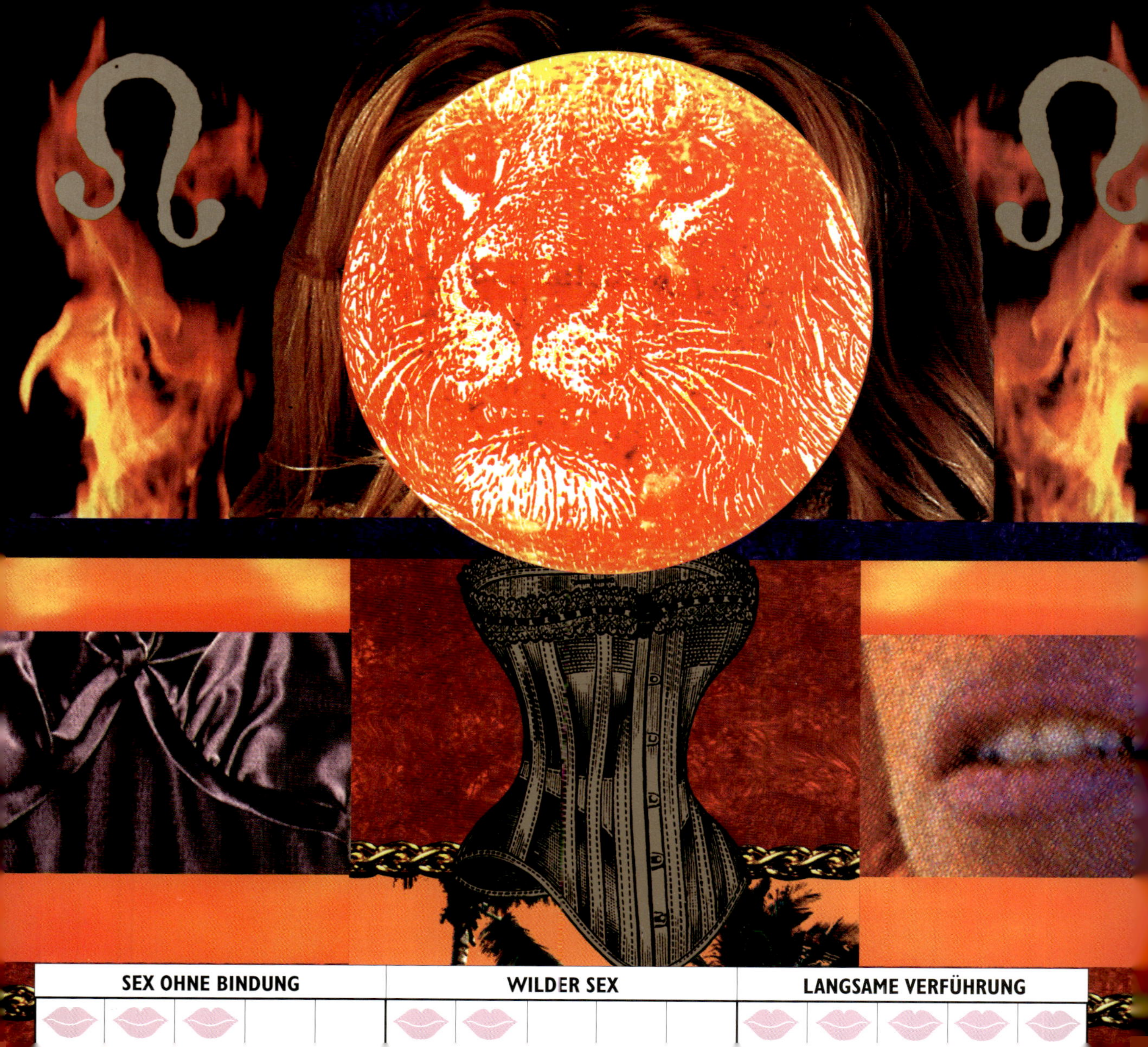
SEX OHNE BINDUNG
WILDER SEX
LANGSAME VERFÜHRUNG

LÖWE ♌

24. JULI
23. AUG.

ALS KÖNIG DES TIERKREISES STEHT DER LÖWE GERN IM ZENTRUM DER AUFMERKSAMKEIT. EBENSOGERN IST DER UNTER DER HERRSCHAFT DER SONNE STEHENDE LÖWE VERLIEBT. ALS FEUERZEICHEN IST ER LEIDENSCHAFTLICH UND SEXUELL ANSPRUCHSVOLL. ER IST EIN SELBSTBEWUSSTER UND VERTRAUENSVOLLER LIEBHABER.

♌

Das fixe Feuerelement geht bei sexuellen Affären weitaus weniger aggressiv vor als die anderen Feuerzeichen. Selten begeben Sie sich auf die Jagd, lieber verlassen Sie sich auf die magnetische Anziehungskraft des Feuers, denn normalerweise fallen Sie anderen Menschen sofort ins Auge. Mitunter wirkt Ihr Auftreten theatralisch, da Sie wie ein ausgelassenes Löwenjunges vor Vitalität und Schwung sprühen. Doch anders als dieses haben Sie eine unwiderstehliche sexuelle Ausstrahlung. Sie lieben Machtspiele und raffinierte emotionale Manöver, die Ihrem Ego schmeicheln.

Als sexuelles Energiebündel stürzen Sie sich rückhaltlos in die Welt der Erotik. Die stabilisierende Eigenschaft des Fixkreuzes mäßigt das spontane Feuerelement, was dem Löwen einen starken, dauerhaften Sexualtrieb schenkt. Löwen können aber den Moment der Erfüllung zugunsten köstlicherer Genüsse hinauszögern. Gerne wagen Sie etwas, doch einige Ihrer Spiele scheinen eher die einer Katze zu sein, die die Maus jagt. Wer sich anmaßt, Ihren Stolz zu verletzen, sollte sich in acht nehmen. Mitunter albern Sie ganz gerne im Bett herum, doch die Würde steht für den Löwen immer über der Leidenschaft.

♌

Die Sonne, unter deren Herrschaft Sie stehen, schenkt Ihnen eine warme, übersprudelnde Persönlichkeit und enorme Vitalität. Der Sonne verdanken Sie ebenfalls Ihren Hang zur Selbstdarstellung und zur Extravaganz. Hier liegt die Quelle Ihrer Begeisterungsfähigkeit und Ihrer Lebensfreude, besonders in sexueller Hinsicht. Für Sie ist der Liebesakt ein Moment der Selbstdarstellung.

Wie die Sonne verfügen auch Sie über enorme Energiereserven. Und wie die Sonne verbrennen Sie mitunter schwächere Wesen, die

PRIORITÄT LIEBE	KÜHLE LEIDENSCHAFT	UMSTÄNDLICH

♌

GEEIGNETE GESCHENKE

Gold, Gold und noch mehr Gold
•
Ein Ticket in warme Gefilde
•
Kleidungsstücke aus Kaschmir
•
Ein persönlicher Friseur

nicht mit Ihrer starken Libido mithalten können. Was Ihren Körper angeht, sollten Sie darauf achten, daß Sie sich nicht völlig verausgaben.

Stets wollen Sie aus der Masse hervorstechen und so geachtet werden, wie Sie sind. Auf der Suche nach neuen Abenteuern und neuen Bewunderern werden Sie von der Motivation gesteuert, jemanden zu finden, der Sie für einzigartig hält. Wenn Sie schließlich einen Partner gefunden haben, so strömt Ihre ganze Sonnenwärme auf ihn ein und gibt ihm das Gefühl, etwas Besonderes zu sein.

♌

Mit Ihrer ungestümen Form der Selbstdarstellung sind Sie ein vielseitiger und kreativer Liebhaber. Sie drängen sich anderen Menschen zwar nicht auf (willige Partner gibt es genug), doch können Sie Ihre Bedürfnisse geltend machen. Sie haben ein ausgeprägtes Gefühl für Ihren Körper und zögern nicht, dessen Gelüste leidenschaftlich und phantasievoll auszuleben. Mit Ihrem Hang zur Dramatik spielen Sie gern Ihre erotischen Phantasien durch, was zurückhaltendere Zeichen zuweilen vor den Kopf stoßen kann. Mitunter wirft man dem Löwen beiderlei Geschlechts vor zu schauspielern. Doch die Wärme Ihrer Zuneigung und die rückhaltlose Art, mit der Sie sich hingeben, überzeugt den Partner für gewöhnlich. Sex mit einem Löwen ist eben etwas Besonderes.

♌

Wie bei allen Feuerzeichen kommt auch bei Ihnen, wenn Sie sich einmal richtig verlieben, ein weitaus romantischeres Wesen zum Vorschein. Wundern Sie sich nicht über Ihr plötzliches Bedürfnis, teure Geschenke für Ihren Partner zu kaufen. Genauso mag Ihnen der Sinn nach leidenschaftlichen Liebeserklärungen stehen. Alle Löwen sind geborene Schauspieler, und die Liebe scheint die extravagante Seite ihres Wesens noch zu betonen; das gilt besonders für den Liebesakt, der beim verliebten Löwen äußerst leidenschaftlich und intensiv ist. Ihr Ex-

♂	FEUER	ERDE	LUFT	WASSER	LUST	LIEBE	KÜHL
	💋				💋	💋	

hibitionismus verleitet Sie, Ihren neuen Partner allen Freunden vorzustellen und sich mit ihm überall zu zeigen. Das mag Ihrem Ego schmeicheln, doch ist es nicht der einzige Grund, warum Sie großzügige Abendgesellschaften arrangieren. Ihr Partner soll von allen geschätzt werden und die Freude an der Gesellschaft mit Ihnen teilen.

Als fixes Element sind Sie in der Liebe loyal und zuverlässig. Sie können sich aber viele Male verlieben, ehe Sie den Partner fürs Leben finden. Sie verwechseln auch häufig Lust mit Liebe. Als Feuerzeichen verschenken Sie Ihr Herz recht leichtfertig. Wenn Sie dann Ihren Fehler bemerken, ziehen Sie einen Schlußstrich und fangen von vorn an. Ihr Optimismus gibt Ihnen die Sicherheit, daß ein neuer Partner nicht lange auf sich warten läßt.

Ihr Partner sollte Freund und Spielkamerad sein. Sex allein hält die Beziehung nicht zusammen – obwohl Sie zeitweise davon überzeugt sind. Haben Sie aber die verwandte Seele gefunden, dann sind Sie loyal und großmütig.

♌

Sie mögen es besonders, wenn Ihnen jemand den Rücken streichelt, vor allem in der Lendengegend – wo auch Katzen gern gestreichelt werden. Wenn man die Haut an dieser Stelle vorsichtig durchknetet oder mit den Fingernägeln den Rücken herabfährt, fangen Sie vor Vergnügen an zu schnurren. Sie haben es auch gern, wenn Ihr Rücken zur Stimulierung mit einer Bürste oder einem Schwamm gewaschen wird, besonders wenn Ihr Partner sich vorwiegend auf den unteren Bereich der Wirbelsäule konzentriert.

Der Löwe ist sehr gesellig. Abendgesellschaften sind bei seiner leidenschaftlichen Art das ideale Vorspiel.

LEIDENSCHAFT	DIREKT	INDIREKT	AKTIV	PASSIV	PHYSISCH	MENTAL	EMOTIONAL

ROMANTISCHE GESTEN

Eine Loge in der Oper
•
Ein großes gerahmtes Foto von ihm oder ihr

SINNLICHE ACCESSOIRES

Exotische Nachtwäsche
•
Fesselzubehör
•
Schlüssel zu einer Hotelsuite

Der Rücken ist eine besonders erogene Zone des Löwen. Ein leichtes Kneten der Haut entfesselt schnell die glühende Leidenschaft dieses Zeichens.

Als Löwe stehen Sie gern im Mittelpunkt der Aufmerksamkeit und lieben es, wenn Ihnen jemand teure Geschenke macht, auch dann, wenn es nur eine einzelne rote Rose ist.

Sie wollen geliebt werden, können aber auch gut mit reiner Bewunderung leben (was Sie häufig verwechseln). Ein unterhaltsamer Freund ist hoch geschätzt, besonders wenn er bereit ist, den Stichwortgeber für Ihre überschwengliche Persönlichkeit zu spielen. Im Idealfall regt er noch Ihren sexuellen Appetit und Ihre Phantasie an.

Beim Liebesspiel können diese Großkatzen mitunter recht grob werden. Durch Beißen und Kratzen werden die Löwen selbst auch ganz schön angestachelt.

Unentschlossene Menschen verabscheut der Löwe, aber auch solche, die keine eigene Meinung haben. Wenn ihm nicht die erwartete Aufmerksamkeit zuteil wird, sucht er sich jemanden, der seine besonderen Eigenschaften zu schätzen weiß.

Sie meiden ebenfalls Leute, die Sie zurechtstutzen wollen oder Ihrer gelegentlichen Großspurigkeit ablehnend begegnen, die alles besser wissen oder sich an Ihrer Stelle in den Mittelpunkt drängen. Daher ist Ihr Partner gut beraten, wenn er sich unterstützend im Hintergrund hält.

Löwen wollen die Kontrolle behalten. Der Verlauf einer Beziehung muß daher in Ihrer Hand liegen. Auf der körperlichen Ebene stellen Sie sicher, daß Ihr Partner genau über Ihre Vorlieben Bescheid weiß. Er sollte sich davor hüten, die Führung zu übernehmen.

♀	FEUER	ERDE	LUFT	WASSER	LUST	LIEBE	KÜHL

♌

Die Phantasien des Löwen basieren auf der Bewunderung, die er erfährt. Sie können stundenlang vor dem Spiegel stehen, versunken in Tagträume und Selbstbewunderung. Striptease ist eine exhibitionistische Phantasie der Löwen beiderlei Geschlechts. Der Gedanke, im Mittelpunkt der Aufmerksamkeit eines Publikums zu stehen, kann bis zum Höhepunkt stimulieren, ebenso der Gedanke an den Auftritt in einer Sexshow. Dazu brauchen Sie nicht unbedingt einen Partner – allein auf der Bühne wird Ihnen Ihre lebhafte Vorstellungskraft genug Ideen eingeben, damit Sie selbst und Ihr Publikum auf ihre Kosten kommen.

Der Löwe möchte gern gesehen werden. Eine Loge in der Oper ist für die erste Verabredung ideal, möglichst gefolgt von einem Luxusrestaurant.

Viele Löwenphantasien und Sexspiele kreisen um die dunklere Seite des Löwen. Fesselspiele beispielsweise faszinieren Sie. Manchmal übernehmen Sie den dominierenden Part, andere Male den passiven. Diese Phantasie kann durchaus in der Realität ausgelebt werden, indem Sie sich beim Sex die Hände locker zusammenbinden lassen.

Sie genießen auch Phantasien ungehemmter sexueller Orgien, besonders wenn sie bei einem Liebesfest mit einem Dutzend Vertretern des anderen Geschlechts übrigbleiben – hier können Sie keine Konkurrenz gebrauchen!

♌

Wo sollte der Herrscher des Tierkreises wohl sonst residieren als in einem Palast? Ein Palast wäre der ideale Ort für einen Löwen. Ein Palasthotel tut es zur Not auch, wenn es luxuriös genug ist und einen ausgezeichneten Zimmerservice bietet. Ein weiterer bevorzugter Aufenthaltsort ist die Bühne. Der Auftritt vor einem

LEIDENSCHAFT	DIREKT	INDIREKT	AKTIV	PASSIV	PHYSISCH	MENTAL	EMOTIONAL
👄	👄		👄		👄		👄

♌

APHRODISIAKA

Gold

•

Bewunderung

•

Bananen

•

Die Sonne

Publikum ist fast einem sexuellen Erlebnis gleichzusetzen.

Als Liebesnest des Löwen eignet sich so ziemlich jeder Platz. Natürlich lieben alle Löwen die Sonne, daher versetzt sie schon der Gedanke an exotische Urlaubsorte in freudige Erregung.

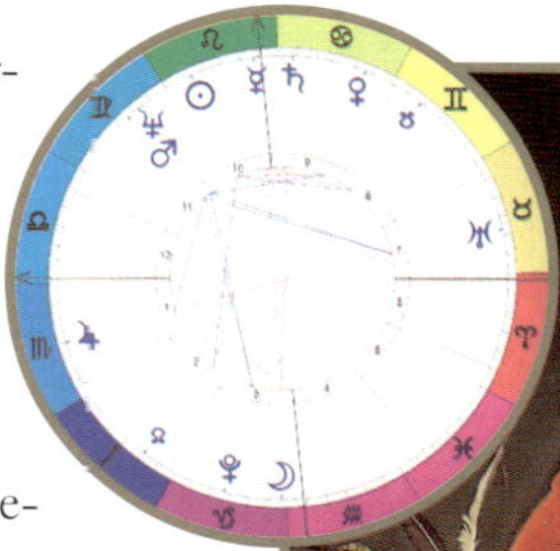

Um seinen Thron als Kaiser von Frankreich zu halten, verließ Napoleon Bonaparte bereitwillig seine geliebte Frau Joséphine de Beauharnais.

♌

Da der Löwe zu den fixen Sternzeichen gehört, dauern seine Beziehungen normalerweise eine Weile, ehe sie langweilig werden oder ein neuer Bewunderer des Weges kommt.

Sie sind ein fixes und treues Sternzeichen, besonders wenn Sie verheiratet sind, daher ist es für Sie nicht einfach, eine Beziehung zu beenden. Sie werden das Ende einer Affäre stets bedauern. Ein klarer Schnitt ist für Sie das beste, aber oft kehren Sie noch einmal zurück, weil Sie das emotionale Taktieren so sehr reizt.

Großen Wert legt der Löwe auf Würde. Sie beenden eine Beziehung mit der gebotenen Ruhe – ohne Geschrei oder lautstarke Streitereien. Doch wenn Ihr Partner Sie verläßt, staut sich großer Ärger in Ihnen auf. Lassen Sie nicht zu, daß er implodiert und Sie innerlich auffrißt.

Bei der Aufteilung der Güter kommt Ihre fixe Löwennatur zum Vorschein. »Das gehört mir!«, schmettern Sie dem Partner, der Sie verlassen hat, kriegerisch entgegen. Sie kämpfen nicht um die Dinge, die Sie behalten wollen, sondern finden wahrscheinlich einen anderen

ZEIT	KOMMUNIKATION	ERWIDERTE GEFÜHLE

Weg, um Ihr unwiderlegbares Eigentumsrecht durchzusetzen – vielleicht haben Sie noch irgendwo Quittungen.

Oft blicken Ex-Partner auf die Beziehung mit einem Löwen nostalgisch zurück. Von welch wundervoller Wärme war man doch ständig umhüllt, und im Bett war es einfach sagenhaft. Welche Erleichterung andererseits, nicht mehr ständig Bewunderung heucheln zu müssen.

♌

Der Wassermann, Ihr Gegenüber, ist unvoreingenommen – bei diesem leidenschaftslosen Sternzeichen gibt es keine emotionalen Spielchen, und es läßt sich auch nicht von seiner Begierde forttragen. Der Wassermann kann Ihnen beibringen, wie Sie von Ihrem Thron herunterkommen. In seinen Augen sind alle Menschen gleich, daher schätzt er sie um ihrer selbst willen. Er kann Ihnen auch dabei helfen, lockerer zu werden und auf diese Weise mehr von Ihrer einzigartigen Individualität zum Ausdruck zu bringen.

♌

Napoleon Bonaparte war ein typischer Löwe. Trotz seiner kleinen Statur hatte er ein gebieterisches Auftreten und einen unstillbaren sexuellen Appetit. Er besaß ein romantisches, leidenschaftliches Wesen, doch im Endeffekt war ihm die Macht weitaus wichtiger als eine Frau. Dennoch hatte er zwei Ehefrauen und zwölf Mätressen, die er angeblich alle liebte.

Napoleons erste Frau, Joséphine de Beauharnais, war Witwe und sechs Jahre älter als er. Er verliebte sich auf den ersten Blick in die leidenschaftliche und sinnliche Frau. Trotzdem ließ er sie am Hochzeitstag zwei Stunden warten.

Nach der Hochzeitsnacht brach Napoleon zu einem Feldzug auf. Er schrieb leidenschaftliche Liebesbriefe, in denen er um die Anwesenheit der Geliebten an seiner Seite bat. Joséphine ließ sich Zeit. Als sie schließlich eintraf, war ihr Gatte bereits ein bedeutender Mann geworden – der Traum eines jeden Löwen!

Aus dem Feld schrieb Napoleon an Joséphine: »Ihr Bild und das berauschende Vergnügen der letzten Nacht läßt meine Sinne nicht zur Ruhe kommen. Süße, unvergleichliche Joséphine, was haben Sie nur mit meinem Herzen gemacht ... tausend Küsse, doch schicken Sie keinen zurück, da sie mein Blut in Wallung bringen.«

Obwohl er Joséphine zur Kaiserin gekrönt hatte, verließ er sie, als es um das Fortbestehen der Monarchie ging, und heiratete eine andere Frau mit königlichem Blut in den Adern.

GEISTIGE BEZIEHUNG	STABILITÄT	EHERING

SEX OHNE BINDUNG	WILDER SEX	LANGSAME VERFÜHRUNG

JUNGFRAU

24. AUG.
23. SEPT.

AUF DEN ERSTEN BLICK IST DIE PENIBLE JUNGFRAU EIN SCHÜCHTERNES STERNZEICHEN, DOCH KANN SIE ZUR AMÜSANTEN BEGLEITERIN WERDEN. BEIM RICHTIGEN PARTNER ENTHÜLLT SIE EINE DERBE SINNLICHKEIT UND EIN STARKES VERLANGEN.

♍

Die erdverbundene und fruchtbare Jungfrau ist das Zeichen der Getreidegöttin und der Ernte. Heute assoziiert man das Sternzeichen eher mit einer Person, die noch keinen Geschlechtsverkehr hatte. Unglücklicherweise wurde der Begriff »Jungfrau« mit der Idee der Enthaltsamkeit belastet. Wen wunderts also, daß die Jungfrau nun den Ruf hat, prüde, kühl und zickig zu sein? Bei der Wahl des Partners ist die Jungfrau äußerst kritisch, und wenn er nicht ihren Vorstellungen entspricht, bleibt sie lieber allein.

Andererseits können Sie als Jungfrau auch sehr freizügig leben, wenn Sie auf der Suche nach dem idealen Partner sind. Irgendwo tief in Ihrem Innern steckt eine recht konkrete Vorstellung darüber, wie der Liebesakt abzulaufen hat, und unbewußt suchen Sie nach dem Partner, der diese stets verborgene Seite ans Licht bringt.

Als Erdzeichen haben Sie in jedem Fall eine starke Libido, und als Zeichen aus dem Wechselkreuz leben Sie furchtlos Ihre Bedürfnisse aus – besonders wenn jemand anders den Weg vorgibt. Daher ist die Jungfrau das treuloseste aller Erdzeichen. Gelegentliche Affären verschmähen Sie nicht, und mitunter lassen Sie sich auch auf impulsiven, lustvollen Sex ein.

Wenn Sie das Gefühl haben, den idealen Partner gefunden zu haben, treten die fleischliche Begierde und die Sinnlichkeit des Erdelementes in den Vordergrund. Doch in der Zwischenzeit nehmen Sie, was kommt.

♍

Als Jungfrau werden Sie vom vielseitigen, kopflastigen Merkur beherrscht. Auf sexuellem Gebiet sind Sie sehr neugierig – und dennoch verspüren Sie in ihrem Innern den widersprüchlichen Wunsch, jungfräulich zu leben. Sie wollen experimentieren, doch Ihre hohen Ansprüche warnen Sie vor der Promiskuität. Das Ergebnis? Voyeurismus im großen Stil. Sie sprechen gern über die sexuellen Er-

PRIORITÄT LIEBE	KÜHLE LEIDENSCHAFT	UMSTÄNDLICH

♍

ROMANTISCHE GESTEN

Picknickdecke

SINNLICHE ACCESSOIRS

Erotische Videos
•
Vibrator

lebnisse anderer Leute oder schauen sogar zu. Als Erdzeichen lieben Sie alles Physische. Doch mitunter schneidet Merkur Sie von Ihren Gefühlen ab, so daß Sie sich in verführerischen Situationen als Betrachter wiederfinden, nicht als aktiver Teilnehmer. Andererseits war Merkur ein windiger Geselle, und so lassen auch Sie sich womöglich zu einer Swinger-Party hinreißen!

Der Jungfrau wird häufig Keuschheit zugeschrieben, sie ist aber überraschend erotisch, wenn sie sexuell erregt wird.

Ihr kritisches Wesen haben Sie ebenfalls Merkur zu verdanken. Beim Streben nach Perfektion setzen Sie unerreichbare Ideale. Sie kritisieren sich und andere, wenn diese unrealistischen Standards nicht erfüllt werden.

Unter dem Einfluß des schwatzhaften Merkur analysieren bzw. diskutieren viele Jungfrauen gern über sexuelles Verhalten (anderer Leute). Aber keine Sorge, die Jungfrau läßt sich mitunter auch erobern.

Auch im sozialen Bereich kommt Merkurs Einfluß zum Tragen. Sie sind geistreich und gut informiert. So fühlen sich andere Zeichen, die ungehemmter ihrer Libido folgen, von Ihnen angezogen. Nun können Sie ruhig näherkommen und mit klugen Worten verführen.

♍

Obwohl Sie ein Erdzeichen sind, genießen Sie den Liebesakt nicht von ganzem Herzen und würden Ihre Leidenschaft gern auf eine etwas gepflegtere Art und Weise zum Ausdruck bringen. Körpergerüche sind Ihnen unangenehm, daher muß Ihr Partner ziemlich reinlich sein.

♂	FEUER	ERDE	LUFT	WASSER	LUST	LIEBE	KÜHL

Die Affären der Jungfrau beginnen oft im Büro. Dieses Sternzeichen schätzt Partner, die auf der gleichen geistigen Wellenlänge liegen.

Gelegentlichen Sexaffären folgt ein vorsorglicher Besuch beim Arzt. Denn als Zeichen aus dem Wechselkreuz gehen Sie ein gelegentliches Risiko ein. Doch wollen Sie baldige Sicherheit, um unvorhergesehene Konsequenzen zu vermeiden.

♍

Von Liebe und anderen Gefühlen lassen Sie sich nicht mitreißen. Dafür sind Sie zu praktisch und analytisch veranlagt. Wenn Sie sich aber verlieben, sind Sie aufmerksam, fürsorglich und tun alles, um es Ihrem Partner recht zu machen. Als wechselhaftes Zeichen sind Sie Launen unterworfen, deshalb sollten Sie einen Partner haben, der Ihnen genügend Freiraum läßt, um ihr Merkurwesen auszuleben.

Da Sie von Merkur geprägt sind, muß Ihr Partner Ihnen auch ein Freund sein, der auf der gleichen Wellenlänge liegt. Sie wollen nicht nur auf einem oberflächlichen Niveau kommunizieren, sondern brauchen einen Gefährten, mit dem Sie anspruchsvoll über interessante Themen diskutieren können. Suchen Sie nach einem Partner, der Ihre Freizeitaktivitäten mit Ihnen teilt. Unter Merkurs Einfluß können Sie Ihre Gefühle klar zum Ausdruck bringen. Allerdings wissen Sie nicht immer genau, welcher Art diese Gefühle eigentlich sind, aber das ist typisch für Erdelemente. Mit einem einfühlsamen Partner erforschen Sie sie gern genauer.

LEIDENSCHAFT	DIREKT	INDIREKT	AKTIV	PASSIV	PHYSISCH	MENTAL	EMOTIONAL

♍

GEEIGNETE GESCHENKE

Reformhauskost

•

Ein Jahresbedarf an Vitaminen

•

Ginseng

•

Baumwollaken

•

Lavendelkissen

•

Seife

Ein Partner sollte Ihre Libido stimulieren. Wenn Sie nicht gefordert werden, können Sie in ein Verhaltensmuster verfallen, in dem Sie Ihren Partner nicht wie ein sexuelles Wesen behandeln. Heiraten Sie ein Sternzeichen, das ebenfalls zur Enthaltsamkeit neigt, könnten Sie plötzlich vor den Scherben Ihrer Ehe stehen, die dem Mangel an sexueller Aktivität nicht standgehalten hat.

♍

Die empfindsamen Bereiche der Jungfrau sind ihre Hände und die Geschmacksknospen. Erogen sind auch die Enden Ihrer Nervenstränge, daher lieben Sie es, wenn der Partner zart mit seinen Fingerspitzen über Ihre Haut fährt, vor allem in der Bauchgegend. Vielleicht mögen Sie es, wenn man an Ihren Fingern und Zehen saugt oder knabbert – eine Fußmassage kann Sie sehr erregen.

Als Erdzeichen mit einem ausgeprägten Körperbewußtsein tanzt die Jungfrau für ihr Leben gern, besonders zu Jazz-Rhythmen.

♍

Das beste Aphrodisiakum für eine Jungfrau ist der Geruch von Seife und einem frisch gewaschenen Körper. Mitunter kann aber auch das genaue Gegenteil der Fall sein, wenn Ihnen satte, erdige Körpergerüche zusagen.

Lackierte Fußnägel machen Jungfrau-Männer an, genauso wie Sandalen, die die Zehen freilassen. Das Sternzeichen neigt zum Fußfetischismus. Die weibliche Jungfrau kauft stilvolle, doch praktische Schuhe, der Jungfrau-Mann hingegen will an seiner Frau etwas sehen, was er sexy findet.

	FEUER	ERDE	LUFT	WASSER	LUST	LIEBE	KÜHL
♀							

Für die Jungfrau spielt sich ein Großteil der Erotik im Kopf ab. Sie mögen Bilder, vor allem kühle, nüchterne Nacktfotos.

Als Erdzeichen können Ihnen Massagen mit erotisch parfümierten Ölen sinnliche Freuden bescheren. Bei Ihrem Hang zum Detail darf ein Masseur aber keinen Zentimeter Ihres Körpers auslassen.

Sie geben es vielleicht nicht gern zu, aber Pornographie kann Sie durchaus anturnen. Magazine und Videos gehören auf die Liste Ihrer ganz privaten Hilfsmittel, die Sie nur mit einem sehr intimen Partner teilen.

♍

Unordnung und Schmutz verabscheut die Jungfrau am allermeisten – allerdings nur in anderer Leute Schlafzimmer. Komischerweise versinkt die Jungfrau, trotz ihrer angeborenen Pingeligkeit und ihrem Ordnungssinn, im eigenen Schlafzimmer oft knietief in schmutziger Wäsche und alten Zeitungen, wobei allerdings die Bettlaken stets sauber und ordentlich gefaltet sind. Um des guten Rufes willen räumen Sie aber auf, ehe Sie jemanden zwischen die Laken bitten. Sie würden jeden verabscheuen, der Ihr Reich in einem derart schlampigen Zustand gesehen hat.

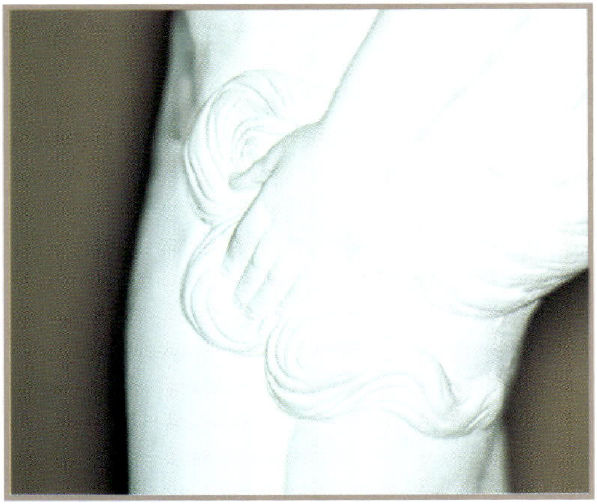

Zärtliches Knabbern an Zehen und Fingern ist ein Weg zu den erogenen Zonen der Jungfrau – den Nervenenden unter der Haut. Auch leichtes Bürsten stimuliert die Nerven.

Die zurückhaltende Jungfrau mag keine übertriebenen Liebeserklärungen oder extravaganten Gesten. Mit exzessiven Gefühlen können Sie nicht umgehen. Sexualität ist für Sie ein natürlicher Aspekt des Lebens.

Verspätungen können Jungfrauen absolut nicht ausstehen.

♍

Obwohl die Jungfrau am liebsten vorgibt, überhaupt keine Phantasien zu haben, produziert ihr

LEIDENSCHAFT	DIREKT	INDIREKT	AKTIV	PASSIV	PHYSISCH	MENTAL	EMOTIONAL

♍

APHRODISIAKA

Ginseng
•
Sellerie
•
Erotische Videos
•
Gummi

von Merkur geprägter Geist ungewöhnliche Einfälle und lebhafte sexuelle Vorstellungen.

Die ideale Jungfrau-Phantasie entspricht dem Drehbuch eines erotischen Films. Eine passende Situation wäre das Outfit einer Krankenschwester, ein Operationssaal, ein Chirurg und eine bequeme Couch. Als wechselhaftes Zeichen würden Sie unter Umständen einige prickelnde Nebenrollen einführen, so daß genügend Leute zum Gruppensex zusammenkommen.

Als Gegenpol zu all dieser jungfräulichen Reinlichkeit könnten Sie auch von Schlammschlachten träumen oder von schweißüberströmten Körpern nach leidenschaftlichem Sex.

Da viele Jungfrauen ein prüdes Gewissen haben, sollten Sie in Ihrer Phantasie dieses sittsame, kritische Wesen vollständig ignorieren, wenn Sie den besten Sex aller Zeiten erleben möchten. Nach einiger Zeit hören Sie die Stimme Ihres Gewissens vielleicht gar nicht mehr.

♍

Es ist eine Legende, daß Jungfrauen nur zwischen sauberen Laken auf Touren kommen, doch sie mögen einfach frisch gemachte Betten, egal, wo diese stehen.

Aber da Sie nun einmal zu den Erdzeichen gehören, üben auch lauschige Plätzchen im Freien auf Sie einen gewissen Reiz aus. Der erdige Geruch des Laubs auf dem Waldboden macht Sie an – ideal wäre also ein Plätzchen im Wald an einem warmen Sommerabend.

♍

Wenn sie einmal eine Bindung eingegangen ist (was durchaus dauern kann), beendet die Jungfrau eine Beziehung nur schwer. Diese kann zu einem Bruder-Schwester-Verhältnis geworden sein, und selbst wenn der Partner vielleicht untreu war, sind Sie bereit, für die Annehmlichkeit einer gewohnten Routine über vieles hinwegzusehen.

Sogar nach einer Scheidung halten Sie einen guten Kontakt zu Ihrem Ex-Partner, falls er Sie nicht zu tief gekränkt hat.

♍

Das Sternzeichen der Fische, Ihr Gegenüber, ist emotional und sensibel. Er kann Ihre kühle und emotionslose Lebenseinstellung ausgleichen und Ihnen helfen, die Menschen besser zu verstehen.

Da die Jungfrau zum Workaholic neigt, kann der gelassene Fisch Ihnen beibringen, sich

ZEIT	KOMMUNIKATION	ERWIDERTE GEFÜHLE

Ingrid Bergman schockierte ihr Publikum weltweit, als sie ein uneheliches Kind bekam. Bis dahin war sie der Inbegriff der Keuschheit.

treiben zu lassen und wichtigen Dingen wie Ihrer Beziehung mehr Zeit zu widmen.

♍

Ingrid Bergman war einer der größten Hollywood-Stars. Als Inbegriff der Keuschheit stellte man sie auf einen Sockel, idealisierte und pries sie als die perfekte Frau. Sie ist unter dem Sternzeichen der Jungfrau geboren.

Als sie ihren Mann betrog und ein uneheliches Kind bekam, wurde sie von ihrem Sockel gestoßen. Das Publikum konnte ihr den Betrug an ihrem Bild als Ideal der Reinheit nicht vergeben. Im amerikanischen Senat wurde sie sogar »moralischer Verworfenheit und des Angriffs auf die Institution der Ehe« angeklagt und als »machtvoller Einfluß des Bösen« bezeichnet. Ihre Filme wurden verboten.

Ihr Vergehen bestand darin, sich in den italienischen Regisseur Roberto Rossellini zu verlieben (einen leidenschaftlichen und sinnlichen Stier), obwohl sie immer noch verheiratet war. Ihr Mann ließ sich Zeit, ehe er in die Scheidung einwilligte, und so wurde das mit Rossellini gezeugte Kind unehelich geboren.

Ihrem Bild als »perfekter Star, perfekte Ehefrau und Mutter« würde jede perfektionistische Jungfrau nachstreben. Da sie auf allen Hollywoodglamour verzichtete, wurde sie in ihren Filmen zur ersten »natürlichen« Hauptdarstellerin.

Doch in Wirklichkeit verbirgt das Wesen der Jungfrau eine sehr erotische Seite, und diese nahm irgendwann überhand. Indem Ingrid Bergman der Stimme ihres Herzens folgte, war sie einer weniger offensichtlichen, doch um so mächtigeren Seite ihres Sternzeichens treu.

GEISTIGE BEZIEHUNG	STABILITAT	EHERING

KAISER BLUME
Feinster Sec
SEX OHNE BINDUNG
WILDER SEX
LANGSAME VERFÜHRUNG

SIE BRAUCHEN EINEN PARTNER, UM SICH VOLLKOMMEN ZU FÜHLEN. FÜR SIE IST DIE ZUSAMMENGEHÖRIGKEIT DAS WICHTIGSTE IM LEBEN. ANDEREN MACHEN SIE GERN EINE FREUDE, UND DA SIE RÜCKSICHTSVOLL SIND, VERLAUFEN IHRE BEZIEHUNGEN STETS HARMONISCH.

♎

Die Waage ist als duales Zeichen bekannt, ihr Wesen hat also zwei Seiten. Nach außen hin zeigen Sie sich in der Regel bezaubernd, so daß jeder Sie »schrecklich nett« findet. Als kardinales Luftelement unter dem Einfluß der Venus verleiten Sie die Menschen auf sehr subtile Art dazu, Ihnen das zu geben, was Sie wollen, ohne daß ihre Absicht dahinter bemerkt wird. Sie wollen keinen Ärger und räumen mit Ihrem Charme alle Bedenken aus dem Weg. Kommunikation ist Ihnen sehr wichtig, damit Ihr Partner Sie versteht. Sie bitten ihn ständig um seinen Rat. Aber eigentlich wollen Sie nur, daß er Ihren Standpunkt anerkennt. Sie hören sich zwar andere Ansichten an, ändern Ihre Einstellung zur Liebe aber trotzdem nur sehr selten.

Als positives Kardinalzeichen verbergen Sie in Ihrem Innern einen angeborenen Egoismus, den Ihr Partner dann irgendwann voller Überraschung entdeckt. Ihr angepaßtes Verhalten hat bei genauerer Betrachtung eher zum Ziel, Konfrontationen zu vermeiden. Ob Sie das aber tun, was Sie sagen, steht auf einem anderen Blatt. Auch mit der Einhaltung des Vereinbarten nehmen Sie es als Waage nicht immer so genau. Wenn Sie sich auf Kompromisse einlassen, verlieren Sie unter Umständen Ihre eigenen Bedürfnisse aus den Augen. Wenn diese dann plötzlich mit voller Wucht hervorbrechen und Aufmerksamkeit verlangen, sind Sie und Ihr Partner verblüfft. Das ist der Effekt der positiven Kardinalsenergie.

♎

Sie sind mit ungeheurem Charme und sexuellem Charisma gesegnet und zögern auch nicht, diese für Ihre Zwecke einzusetzen. Wie die sinnliche Venus haben auch Sie weitaus stärkere körperliche Gelüste, als nach außen hin zu vermuten wäre.

Die Waage kann sich ganz dem Vergnügen hingeben und stundenlang beglückt den Part-

PRIORITÄT LIEBE	KÜHLE LEIDENSCHAFT	UMSTÄNDLICH

♎

GEEIGNETE GESCHENKE

Teures Kofferset
•
Edelstein-besetzter Silberspiegel
•
Eine Überraschungsparty
•
Ein Kreditkonto beim exklusivsten Geschäft der Stadt

ner mit Zärtlichkeiten überschütten, solange das Gefühl auf Gegenseitigkeit beruht. Mit Venus als herrschendem Planeten muß das Vergnügen wechselseitig sein, und eine geistesverwandte Atmosphäre sollte ebenfalls existieren. Bei dem kleinsten Anzeichen von Unstimmigkeiten oder Grobheit fühlen Sie sich äußerst unwohl.

Sie verbringen Ihre Zeit gern mit romantischen Beschäftigungen wie Bootsfahrten oder ausgedehnten Abendessen bei Kerzenschein. Aber Ihr Partner sollte sich Ihr Einverständnis zu einem unvorbereiteten Quickie aus dem Kopf schlagen. Da Sie Ihr Outfit nicht zerstören wollen, kann er das Ganze vergessen – selbst wenn Ihr Partner Decken und Kosmetikkoffer (mit weiblichen oder männlichen Accessoires) eingepackt hat. Die träge Venus läßt sich eben nicht überrumpeln.

♎

Das größte Problem der mitunter etwas bedächtigen Waage ist ihre Unentschlossenheit. Auch wenn Sie sich nach einer festen Beziehung sehnen, können Sie sich schwerlich zwischen zwei Bewerbern entscheiden oder wissen nicht einmal so recht, ob Sie überhaupt eine Affäre beginnen wollen. Lohnt sich die Mühe eigentlich? Das Leben gibt der Waage ständig derartige Fragen auf.

Ihre natürliche Abneigung gegen das Fällen von Entscheidungen führt dazu, daß Sie diese gern anderen überlassen. Ihre Trägheit erstreckt sich auch auf die sexuellen Aktivitäten. Wenn hier Anstrengungen gefordert sind, dann verzichten Sie lieber gleich darauf.

♎

Die Waage hat einen Sinn für Gefühl und Romantik. Wenn Sie verliebt sind, soll die ganze Welt es wissen. Sie tragen das Herz auf der Zunge. Sie wollen einen Ring und die große Hochzeit in Weiß, von der Sie immer geträumt haben. Um Ihren Partner glücklich zu machen, tun Sie alles. Sie arrangieren Abendessen bei Kerzenschein und Rendezvous inmitten vieler Menschen. Dabei muß das Ambiente stimmen, auch die richtige Kleidung ist wichtig. Erst dann können Sie sich entspannen und ausgiebig turteln.

Sie sind ein vollendeter Liebhaber und wissen, wie Sie Ihren Partner glücklich machen. Intime Gespräche sind für Sie ebenso wichtig wie der Liebesakt selbst. Sie möchten Ihre Gefühle mitteilen und auch erfahren, was Ihr Partner fühlt. Bis zu einem gewissen Grad

♂	FEUER	ERDE	LUFT	WASSER	LUST	LIEBE	KÜHL

wollen Sie auch bewundert und umschmeichelt werden. Ansonsten könnten Sie das Gefühl haben, nicht geliebt zu werden.

Häufig genügen Ihre Partner Ihren eigenen anspruchsvollen Standards nicht. Wenn Sie verliebt sind, ist eines Ihrer großen Ziele, den Partner nicht zu kränken. Daher wird alles Unerfreuliche unausgesprochen bleiben.

Die auf gute Kleidung bedachte Waage wirkt stets gepflegt und makellos. Auch im Moment glühendster Leidenschaft läßt sie sich nicht gern die Frisur durcheinanderbringen.

Doch dadurch löst es sich nicht auf. Es schwelt weiter unter der Oberfläche, statt durch eine Diskussion geklärt zu werden. Doch als geborener Diplomat lassen Sie es nicht zu einer häßlichen Szene kommen.

♎

Beim Waage-Mann kommt eher die Kardinalseite der Waagenatur zum Ausdruck, bei der Frau das Wesen der Venus. Daher ist er möglicherweise etwas aktiver als sie und läßt sich eher auf flüchtige Sexabenteuer ein. Beide flirten aber sehr intensiv.

♎

Als Waage haben Sie eine besondere Beziehung zum unteren Rücken und den Pobacken. Sie mögen es, wenn man Sie um die Hüfte faßt, besonders wenn der Partner gleichzeitig ihren Rücken streichelt. Auch gehen Sie gern Arm in Arm. Ihre eigentlichen erogenen Zonen sind aber die Pobacken. Werden diese gestreichelt und zart gekniffen oder durchgeknetet, löst das wohlige Schauer aus.

♎

Die Waage ist ein kultiviertes Sternzeichen. Sex sollte stets schön und harmonisch verlaufen.

LEIDENSCHAFT	DIREKT	INDIREKT	AKTIV	PASSIV	PHYSISCH	MENTAL	EMOTIONAL
💋	💋		💋		💋	💋	💋

♎

ROMAN-TISCHE GESTEN

Erstausgabe einer Sammlung von Liebesgedichten
•
Romantisches Abendessen zu zweit im Restaurant
•
Gute Plätze bei den Salzburger Festspielen

SINNLICHE ACCESSOIRES

Geschmackvoller Smaragd- oder Saphirschmuck
•
Exotisches Parfüm
•
Exklusive Badeöle

Sie tauschen gerne Nettigkeiten aus, mögen ein geschmackvolles Vorspiel und einen passenden Rahmen. Sind Sie gehetzt oder außer Fassung, kommen Sie nicht in Stimmung. Auch wenn die Beziehung schon eine ganze Weile besteht, verlangen Sie von Ihrem Partner Rücksichtnahme und die Beibehaltung angemessener Werberituale. Wenn Sie beschließen zu heiraten, wollen Sie einen Ring als Symbol der Bindung, und dieser Ring muß stilvoll sein.

Was Sie besonders lieben, sind Zärtlichkeit und Behutsamkeit – und viele Komplimente. Auf Schmeicheleien sind Sie geradezu begierig. Wenn Ihr Partner Ihnen süße Worte ins Ohr flüstert, schmelzen Sie dahin. Und auch für romantische Gesten sind Sie empfänglich.

Durch zartes Parfüm, Kerzen, Weihrauch und Massageöle, aber auch durch feine, sinnliche Stoffe werden Ihre Sinne angeregt.

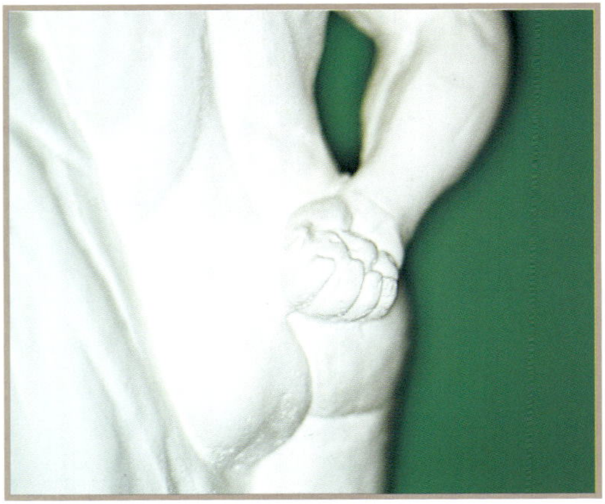

Die Pobacken sind ein besonders empfindlicher Körperteil der Waage. Das sinnliche Sternzeichen mag es, an dieser erogenen Zone gestreichelt oder massiert zu werden.

♎

Alles Primitive, Niedere und Vulgäre, sei es in Worten oder Taten, wird von der Waage verabscheut. Laute, lärmende Menschen, die sich öffentlich in Szene setzen, können Sie nicht ertragen. Außerdem haben Sie sehr genaue Vorstellungen von dem, was sich schickt – und wehe dem Partner, der diesen Erwartungen nicht entspricht!

Ihr Partner sollte gut aussehen. Wenn er ungewaschen, unrasiert oder noch in Arbeitskleidung bei Ihnen auftaucht, bringt Sie das auf die Palme. Für Sie soll er stets seine beste Kleidung tragen. Die kann ruhig leger sein, sollte aber Stil haben und darf keinesfalls unordentlich oder unsauber wirken.

Am meisten haßt die Waage es, in Verlegenheit gebracht zu werden. Sie verabscheuen Konflikte, unerfreuliche Szenen, Kritiken, Beschwerden und einen rücksichtslosen Umgang mit Ihrer Zeit oder Energie.

♀	FEUER	ERDE	LUFT	WASSER	LUST	LIEBE	KÜHL

Die Waage hat einen sehr kultivierten Geschmack und genießt die feineren Dinge des Lebens. Das gilt auch für sexuelle Affären. Wie die alten Griechen und Römer hat sie Sex am liebsten in luxuriöser und harmonischer Umgebung – in einer Welt voller Liebe, Frieden und Harmonie.

♎

Alle Waagen träumen davon, romantisch umworben zu werden – und den perfekten Partner zu finden. In der Tat verbringen Sie viele glückliche Stunden mit Tagträumen von Ihrem Idealpartner und der zukünftigen Hochzeitsfeier.

Sie sehnen sich nach einem Partner, der Sie bewundert, umschmeichelt und Ihr Herz im Sturm erobert. Wenn es nach Ihnen ginge, sollte dies einer der schönen Filmstars sein, die gerade in der Gunst des Publikums stehen. Als Waage lieben Sie die Vorstellung, die Hauptrolle in einem romantischen Epos neben Ihrem Traummann oder Ihrer Traumfrau zu spielen.

Ihre Phantasie gibt Ihnen Gelegenheit, die schlummernde Seite Ihres Wesens zu wecken. Womöglich sehen Sie sich in Ihren Träumen als wildes Tier im Bett oder aber einem herrischen Partner ausgeliefert, der mit Ihnen verbotene Wünsche auslebt.

24. SEPT.
23. OKT.

LEIDENSCHAFT	DIREKT	INDIREKT	AKTIV	PASSIV	PHYSISCH	MENTAL	EMOTIONAL
👄	👄		👄		👄	👄	

≏

APHRODISIAKA

Erdbeeren in Cointreau mit Schlagsahne

•

Champagner

•

Patschuliöl

•

Kerzen

Da Sie als Waage sich nur zögerlich dem Vergnügen hingeben, genießen Sie Phantasien, in denen Sie im Zentrum sinnlicher Aufmerksamkeit stehen. Ein Dutzend Sklaven, die Ihnen unsagbare Lust bereiten, könnten dem Bedürfnis gerecht werden.

≏

Der Lieblingsplatz der Waage? Dies könnte ein romantisches Himmelbett in einer schönen altmodischen Hotelsuite sein oder aber ein modernes Designer-Schlafzimmer. Wie wäre es auf einem vibrierenden Bett in einer Penthouse-Wohnung mit einem atemberaubenden Blick auf Ihre Lieblingsstadt?

Bei Ihrem unentschlossenen Wesen würden Sie am liebsten erst alles ausprobieren, ehe Sie eine endgültige Entscheidung treffen, was allerdings Monate oder gar Jahre dauern kann.

≏

Die Entscheidung, eine Beziehung zu beenden, fällt Ihnen äußerst schwer, doch wenn Sie sich einmal dazu durchgerungen haben, tun Sie es, ohne mehr Gefühle zu verletzen als nötig. Sie hassen Konfrontationen und versuchen daher, Ihren Abgang so harmonisch wie möglich zu gestalten. Da Sie große Hemmungen haben, andere zu kränken, halten Sie lieber an einer unbefriedigenden Beziehung fest als jemanden zu verletzen. Doch irgendwann müssen Sie gehen, um von den zu vielen negativen Schwingungen nicht krank zu werden. Wenn Sie Ihren Partner verlassen, weil Sie jemanden kennengelernt haben, würden Sie ihn das niemals wissen lassen. Mit Ihrem diplomatischen Geschick könnten Sie Ihren Partner sogar davon überzeugen, daß eine Trennung das beste für alle Beteiligten ist – oder Sie machen ihn gar glauben, daß die Idee eigentlich von ihm ausging.

Um Ärger zu vermeiden, wäre es Ihnen am Ende einer langjährigen Beziehung am liebsten, wenn Ihr Partner auszöge. Falls aber Sie bei Ihrer neuen Flamme einziehen, sollte diese schon im voraus genug Platz für Sie im Schrank freiräumen.

≏

Ihr Gegenüber im Tierkreis, der Widder, ist ein Sternzeichen, von dem Sie eine Menge über die direkte Konfrontation mit Problemen erfahren können, ebenso über den klaren Ausdruck von Gefühlen. Sie können auch den Umgang mit Ihren eigenen Bedürfnissen lernen, darüber hinaus Selbstgenügsamkeit.

ZEIT	KOMMUNIKATION	ERWIDERTE GEFÜHLE

♎

John Lennon wurde erstmals als Mitglied der Beatles von der Öffentlichkeit wahrgenommen, wo er stets charmant und gepflegt auftrat, doch hinter der Fassade steckte ein rebellischer, in Leder gekleideter Rocker. Schließlich durchlief er seine *love and peace*-Phase als ruhiger Hippie – typisch Waage.

Er heiratete, weil seine Freundin Cynthia schwanger war, und entsprach damit seinem Wunsch nach einer Familie. Aber nach der Heirat machte er genauso weiter wie vorher und stand seinen Bandkollegen näher als seiner eigenen Frau.

Dann traf er Yoko Ono. Ihr eigenwilliger Sinn für Humor und ihre grelle Performance-Kunst faszinierten ihn. Sie verliebten sich ineinander und wurden bald unzertrennlich. Yoko war überall dabei, auch bei den Aufnahmen im Studio.

John und Yoko setzten sich für den Frieden ein, was den Ideen der Waage entspricht. Eine ihrer berühmtesten Aktionen war ein einwöchiges »bed-in«: Sie lagen eine Woche lang im Bett und liebten sich, während Journalisten dabeistanden und zusahen – eine interessante

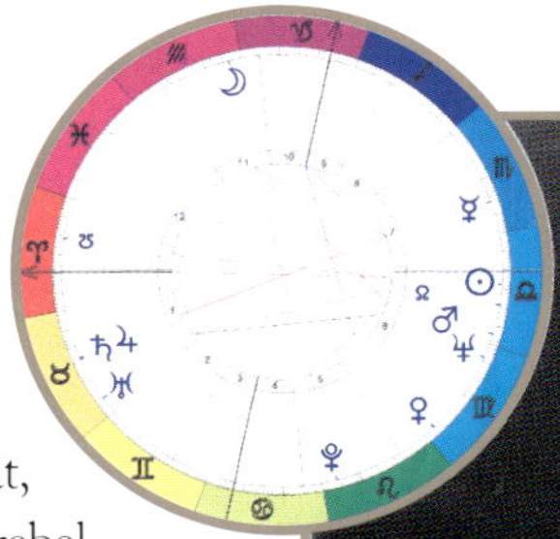

Zu Beginn der Beatles-Ära zeigte John Lennon sich in der Öffentlichkeit als ein gepflegter Waage-Mann.

Kombination aus Yokos Wassermann-Neigung, andere zu schockieren, und Johns Waage-Bedürfnis, mit dem Partner zu kooperieren. Auch seine Waage-Tendenz zum Exhibitionismus kommt hier zum Ausdruck.

Als Yoko ihren gemeinsamen Sohn Sean geboren hatte, nahm John sich fünf Jahre Zeit, um als Hausmann für ihn zu sorgen, während Yoko sich weiter um ihre Geschäfte kümmerte. Er hatte gerade erst wieder angefangen, Musik zu machen, als er ermordet wurde.

GEISTIGE BEZIEHUNG	STABILITÄT	EHERING

SEX OHNE BINDUNG	WILDER SEX	LANGSAME VERFÜHRUNG

SKORPION ♏

24. OKT.
22. NOV.

DER SKORPION, EIN ANSPRUCHSVOLLER LIEBHABER, VERSTEHT SICH AUF SEX, GEBURT UND TOD. DIE DÜSTEREN SEITEN DES LEBENS, DIE ANDERE EHER ABSCHRECKEN, SIND SEIN BEVORZUGTES TERRAIN. DAHER IGNORIERT DIESES TRIEBHAFTE STERNZEICHEN MIT LUST ALLE TABUS.

♏

Die sexuellen Fähigkeiten des Skorpions sind geradezu legendär. Als Skorpion besitzen Sie einen gewissen Zauber und können damit andere Menschen scheinbar mühelos in eine Affäre verwikkeln. Nach außen hin ist hiervon allerdings wenig zu bemerken, da Sie Ihre Gefühle nicht gern preisgeben. Potentielle Liebhaber müssen Ihnen intensiv in die Augen blicken, ehe sie auch nur ein Fünkchen der Leidenschaft, die unter der Oberfläche schwelt, entdecken.

Obwohl Sie ein sehr emotionaler Mensch sind, behalten Sie gern die Kontrolle über Ihre Gefühle. Sie haben ausgeprägte körperliche Bedürfnisse und ein unübertroffenes Verführungstalent, daher mangelt es Ihnen nicht an Gelegenheiten zu wilden Sexaffären.

Das fixe Wasserelement kann recht hinterhältig sein. Sie nutzen Ihre Fähigkeit, Gefühle zu verbergen, um verletzlichere Sternzeichen nach Belieben zu manipulieren. Die meisten Zeichen lassen sich bereitwillig ins Schlafzimmer eines Skorpions locken, doch nur wenige werden je wirklich sein Inneres kennenlernen.

Für ein Wasserzeichen können Sie außergewöhnlich unsensibel für die Gefühle Ihres Partners sein. Obwohl Sie ein gutes Empfinden dafür haben, was andere Menschen bewegt, hindert Sie Ihr stures Wesen mitunter daran, sie überhaupt wahrzunehmen.

Andererseits kann das Feingefühl des Wasserelementes Sie zu einem zärtlichen und besorgten Liebhaber machen, der genau weiß, womit er seinen Partner beglücken kann. Das Teilen von Gefühlen ist für ein Wasserzeichen sehr wichtig, und mitunter bilden Sie mit Ihrem Partner eine fast schon mythische Einheit.

♏

Über Ihr Sternzeichen herrscht eine unglaublich kraftvolle Planetenkombination. Hinter Ihrem dringlichen Streben nach Befriedigung steht der virile Mars, der Sie in Liebe und

PRIORITÄT LIEBE	KÜHLE LEIDENSCHAFT	UMSTÄNDLICH

♏

GEEIGNETE GESCHENKE

Filme mit Mae West
•
Digitale Kamera
•
Eine Wer-ist-der-Mörder-Party zu Hause

Lust so attraktiv und herausfordernd verführerisch macht. Das kühle Wasserelement kommt zum Kochen, bis es sich in explosiver Libido und unwiderstehlicher Leidenschaft entlädt.

Für die düsteren Elemente Ihrer Persönlichkeit ist der potente Pluto verantwortlich. Ihm verdanken Sie Ihre Heftigkeit, Ihre Rätselhaftigkeit und Furchtlosigkeit. Als ein von Pluto beeinflußter Mensch können Sie nicht oberflächlich leben, sondern müssen die Höhen und Tiefen der Leidenschaft ergründen.

Mars und Pluto schenken Ihnen Ihr sexuelles Charisma, aber auch eine Neigung zum Sadismus. Pluto hat einen sehr starken Einfluß und kann recht grausam sein. Viele Skorpione wollen Macht über andere Menschen ausüben. Wenn Ihr Partner etwa Lust auf Sie hat, lassen Sie ihn vielleicht eine Weile zappeln und um Ihre Gunst betteln. Oder Sie verführen energisch einen desinteressierten Partner. Bemüht sich ein attraktiver potentieller Liebhaber um Sie, dann zeigen Sie solchen Aufmerksamkeiten gegenüber mitunter tiefe Verachtung. Unter Plutos Einfluß schmieden Sie geheime Pläne, intrigieren und ergreifen Besitz von Ihren Mitmenschen. Mars hält Sie dazu an weiterzumachen – und Sie können nicht anders.

♏

Der Skorpion ist ein zwanghaftes und obsessives Zeichen. Wenn die Lust Sie überkommt, ergreifen Sie von dem Objekt Ihrer Begierde Besitz. Wenn Sie verliebt sind, müssen Sie ständig daran denken. Ihre Liebesgeschichten sind glühend und drängend, und Ihre flüchtigen Abenteuer allesverzehrend. Nur wenige Skorpione kommen eine längere Zeit ohne Sex aus. Je länger Ihnen eine Gelegenheit zum Ausleben Ihrer Lust verwehrt bleibt, desto stärker sind Sie von dem Gedanken an sexuelle Befriedigung besessen. Ist der Skorpion zur sexuellen Enthaltsamkeit gezwungen, versucht er um jeden Preis, einen Partner zu finden.

♏

Sie verlieben sich nicht sehr schnell. Aber wenn es doch geschieht, dann heftig und dauerhaft. Ihr Partner muß mit Ihnen seelenverwandt sein: Sie können Ihr tiefstes, dunkelstes Inneres offenbaren, ohne daß es ihm Angst macht; mit ihm können Sie Ihre heftige Sexualität ausleben, ohne verschlungen zu werden, und er kommt mit Ihren Obsessionen und Zwängen klar. Wenn Sie dieses Idealbild finden, sind Sie ein sehr loyaler Partner. Sie

♂	FEUER	ERDE	LUFT	WASSER	LUST	LIEBE	KÜHL

sehen sich hin und wieder anderweitig um – zwischen Loyalität und Treue gibt es für Sie einen Unterschied – aber Sie kommen stets zurück.

Sie selbst erwarten von Ihrem Partner absolute Loyalität und Treue, über die Sie auch eifersüchtig wachen. Einen kleinen Flirt ertragen Sie gerade noch, denn so können Sie noch Ihre masochistische Seite ausleben und sich mit Was-wäre-wenn-Fragen quälen. Doch alles, was darüber hinausgeht, kann bei Ihnen tiefe Unsicherheit auslösen. Dann ziehen Sie sich zurück und brüten grimmig vor sich hin.

Sie schätzen einen Partner, der instinktiv Ihre Stimmung errät, da Sie viele Ihrer intimsten Gefühle für sich behalten. Ihr Partner muß eine ausgeprägte Intuition besitzen, um Ihre vielfältigen Emotionen zu ergründen. Achten Sie darauf, Ihren Partner nicht zu sehr auszuschließen.

Mit Ihrem stechenden Blick können Sie geradewegs in die Herzen anderer Menschen sehen. Das mag Ihnen Sicherheit geben, doch einige Sternzeichen legen Wert auf

Leidenschaft und tiefe Gefühle erfüllen das Schlafzimmer des Skorpions, aber erwarten Sie nicht, daß er alles auf einmal enthüllt.

LEIDENSCHAFT	DIREKT	INDIREKT	AKTIV	PASSIV	PHYSISCH	MENTAL	EMOTIONAL

♏

ROMANTISCHE GESTEN

Exotisches Schmuckset mit Topasen oder Türkisen

•

Dunkelrote Blumen, besonders Mohnblumen

•

Flugtickets nach Marokko

SINNLICHE ACCESSOIRES

Schwarze Leder-accessoires

•

Sexy schwarze oder rote Spitzendessous (tragen Sie sie für den Skorpion-Mann)

•

Erotische Kunstdrucke

ihre Privatsphäre und fühlen sich bedrängt. Zu Beginn einer Liebesbeziehung sollten Sie deshalb Ihre Intensität etwas mäßigen.

♏

Die erogenen Zonen des Skorpions sind die Genitalien und Ausscheideorgane. Dem ist wohl nichts mehr hinzuzufügen

♏

Der Skorpion zeigt gern, daß er die Oberhand hat. Einige der fernöstlich taoistischen oder tantrischen Sexualpraktiken kommen seinem Wesen entgegen. Durch Ihre Gabe, sexuelle Energie jeweils gezielt freizusetzen, bereiten Sie sich und Ihrem Partner unendliches Vergnügen.

Das Berühren der Genitalien entfesselt eine heftige Leidenschaft.

Da Sie zu einem sinnlichen Sternzeichen gehören, wirken sämtliche Arten von Massagen erotisierend auf Sie. Diese können Ihre Libido derart steigern, daß Sie den Moment sexueller Erfüllung keinen Augenblick länger hinauszögern können. Sehr häufig muß die Massage vor ihrem Ende abgebrochen werden.

Ihre Sexualität ist intensiv und verschlungen. Es gibt einige düstere Phantasien, die Sie gern ausleben möchten. Einige sind eher harmlos, andere von sadomasochistischer Art. Es gibt eine gewisse Verbindung zwischen Vergnügen und Schmerz, die Sie brennend gern ergründen würden. Versichern Sie sich, daß Ihr Partner dazu bereit ist (obwohl auch ein subtiles Drängen des Partners Teil des Vergnügens sein kann).

Der Skorpion ist ein analytisches Zeichen. Sie gehen den Dingen gern auf den Grund. Geheimnisse jeglicher Art faszinieren Sie, und die Interpretation von Träumen und des Unterbewußten begeistert Sie.

♀	FEUER	ERDE	LUFT	WASSER	LUST	LIEBE	KÜHL

SKORPION ♏

24. OKT.
22. NOV.

Die Phantasien des Skorpions sind tief, düster und hocherotisch. Hier ist alles möglich.

♏

Sie zeigen eine gewisse Verachtung für Belanglosigkeiten, und die trivialen Dinge des Lebens langweilen Sie schnell.

Freiraum und Privatsphäre haben für Sie große Bedeutung und sollten nicht verletzt werden. Die Gefühle anderer Leute lassen Sie selten auf Ihre eigenen einwirken.

♏

Das gesamte Spektrum Ihrer erotischen Phantasien werden Sie kaum jemals preisgeben. Diese sind unter dem Einfluß des verschlossenen Pluto tatsächlich tief und düster. Das Schöne an Ihren Phantasien ist, daß Sie auf diese Weise die Tabubereiche des Lebens ungehindert ergründen können. Sadomasochismus ist eine typische Veranlagung des Skorpions, die bewußt oder unbewußt in den emotionalen Spielchen mit Ihrem Partner zum Ausdruck kommt.

In harmloseren Fällen drehen sich Ihre Phantasien um sexy Spitzendessous oder um harten Sex mit Peitschen und Sklaven.

Viele Skorpion-Männer und -Frauen träumen davon, von einem/einer sinnlichen Unbekannten entführt und geschändet zu werden (oder von einer bekannten, aber unerreichbaren Person). Möglicherweise träumen Sie davon, als Sexsklave verkauft oder auf andere Weise erniedrigt zu werden. Schmerz und Vergnügen vermischen sich mitunter zu einer

LEIDENSCHAFT	DIREKT	INDIREKT	AKTIV	PASSIV	PHYSISCH	MENTAL	EMOTIONAL

♏

APHRODISIAKA

Hummer
•
Granatäpfel
•
Spargel
•
Fesselzubehör

kraftvollen erotischen Ladung. In Ihrer blühenden Phantasie finden Sie unendlich viele Arten, um das auszuleben.

♏

Als ein verschlagenes Zeichen findet der Skorpion alles Geheimnisvolle anziehend. So könnte Ihr Lieblingsort für ein geheimes Rendezvous zum Beispiel die Kasba in Fez sein. Mit Ihrer Vorliebe für gefährliche Situationen könnte Sie der Gedanke, in der oberen Etage an einer Party teilzunehmen, während Ihr Partner einen Stock tiefer auf Sie wartet, reizen.

Kerker, Höhlen und ähnliche Orte üben eine starke Anziehungskraft auf Skorpione aus, ebenso wie Wasser. Eine romantische Grotte oder ein Bootshaus am Meer wären ideale Plätze.

♏

Als ein Zeichen des Fixkreuzes zeigen Sie Ihrem Partner gegenüber große Loyalität, daher halten Beziehungen für gewöhnlich sehr lange.

Wenn Sie sich einmal fest gebunden haben, beenden Sie eine Beziehung nur sehr widerstrebend. Es dauert lange, ehe Sie einen solchen Entschluß in die Tat umsetzen. Wenn Sie dann Schluß machen, stürmen Sie als temperamentvoller Skorpion unter Umständen aus irgendeinem Grund erregt hinaus, ohne je wieder aufzutauchen.

Wenn die Beziehung nicht auf Ihre Initiative hin beendet wird, sollte sich der Partner in acht nehmen. Niemand hegt seinen Groll so lange wie ein Skorpion. Sie sind nachtragend und schmieden vielleicht sogar einen Racheplan. Wenn sich Ihnen eine günstige Gelegenheit bietet, nutzen Sie sie mit Sicherheit. Um zu vergeben, brauchen Sie lange, um zu vergessen noch länger. Nach der Trennung halten Sie vermutlich kein freundschaftliches Verhältnis zu Ihrem Ex-Partner aufrecht.

♏

Ihre Welt ist dramatisch, spannungsgeladen und voller schmerzhafter Traumata aus der Vergangenheit. Der Stier, Ihr Gegenüber, beherrscht die Kunst, zur inneren Ruhe zu finden. Wenn Sie sich ein wenig auf ihn einstellen, können Sie zu emotionalem Gleichmut finden, damit Sie nicht mehr alles so sehr dramatisieren. Der Stier verfügt nicht über Ihr starkes Verlangen, alles unter Kontrolle zu behalten. Unter seinem positiven Einfluß können Sie sich entspannen und das Leben seinen natürlichen Gang gehen lassen.

ZEIT	KOMMUNIKATION	ERWIDERTE GEFÜHLE

♏

Jawaharlal Nehru war charmant und gebildet, besaß ein starkes sexuelles Charisma und »hypnotische Kräfte«. Er liebte schöne Frauen und bewegte sich gern unter Intellektuellen. Natürlich war er ein Skorpion.

Nach dem Tod seiner Frau sehnte er sich nach einer weisen Vertrauten und einer erotischen Freundin. Beides fand er in der ungewöhnlichen Lady Edwina Mountbatten, der letzten Vizekönigin Indiens. Ihre Beziehung wurde als eine der größten Liebesgeschichten aller Zeiten beschrieben.

Doch hatte die Beziehung ihren Ursprung nicht etwa in einem romantischen Skorpion-Rendezvous, sondern sie wuchs durch ihr gemeinsames Engagement für Indien – ein Weg, den sie, umgeben von Gewalt und Trauer, gemeinsam gingen. Auch ihre gegenseitigen Gefühle schufen eine starke Bindung, deren leidenschaftliche Intensität für jeden, der sie sah, offensichtlich war.

Als Edwina frühzeitig starb, sagte Nehru über sie: »Die Götter oder eine gute Fee schenkten dir Schönheit und einen scharfen Verstand, Anmut, Charme und Vitalität – wunderbare Gaben – und sie, die sie besaß, ist eine großartige Frau, wo immer sie auch hingehen mag… (deine) erstaunliche Mischung so unterschiedlicher Qualitäten ergab eine strahlende Persönlichkeit mit heilenden Kräften. Durch dein Erscheinen schenktest du überall Trost, Hoffnung und Mut. Ist es da verwunderlich, daß das Volk Indiens dich liebt, zu dir als eine von ihnen aufblickt und über dein Weggehen trauert?« Zweifellos sprach er vor allem für sich selbst.

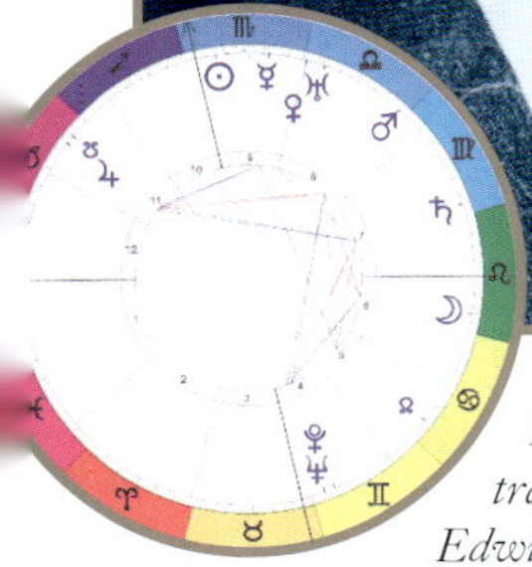

Der hypnotisierende Blick Nehrus traf die letzte Vizekönigin Indiens, Edwina Mountbatten, mitten ins Herz.

♏ SKORPION

24. OKT.
22. NOV.

GEISTIGE BEZIEHUNG	STABILITÄT	EHERING

SEX OHNE BINDUNG	WILDER SEX	LANGSAME VERFÜHRUNG

DER SCHÜTZE IST DER GEBORENE SCHÜRZENJÄGER, DER SICH NICHT GERN BINDET. LEIDENSCHAFTLICH GENIESST DER STÜRMISCHE LIEBHABER EIN SPONTANES, PRICKELNDES SEXUELLES ABENTEUER. VON EINER GROSSEN LEIDENSCHAFT GEHT ER GLEICH ZUM NÄCHSTEN STELLDICHEIN ÜBER.

Als Schütze sind Sie der große Reisende des Tierkreises und begierig darauf, ständig neue Orte und Menschen kennenzulernen. Ihrem wechselhaften Feuerwesen entsprechend haben Sie einen starken, aber unbeständigen Sexualtrieb, weshalb Sie lebendigen und phantasievollen Sex und intellektuelle Reize brauchen, um Ihr Interesse aufrechtzuerhalten. Obwohl Feuerzeichen im allgemeinen eher ungeduldig sind, gehört für Sie die ausgiebige mentale und physische Erkundung des anderen zum Liebesakt dazu. Langeweile dulden Sie aber keinesfalls.

Sternzeichen, denen es an körperlicher Ausdauer mangelt, sollten sich darauf gefaßt machen, daß die Aufwärmphase zu einem tobenden Großbrand ausufern kann, der stundenlang weiterlodert. Tatsächlich haben Sie einen so starken sexuellen Appetit, daß es nicht schaden könnte, Ihrem Partner regelmäßig Ginseng und Vitamin E ins Essen zu mischen. Möglicherweise würden Sie das auch tun, wenn das Wörtchen Routine in Ihrem Wortschatz existierte. Andererseits kann es durch Ihr wechselhaftes Wesen auch passieren, daß Sex ganz in den Hintergrund gedrängt wird, wenn etwas anderes Sie fesselt. Partner sollten lernen, sich auf Ihr duales Wesen einzustellen.

Sensible Zeichen sollten sich vor den wohlgemeinten, aber mitunter taktlosen Bemerkungen des Schützen hüten. Doch meist rettet Ihr herzliches Wesen die Situation, und wenn Ihr Partner einfach nicht darüber lachen kann, wird er nicht mehr lange Freude an Ihnen haben. Zu viele Sexabenteuer warten auf Sie.

Jupiter schenkt Ihnen dieses abenteuerlustige Wesen wie auch Ihren immerwährenden Optimismus. Darum können Sie auch voller Zuversicht auf den Partner fürs Leben warten, sogar nach verschiedenen für Schützen so typischen Sprüngen ins Ungewisse, bei denen Sie

PRIORITÄT LIEBE					KÜHLE LEIDENSCHAFT					UMSTÄNDLICH				

GEEIGNETE GESCHENKE

Ein verlängertes Wochenende

•

Eintrittskarten für ein Rock-Festival

•

Wettschein beim Pferderennen

•

Das Parfum. Die Geschichte eines Mörders

Niederlagen erlitten haben. Auch das haben Sie Jupiter zu verdanken. Stets sind Sie zu einem Risiko oder zu Spekulationen bereit. Geht es schief, fallen Sie doch stets wieder auf die Füße und stürzen sich in etwas Neues.

Dieser philosophische Planet expandiert und wächst ständig. Sie brauchen eine umfassende Perspektive und suchen stets nach der tieferen Wahrheit. Zudem müssen Sie an etwas oder jemanden glauben können; das könnte sogar Ihr Partner sein. Da Jupiter zur spirituellen Suche neigt, ist es von größter Wichtigkeit, daß Ihr Partner spirituell auf der gleichen Wellenlänge liegt wie Sie. Schließlich brauchen Sie einen Begleiter auf Ihrer beständigen Suche, doch leider kann diese durch die negative Seite Jupiters zu einer Belastung für Ihre inneren Reserven werden. Jupiter neigt zu Extremen und Exzessen!

Von Bett zu Bett und von Beziehung zu Beziehung zu wechseln ist nur ein Aspekt Ihres spontanten, wechselhaften Wesens. Eine Ihrer schwierigsten Aufgaben in Beziehungen kann das Neinsagen sein. Dank Ihrer stürmischen, stolzen Unbedachtheit machen Sie mitunter Versprechungen, ohne die Konsequenzen genau bedacht zu haben. Wenn Sie dann zuviel anderes im Kopf haben, vergessen Sie die Versprechen einfach, und Ihre Mitmenschen fühlen sich im Stich gelassen.

Sie verlieben sich schnell. Oft sind Sie nur von jemandem verzaubert, doch das ist Ihnen nicht so wichtig; nur selten machen Sie da einen Unterschied, bis die Affäre dann vorbei ist. Ja, Sie lieben es, verliebt zu sein. Als ein eher nüchternes Sternzeichen zerbrechen Sie sich nicht den Kopf über die Zukunft. Sie genießen einfach leidenschaftlich den Augenblick.

Obwohl Sie gern schöne Stunden mit Ihrem Partner verbringen, vor allem an den Wochenenden im Grünen, brauchen Sie auch genü-

♂	FEUER	ERDE	LUFT	WASSER	LUST	LIEBE	KÜHL

Für einen Schützen muß alles aufregend und interessant sein. Das gilt auch für sein Liebesleben, daher entspricht ein romantischer Ausflug mit dem Partner absolut dem Abenteuergeist des Schützen.

gend Freiraum für anderes. Sie sind nicht dafür geschaffen, ununterbrochen mit Ihrem Partner zusammenzusein, nicht einmal am Anfang einer Beziehung. In der Öffentlichkeit zeigen Sie Ihre Liebe kaum – zu mehr als Händchenhalten lassen Sie sich nicht hinreißen. Privat äußern Sie aber Ihre sexuellen Gefühle unverblümt. Doch wenn Sie befriedigt sind, gehen Sie zur Tagesordnung über. Insgesamt streben Sie ein geradliniges Liebesleben voller Leidenschaft und mit einem Minimum an Streitereien an.

In der Liebe ist eines Ihrer Hauptprobleme, daß Sie ständig mehr wollen. Das nagende Gefühl, daß hinter der nächsten Ecke etwas noch Aufregenderes auf Sie warten könnte, läßt Sie nicht los – vielleicht eine neue, noch erotischere Romanze. Es bedarf einer starken Liebe, um Sie zu halten, aber wenn Sie sich einmal für einen festen Partner entschieden haben, bleiben Sie ihm für gewöhnlich treu.

Wenn Sie dann endlich eine Bindung eingegangen sind, muß es trotzdem für Sie aufregend bleiben. Sie unternehmen alles erdenkliche gegen Langeweile, die Ihnen ein Greuel ist. So fahren Sie ohne Ihren Partner in Urlaub oder gehen Ihren Hobbys nach, besonders wenn Interessenskonflikte bestehen.

23. NOV.
22. DEZ.

LEIDENSCHAFT	DIREKT	INDIREKT	AKTIV	PASSIV	PHYSISCH	MENTAL	EMOTIONAL

GEEIGNETE GESCHENKE

Mitgliedschaft in einem Sportclub

•

Hochwertige Freizeitkleidung

•

Wasserdichte Landkarten

•

Koffer

ROMANTISCHE GESTEN

Ein Flugticket irgendwohin

•

Reiseführer

Die erogenen Zonen des Schützen liegen im Bereich von Hüfte und Oberschenkel, vor allem an der Innenseite des Schenkels, wenn er zart gestreichelt wird.

Eine Massage ist ein gutes Mittel, um mit Ihrem Körper in Verbindung zu treten. Bitten Sie Ihren Partner, im Bereich der Hüfte und der Oberschenkel zu beginnen. Das wird Sie so stark erregen, daß möglicherweise für den Rest keine Zeit mehr bleibt.

Der Schütze liebt Flirts und Verführungen. Aufgrund Ihrer Freiheitsliebe und Ihres sportlichen Naturells gefällt Ihnen das prickelnde Gefühl bei der Eroberung. Heftiges Flirten mit einer flüchtigen Bekanntschaft kann schnell zu einer leidenschaftlichen Bettszene führen, muß aber nicht.

Sie mögen unkomplizierte, aufregende Bettgeschichten, die die stumpfe Routine vertreiben. Alles, was Sie aus dem grauen Alltag herausholt, ist von Herzen willkommen. Wenn Ihr Partner clever ist, wird er stets gut für langweilige Zeiten vorbereitet sein.

Ihr Idealpartner sollte spontan sein. Er sollte Sie unterhalten, mit Ihnen ausführlich diskutieren, mit Ihnen reisen und gleichmütig über alle Unannehmlichkeiten hinwegsehen, die damit verbunden sind. Außerdem sollte er mit Ihnen den Sportarten nachgehen, die Ihnen so viel Spaß machen. Mit anderen Worten: Der ideale Partner sollte Ihnen ständig etwas bieten können.

Sie sind kein besonders körperbetontes Zeichen, doch da Sie Veränderungen mögen, könnte Sie zur Abwechslung eine Massage oder ein bißchen Plantscherei in heißem Wasser durchaus in Fahrt bringen.

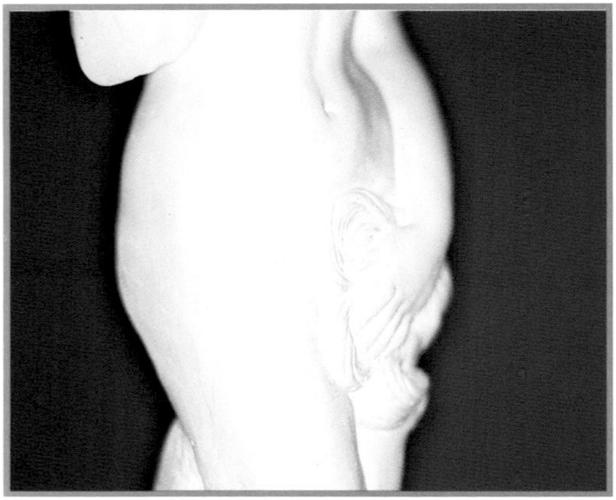

Zartes Streicheln an der Innenseite des Schenkels vom Knie aufwärts stimuliert die erogene Zone des Schützen.

♀	FEUER	ERDE	LUFT	WASSER	LUST	LIEBE	KÜHL

SCHÜTZE

23. NOV.
22. DEZ.

Der abenteuerlustige Schütze sucht ständig nach neuen sexuellen Herausforderungen und findet sie mitunter an ungewöhnlichen Orten.

Am meisten verabscheuen Sie es, wenn Sie einer vorgeschriebenen Routine folgen müssen; dann stellt sich bei Ihnen das Gefühl der Langeweile ein. Daher reizt Sie ein Partner, der einem festgelegten Ablauf beim Vorspiel folgt, nicht lange.

An Ihrem Partner können Sie Unehrlichkeit und Ausflüchte nicht leiden, obwohl Sie selbst die Wahrheit mitunter etwas zurechtbiegen, wenn Sie dadurch Ärger vermeiden können. Sternzeichen, die mit allen Mitteln ihr Ziel erreichen wollen, kommen bei Ihnen nicht weit und müssen sich bald anderweitig umsehen.

Schützen legen viel Wert auf ihre Privatsphäre, weshalb Sie übertriebene Annäherungsversuche in der Öffentlichkeit verabscheuen. Auch sollte Ihr Partner nicht ständig Forderungen an Ihre freie Zeit stellen, denn für den Schützen gibt es viele interessante Dinge zu tun.

Obwohl sie über Phantasie verfügen, stehen Sie mit beiden Beinen auf der Erde. Sie mögen sich vielleicht freudig vorstellen, wie es mit dieser sexy Flamme sein wird, wenn Sie sie endlich erobert haben, und wie Sie das Ereignis zu feiern gedenken, aber das wird gerade ein paar Minuten dauern, während andere Zeichen durchaus Stunden damit zubringen können.

LEIDENSCHAFT	DIREKT	INDIREKT	AKTIV	PASSIV	PHYSISCH	MENTAL	EMOTIONAL

APHRODISIAKA

Reisen
•
Exotika
•
Yohimbin
•
Eiscreme

Der Schütze fühlt sich zu Pferden hingezogen. Eine klassische Phantasie dieses Zeichens betrifft Pferde, Ställe und Strohballen. Aber Sie wetten eher auf Pferde, statt sich in deren Umgebung sexuell hinzugeben.

Alle Schützen reisen gern. Ein Flug zur Südsee oder zu anderen exotischen Reisezielen ist eine wunderbare Vorstellung für Sie.

Der Schütze liebt Sex im Freien. Bei Ihrer Liebe zur Natur und dem Drang nach Aktivitäten an der frischen Luft haben Sie zweifellos längst mehrere Lieblingsplätze auf Hügeln, im Wald, an plätschernden Bächen oder auf sonnigen Wiesen.

Wenn Sie es etwas bequemer wünschen, wie wäre es in einer hübschen Hütte im Wald? Oder mit einem wunderbar luxuriösen Erste-Klasse-Abteil im alten Orient-Expreß irgendwo in Südosteuropa? Oder in einem Zug, der gerade durch herbstlich bunte Wälder fährt? Vielleicht sogar in Ihrem Privatflugzeug? Doch am meisten liegen Ihnen heiße, exotische Orte, an denen ein reges Treiben herrscht möglichst Plätze von kulturellem oder architektonischem Interesse… Hauptsache weit weg von zu Hause.

Schützen sind sowohl für kurze Affären als auch für lang andauernde Ehen zu haben. Verlassen Sie aber Ihren Partner, dann tun Sie das in der Regel so umsichtig wie möglich. Doch es kann auch sein, daß Sie als Feuerzeichen ein heftiges Feuerwerk auslösen. Sie sagen, was Sie denken, und wenn Ihrem Partner das nicht paßt, diskutieren Sie es bereitwillig aus und machen sich anschließend aus dem Staub.

Ihre Affären sind für gewöhnlich kurzlebig, doch wenn Sie dann eine feste Bindung eingehen oder gar heiraten, bemühen Sie sich auch darum, daß es funktioniert. Sie geben Ihr Bestes, sollte es aber nicht gut gehen, hegen Sie auch keinen Groll und trennen sich, wenn es geht, in Freundschaft.

Zwillinge, Ihr gegenüberliegendes Zeichen, haben eine lockere Art, die Schützen mitunter fehlt. Sie dagegen lassen sich schnell von der Begeisterung mitreißen und verstricken sich zu tief in irgendwelche Dinge, die Sie interessieren. Von Zwillingen können Sie die Fähigkeit erlernen, gerade über der Oberfläche des Lebens zu tanzen.

ZEIT	KOMMUNIKATION	ERWIDERTE GEFÜHLE

Tina Turner wurde schon als »entfesselte Energie im Minirock« bezeichnet. Sie ist für Ihre wilden Bühnenauftritte und ihre rauhe Soul-Stimme berühmt. Ihr Löwe-Aszendent macht sie zu dem, wie die Welt sie sieht – zum Star, der alles hat. Bezüglich ihrer Liebesbeziehungen reflektiert ihre persönliche Geschichte jedoch eher die negative Seite des Schützen.

Mit 17 heiratete sie ihren Gesangspartner Ike Turner, von dem sie vier Söhne hat. 16 Jahre lang schlug, erniedrigte und quälte er sie, denn ihrer Freiheitsliebe zum Trotz verstricken sich Schützen mitunter in derartige Situationen.

Mit ihren vier Söhnen und 36 Cents in der Tasche verließ Tina schließlich das gemeinsame Haus. Sechs Jahre lang lebte sie von Lebensmittelmarken und Gelegenheitsjobs. In dieser harten Zeit hielt der buddhistische Glaube sie aufrecht – typisch für Schützen.

Als Solosängerin gelang ihr ein Comeback, da in ihrer Musik ihre stolze und sinnliche Persönlichkeit perfekt zum Ausdruck kommt. Ihr neuer Partner war der viel jüngere Manager ihrer Plattenfirma. Für einen Schützen nicht überraschend, ließen sich die beiden in einem anderen Land, nämlich in Deutschland, nieder.

Tina Turner ist als typischer Schütze eine stolze, sexuell anziehende Persönlichkeit.

Ein Film über ihr Leben trägt den Titel »What's Love Got To Do With It?« (»Was hat Liebe damit zu tun?«). Eine passende Überschrift für diesen mutigen Schützen.

GEISTIGE BEZIEHUNG	STABILITÄT	EHERING

SEX OHNE BINDUNG	WILDER SEX	LANGSAME VERFÜHRUNG

OBWOHL DEM STEINBOCK EINE ERDNAHE SINNLICHKEIT EIGEN IST, KANN ER ZURÜCKHALTEND REAGIEREN, WENN ES ZUR SACHE GEHT. ER WARTET LIEBER AUF DEN RICHTIGEN PARTNER, WEIL ER DIE LIEBE ERNST NIMMT. DER JUNGE STEINBOCK IST EHER NÜCHTERN, DOCH KOMMT MIT DEN JAHREN EIN BÖCKCHEN ZUM VORSCHEIN, DAS IMPULSIV DIE GIPFEL DER LUST ERKLIMMT.

♑

Die Verbindung der kardinalen Eigenschaften mit dem Erdelement schafft eine unerschütterliche Verläßlichkeit und ein ausgeprägtes Pflichtbewußtsein. Daher rührt auch Ihr vorsichtiger Umgang mit körperlichen Belangen. Das kardinale Element will etwas in Bewegung setzen, deshalb haben Sie einen starken und dauerhaften Sexualtrieb, doch das negative Erdelement hält Sie zurück und gibt Ihnen die feste Kontrolle über Ihre Libido. Beim Gedanken an Sex sind viele Steinböcke verkrampft. Sie haben das Gefühl, etwas Falsches zu tun. Dafür ist zum Teil Saturn mit seinem erhobenen Zeigefinger verantwortlich. Hinzu kommt die erdbedingte Trennung, die Sie zwischen Ihrem Körper und Ihren sexuellen Gefühlen erleben.

Hinter Ihrer Ernsthaftigkeit und Ihrer Unfähigkeit zum Gefühlsausbruch steht der Konflikt zwischen negativem Zeichen und Erdelement. Sie stoßen beim Sex lieber unverständliche Laute aus, als verbal zu kommunizieren. Als negatives Zeichen benötigen Sie einen Austausch von Gefühlen, während Sie als Erdelement Hemmungen haben, Ihre Gefühle zu zeigen. Seufzer sind ein akzeptabler Kompromiß.

Trotz Ihres nüchternen Wesens verfügen Sie über eine charmante ausgleichende Eigenschaft: einen bissigen Sinn für Humor. Viele Sternzeichen schätzen auch Ihre geduldige Ausdauer.

♑

Saturns Einfluß läßt den Steinbock frühzeitig reif wirken. Sie nehmen in der Jugend das Leben sehr ernst und verfügen über eine Weisheit, die nicht Ihrem Alter entspricht. Dabei haben Sie häufig das Gefühl, eine schwere Last zu tragen. Mit zunehmender Reife wachsen Sie in diese Weisheit hinein, und es überkommt Sie

PRIORITÄT LIEBE	KÜHLE LEIDENSCHAFT	UMSTÄNDLICH

♑

GEEIGNETE GESCHENKE

Eine Kiste Portwein

•

Eine exklusive Aktentasche aus Leder

•

Geld

•

Klassische Musik-CDs

•

Technisches Spielzeug

eine bis dahin völlig unbekannte »Leichtigkeit des Seins«.

Saturn ist ein vorsichtiger Planet. Wenn Sie sich Ihres Partners nicht ganz sicher sind, ist es unwahrscheinlich, daß Sie sich auf ein sexuelles Abenteuer einlassen. Doch als sehr geduldiger Mensch können Sie auf den richtigen Partner warten. Wenn Ihnen ein potentieller Partner begegnet, streben Sie Ihrem Ziel mit großer Ernsthaftigkeit zu. Aufgrund Saturns Einfluß ist es schade um den unbedachten Partner, wenn ihn im falschen Moment das Verlangen überkommt!

♑

Es gibt drei Steinbock-Typen. Zuerst wäre da der häusliche Typ. Sie sind zufrieden, einen Partner zu finden und sich mit diesem niederzulassen. Innerhalb der Beziehung ist Ihr Sexualtrieb stark und beständig. Sie streben weder nach fernen Horizonten noch versuchen Sie, sich selbst zu finden.

Dann gibt es den ehrgeizigen, gipfelstürmenden Steinbock, der entschlossen dem Erfolg entgegenstrebt. Sie suchen einen Partner, der Ihnen auf dem Weg nach oben zur Seite steht. Aber auch wenn Sie alles erreicht haben, sind Sie nie ganz glücklich.

Schließlich gibt es den nach innen gekehrten Steinbock. Sie bewegen sich zwischen der Außenwelt und der Welt Ihres Unterbewußtseins. Sie wollen die Psyche ergründen, sind aufgeschlossen, verständnisvoll und wissen, wie Sie zu Ihrer Erfüllung finden.

♑

Steinböcke verlieben sich nur sehr zögernd. Die physische Anziehungskraft wird stärker, das gegenseitige Vertrauen entwickelt sich, und möglicherweise wird Ihnen auf einmal klar, daß Sie bis über beide Ohren verliebt sind. Wenn Sie einmal eine Bindung eingehen, ist die Loyalität Ihrem Partner gegenüber unerschütterlich.

Es bereitet Ihnen Schwierigkeiten, Ihre Zuneigung offen zu zeigen. Beim Sex ist alles in Ordnung. In einer festen Beziehung können Sie sich gehen lassen. Doch wenn Sie Ihre Gefühle im normalen Alltag ausdrücken sollen, sind Sie etwas gehemmt. Lieber ziehen Sie sich in Ihr Schneckenhaus zurück. Ihrem Partner sollte klar sein, daß sich eine solche Reaktion nicht etwa aus einem Mangel an Gefühlen ergibt, sondern aus einer gewissen Scheu. Von Gefühlen überwältigt zu werden macht Ihnen Angst. Sie wissen einfach nicht, wie Sie sich verhalten sollen. Und es fällt Ihnen auch nicht leicht,

	FEUER	ERDE	LUFT	WASSER	LUST	LIEBE	KÜHL
♂							

Der Steinbock geht Beziehungen langsam an, doch er ist ein sehr zuverlässiger Partner.

diese Unsicherheit zum Ausdruck zu bringen. Jeglicher Gefühlsüberschwang ist Ihnen unangenehm, auch wenn es freudige Gefühle sind. Eine Geste der Zuneigung wie beispielsweise ein Geschenk liegt Ihnen mehr, als einfach »Ich liebe dich« zu sagen.

♑

Zwischen dem männlichen und dem weiblichen Steinbock gibt es einen beträchtlichen Unterschied. Steinbock-Frauen fällt es leichter, in ihr Inneres zu blicken und zu ergründen, was sie auf emotionaler Ebene zur Erfüllung brauchen. Die Sicherheit einer festen Beziehung bedeutet für sie Befriedigung. Sex und Sinnlichkeit gehören dazu. Sie versuchen, den emotionalen, empfänglichen Teil ihres Wesens zu verstehen.

Die meisten Steinbock-Männer können mit ihrer empfänglichen, passiven Seite nicht umgehen. Sie wollen die Kardinalenergie ausleben, was sich in einer sexuellen Eroberung oder in karrierebezogenem Ehrgeiz im Beruf äußern kann. Wenn sie im Bereich sexueller Bedürfnisse und Gefühle von ihrem inneren Wesen eingeholt werden, verlieren sie den Boden unter den Füßen.

♑

Die erogenen Zonen des Steinbocks sind die Knie. Zartes Streicheln der Kniekehlen kann

LEIDENSCHAFT	DIREKT	INDIREKT	AKTIV	PASSIV	PHYSISCH	MENTAL	EMOTIONAL

♑

GEEIGNETE GESCHENKE

Schön verpacktes, klassisches Parfüm

•

Leder-gebundene Ausgabe des »Satyricon«

•

Antiker Schmuck

ROMANTISCHE GESTEN

Ein großes Ziegen- oder Bärenfell als Bettvorleger

•

Eine Reise zum Tadsch Mahal

sehr anregend wirken. Viele Steinböcke sind auch an Bauch, Händen und Unterarmen sehr empfindlich. Eine leichte Massage dieser Bereiche bringt sie schnell auf Touren.

♑

Steinböcke mögen die klassischen Werberituale. Eine förmliche Vorstellung und eine erste Verabredung im richtigen Rahmen sind Ihnen wichtig. Sie legen Wert auf die äußere Form im Restaurant und akzeptieren eine Einladung zum Kaffee erst nach mehreren Treffen.

Der Steinbock muß das Gefühl haben, die Kontrolle zu behalten – über sich selbst und über das, was vorgeht. Es macht Ihnen Angst, sich der Leidenschaft hinzugeben, darum wollen Sie Ihrem eigenen Tempo folgen. Es dauert sehr lange, bis Sie Ihrem Partner volles Vertrauen schenken. Sie bauen dieses Vertrauen ganz langsam auf, während Sie sich immer besser kennenlernen. Wenn Sie sich sicher fühlen, gehen Sie zur Erkundung der physischen Seite über. Beim Liebesakt lassen Sie sich gern viel Zeit. Gehetzt zu werden macht Sie nervös.

Sie drücken Ihre Gefühle aus, indem Sie Ihren Partner fest umarmen. Damit wollen Sie einen sicheren Raum schaffen, in dem sich die Partner gegenseitig erforschen können. Die Umarmung ist Ausdruck des Vertrauens. Dabei soll es sich nicht bloß um eine Vorstufe handeln, die schnell absolviert werden muß. Für Sie geht es um eine wichtige Etappe in der Beziehung.

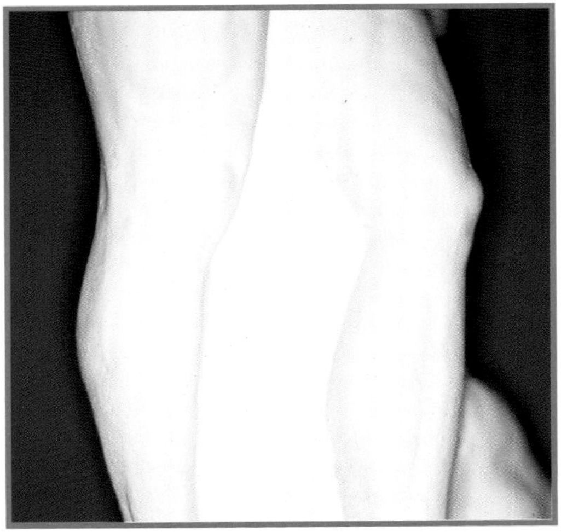

Die erogenen Zonen des Steinbocks sind die Knie. Das Streicheln der Kniekehlen kann hocherotisch wirken.

Sorgfältig ausgewählte Geschenke oder überlegte Gesten Ihres Partners versichern Sie seiner Liebe mehr als Worte oder körperliche Zuwendung.

♀	FEUER	ERDE	LUFT	WASSER	LUST	LIEBE	KÜHL

♑

Da Sie gerne die Kontrolle haben, mögen Sie es nicht, wenn man Sie zum Sex nötigt. Auch verstohlenem Sex oder Quickies können Sie normalerweise nichts abgewinnen, doch gelegentlich lassen Sie sich durchaus dazu hinreißen.

Viele Steinböcke haben eine Abneigung dagegen, beim Sex den Partner hinter sich zu haben. Sie fühlen sich dabei nicht einbezogen und haben das Gefühl, der Partner befriedige ein Bedürfnis, statt seiner Zuneigung oder Liebe Ihnen gegenüber Ausdruck zu verleihen. Für Sie ist das »losgelöster Sex«, doch Sie wollen »Liebe« machen.

♑

Bei Ihrer nach innen gerichteten Wahrnehmung haben Sie wahrscheinlich auch eine blühende Phantasie. Diese würden Sie allerdings nie zugeben. Sie ist ein gut gehütetes Geheimnis, und Ihre Privatsphäre ist Ihnen heilig. Diese Phantasien müssen nicht unbedingt sexueller Natur sein. Bei Ihrem Karrierestreben können sich solche Phantasien durchaus um berufliche Ziele und Geld drehen. Doch wenn Ihre Phantasien auf Sex ausgerichtet sind, träumen Sie von derben, leidenschaftlichen Affären.

So könnte Sie die Vorstellung des Büros eines Vorstandsvorsitzenden in einer multinationalen Firma mit einer willigen Sekretärin (bei Steinbock-Frauen in der Umkehrung) auf dem Verhandlungstisch reizen.

Da die Phantasie Gelegenheit gibt, etwas anderes auszuprobieren, können Sie sich vorstellen, wie Sie von unkontrollierbarer Lust mitgerissen werden oder sich von der entfesselten Leidenschaft eines Partners überwältigen lassen.

Die Phantasien des Steinbocks kreisen oft um den Tisch im Konferenzraum der Firma, wobei er die Kontrolle behält.

LEIDENSCHAFT	DIREKT	INDIREKT	AKTIV	PASSIV	PHYSISCH	MENTAL	EMOTIONAL

♑

APHRODISIAKA

Geld
•
Uniformen
•
Kaviar
•
Edle Weine

♑

Ihre Rendezvous sollten in einer Umgebung von unauffälligem Luxus stattfinden. Die Penthouse-Suite in einem Fünf-Sterne-Hotel steht in der Wertschätzung der meisten Steinböcke ziemlich weit oben. Ein hübsches Hotel im Kolonial- oder Landhausstil, besonders wenn dort ein Himmelbett steht, oder ein exklusiver Club auf einer kleinen Insel wären aber auch ganz passend. Solange die Atmosphäre angenehm und der Service erstklassig ist, werden Sie mehr als zufrieden sein.

Für nüchternere und bodenständigere Steinböcke kann schon das Bügelbrett seinen Reiz haben. Aber für die abenteuerlustigen geht nichts über ein gemütliches Chalet, knisterndes Kaminfeuer und einen atemberaubenden Ausblick. In diesem Ambiente kann der Steinbock seine Vorsicht vergessen und sich auf dem Fell vor dem Kamin ausstrecken, um einen Abend voller Leidenschaft zu genießen.

♑

Da Sie flüchtige Beziehungen nur mit großer Skepsis eingehen, beenden Sie eine Affäre beim ersten Anzeichen dafür, daß die Dinge nicht Ihren Erwartungen entsprechen.

In festen Beziehungen kommt Ihr Konservatismus zum Vorschein. Sie schätzen Pflichtgefühl und Verantwortungsbewußtsein und stehen Ihrem Partner unter jeglichen Umständen zur Seite; daher fällt es Ihnen auch schwer, eine Beziehung zu beenden. Sie gehen nur widerwillig und werden alles tun, um den Bruch wieder zu kitten. Vor allem, wenn Sie Kinder haben, fühlen Sie sich verpflichtet zu bleiben. Wenn Sie sich aber einmal dazu durchgerungen haben, wird die Trennung endgültig sein.

Wird die Beziehung nur noch formal aufrechterhalten, haben Sie sich vielleicht heimlich eine/n Geliebte/n zugelegt, ansonsten sind Sie jedoch treu. Werden Sie betrogen, können Sie vergeben und wollen die Beziehung, besonders eine Ehe mit Kindern, fortführen.

♑

Ihr gegenüberliegendes Sternzeichen, der Krebs, ist weitaus emotionaler als Sie. Von ihm können Sie lernen, sich nicht vor Ihren Gefühlen zu fürchten. Wenn Sie die emotional verletzliche Seite Ihres Wesens akzeptieren lernen, brauchen Sie sich nicht mehr so sehr vor Ihren Gefühlen oder denen anderer Menschen zu schützen. Sie können auch lernen, mit Ihrer fürsorglichen Seite besser umzugehen.

ZEIT	KOMMUNIKATION	ERWIDERTE GEFÜHLE

♑

Schah Dschahan war der indische Großmogul, der das Tadsch Mahal erbauen ließ. Obwohl er nur der drittälteste Sohn war, strebte er die Krone an. Er heiratete die Nichte der Lieblingsfrau seines Vaters und gewann durch diesen geschickten Schachzug Einfluß bei Hof. Die Unterstützung eines Onkels garantierte ihm den Thron nach dem Tod seines Vaters. Er tötete sogar seine Brüder – ein Steinbock kann auf dem Weg zur Macht skrupellos sein.

Als seine Lieblingsfrau, Mumtaz-i Mahal, im Kindbett starb, errichtete er ihr zum Andenken das wunderbare Tadsch Mahal. Es war Ausdruck seiner Trauer und seiner Hoffnung für ihre unsterbliche Seele. Sie hatte ihm 14 seiner Kinder geschenkt, und 17 Jahre waren sie unzertrennlich gewesen. Sie hatte ihn auf seinen Feldzügen begleitet und ihm Ratschläge in politischen Fragen gegeben. Da Mumtaz gewünscht hatte, daß die Welt von ihrer großen Liebe erfuhr, ließ ihr Mann das Tadsch Mahal erbauen.

Es dauerte 22 Jahre, bis das Bauwerk voller erlesener Marmorreliefs und kostbarer Halbedelsteine fertiggestellt war. Ursprünglich wollte Schah Dschahan ein Zwillingsmausoleum in Schwarz erbauen, das sein eigenes Grab aufnehmen sollte. Doch einer seiner Söhne ergriff die Macht, tötete seine Brüder und setzte Schah Dschahan an einem Ort gefangen, von dem aus er für den Rest seines Lebens auf das Andenken seiner Frau blicken konnte. Seine Lieblingstochter wurde mit ihm eingesperrt.

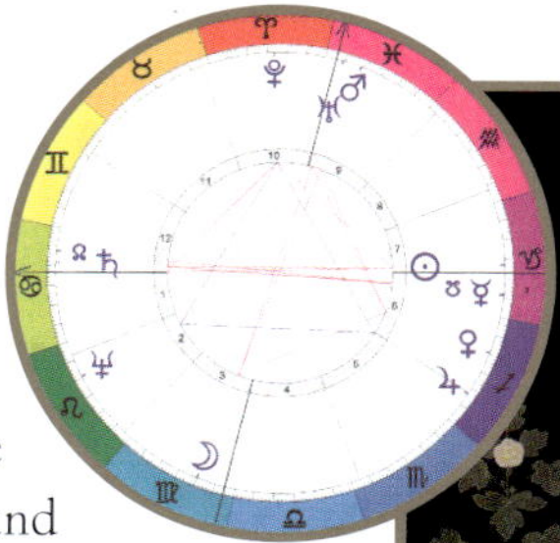

Der indische Kaiser Schah Dschahan, ein Steinbock, vollbrachte die romantischste Tat aller Zeiten, indem er seiner geliebten Frau zum Andenken das Tadsch Mahal bauen ließ.

GEISTIGE BEZIEHUNG	STABILITÄT	EHERING

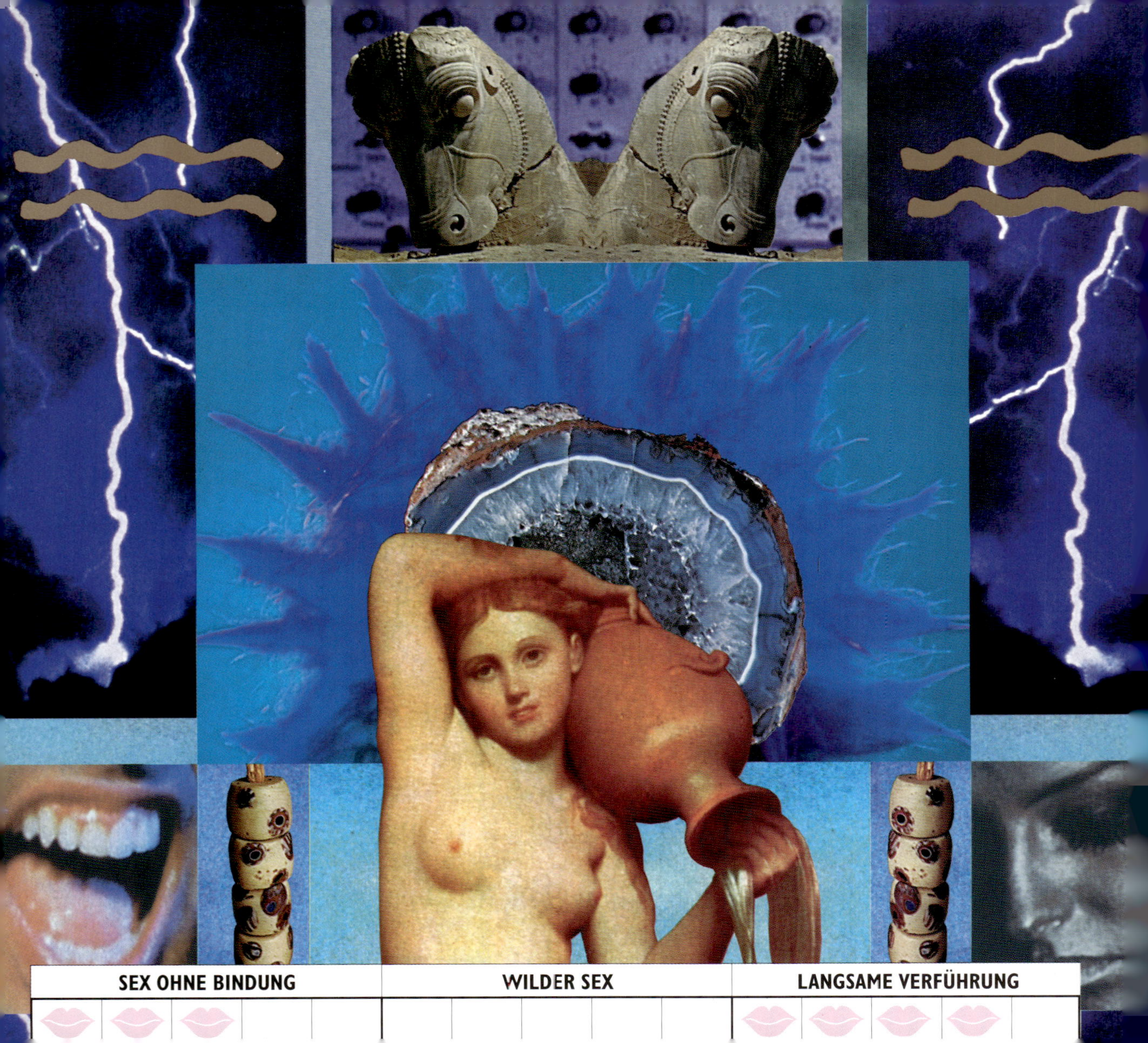
SEX OHNE BINDUNG
WILDER SEX
LANGSAME VERFÜHRUNG

DER WASSERMANN SCHÄTZT SEINE UNABHÄNGIGKEIT UND HANDELT GERN AUF SEINE UREIGENE WEISE. VIELE SEINER SEXUELLEN AFFÄREN SPIELEN SICH NUR IM KOPF AB. OBWOHL ER SICH FÜR DIE MENSCHHEIT ALS GANZES EINSETZT, IST ER BEI MENSCHLICHEN BEGEGNUNGEN OFT RATLOS.

Sie gehören einem Sternzeichen mit globalem Bewußtsein an, das sich als Teil der gesamten Menschheit fühlt. Daher ist es für Sie nicht leicht, Ihr Interesse auf einen einzelnen Menschen zu konzentrieren. Sie würden gern über allem schweben und auf die Welt hinunterblicken.

Fixzeichen und Luftelement sind ein Widerspruch in sich. Luft muß sich bewegen können, wohin sie will. Das fixe Element ist vorsichtig und will bei Altbekanntem verweilen. Sie befinden sich deshalb in einem gewissen Trott, der nicht im selben Takt wie der der übrigen Menschheit verläuft. Sie machen alles anders, auch wenn dies Ihren Interessen zuwiderläuft. Wie alle Luftzeichen haben Sie kaum Zugang zu Ihren Gefühlen.

Mit Uranus als zweitem Herrscherplaneten sind Sie den anderen immer einen Schritt voraus. Gibt es etwa einen neuen sexuellen Trend, dann haben Sie ihn bereits ausprobiert. Für andere Sternzeichen ist es schwierig, Ihr exzentrisches Verhalten nachzuvollziehen – manchmal auch für Sie selbst. Sie sind hin- und hergerissen zwischen dem Wunsch nach einer Beziehung und dem Bedürfnis, ungebunden zu bleiben. Das Verlangen des Luftelements nach Freiraum ist immens, doch Ihr fixes Wesen will sich fest binden. Wenn Sie jemanden verführen wollen, ringen die beiden Seiten Ihres Wesens im Innern miteinander. Sie schwanken zwischen der Anziehungskraft und der inneren Ablehnung. Bis Sie den richtigen Partner finden, mit dem Sie zusammenbleiben, werden Sie viele flüchtige Affären haben.

Saturn und Uranus sind Ihre herrschenden Planeten. Das ist eine schwierige Konstellation, da diese beiden Planeten völlig gegensätzlich sind. Daraus entsteht ein verwir-

PRIORITÄT LIEBE	KÜHLE LEIDENSCHAFT	UMSTÄNDLICH

♒

GEEIGNETE GESCHENKE

Eintrittskarten für eine bis morgens geöffnete Disco

•

Ein großer Amethyst

•

Jahresbedarf an Antioxydationsmitteln

•

Internet-Talkline-Abo

•

Eine Kiste Bio-Wein

•

Bildschirmtelefon

•

Kleider der nächsten Modesaison in dieser Saison

Die Frau auf dem Bild »Der Kuß« von Gustav Klimt scheint die Ambivalenz des Wassermanns hinsichtlich Liebe und Sexualität auszudrücken. Sie neigt sich liebevoll zum Partner und legt ihre Hand zart auf die seine, doch dann dreht sie den Kopf weg, als mache sie die Leidenschaft des Partners ängstlich oder unsicher.

rendes Freiheits-Bindungs-Dilemma. Saturn hebt den Zeigefinger und warnt: »Wage es nicht!«, während Uranus drängt und Sie auffordert: »Nimm es dir!«

Erfüllt von Liebe und Frieden, aber durch die bizarren Energien von Uranus etwas aus dem Tritt geraten, erwachen Sie möglicherweise neben einem neuen Partner und wissen nicht, ob Sie mit ihm geschlafen haben. Unter Saturns Einfluß, Ihrem traditionellen Planeten, müssen Sie sich in bestimmten Grenzen bewegen und den Erwartungen der Gesellschaft entsprechen. Das ist für Uranus, den geborenen Rebellen, unmöglich. Dieser innere Konflikt belastet Sie mit nervöser Energie, die Sie verzweifelt irgendwo abzulassen versuchen. Sex ist eine Möglichkeit, diese Energie zu entladen, Saturn aber mißbilligt sie. Ihr Sternzeichen erfand die freie Liebe, aber Sie wissen nicht so recht, was Sie damit anfangen sollen.

Dank des Einflusses von Uranus sind Sie phantasievoll und abgedreht, ja ein revolu-

♂	FEUER	ERDE	LUFT	WASSER	LUST	LIEBE	KÜHL
			👄		👄	👄	👄

tionärer Freidenker. Wenn Sie die Hemmungen Saturns abstreifen und Uranus die Oberhand lassen, könnte Ihr Bedürfnis nach perversem Sex konventionellere Sternzeichen schokkieren. Bei Ihrer magnetischen Energie können Sie Menschen mit der Fingerspitze berühren und so elektrisieren. Gleichzeitig errichten Sie mental eine Mauer um sich herum, die die Menschen von Ihnen fernhält. Seltsamerweise sind Sie aber, wenn Sie den passenden Partner finden, sehr treu. Der Einfluß von Saturn und Ihre ganze Originalität dienen nun dazu, Ihr Sexualleben abwechslungsreich zu gestalten.

♒

Sie haben keinen Zugang zu Ihren eigenen Gefühlen. Diese verkörpern etwas Eigenständiges, das es zu analysieren und intellektuell zu begreifen gilt. Doch paßt das nicht zur Intimität. Dazu ist eine enge Verbindung zu einem anderen Menschen und zu Ihrem eigenen Inneren erforderlich.

♒

Das Luftelement und die von Uranus geprägte Seite Ihres Wesens haben vor der Liebe eine gewisse Angst. Eine feste Bindung ist ein schwerer Schritt für Sie, und doch ist es das, was die fixe, von Saturn beherrschte Seite anstrebt. Daher erleben Sie Ihre erste Liebe mit einer gewissen Beklommenheit. Auch wenn Sie vielleicht sofort ein Treffen vorgeschlagen haben, warten Sie, daß der Partner den eigentlichen ersten Schritt tut – schließlich möchten Sie keine Risiken eingehen. Wenn Sie sich dann endlich auf eine feste Bindung einlassen, geht das Schritt für Schritt vor sich.

Ihr fixes Naturell genießt es, verliebt zu sein. Nach all den inneren Konflikten bedeutet es eine Erleichterung, endlich zur Ruhe zu kommen. Unter der erfahrenen Anleitung des richtigen Partners können Sie auch zu einer liebevollen Körperlichkeit finden. Sie können Ihrem starken Sexualtrieb freien Lauf lassen, und falls Sie mit Ihrem Partner zurechtkommen, gehen Sie auch kaum fremd.

Dem Wassermann gefällt der Gedanke an eine Seelenverwandtschaft, an jemanden, der sein Leben perfekt macht. Sie könnten jedoch herausfinden, daß Seelenverwandtschaften nicht immer derartigen Vorstellungen entsprechen. Aber dann sind Sie bereits so heftig verliebt, daß es Sie auch nicht mehr stört.

In einer festen Beziehung sind Sie treu und loyal. Ihr Partner sollte Ihnen genügend persönlichen Freiraum und die Möglichkeit zu-

LEIDENSCHAFT	DIREKT	INDIREKT	AKTIV	PASSIV	PHYSISCH	MENTAL	EMOTIONAL

GEEIGNETE GESCHENKE

Ethno-Schmuck
•
New-Age-Bücher über Beziehungen
•
Eine Reise nach Bali

gestehen, Ihren eigenen Interessen nachzugehen. Wenn die Beziehung zu intensiv wird, ziehen Sie sich vielleicht in Ihre Gedanken zurück. Läßt der Druck nach, sind Sie wieder da.

Die erogenen Zonen des Wassermanns sind die Waden und die Knöchel. Werden diese gestreichelt, dann muß die Berührung sanft sein. Wie alle Luftzeichen mögen Sie nichts Heftiges.

Eine leichte Massage mit duftenden Ölen ist genau das richtige für Sie, ebenso das Streicheln am ganzen Körper. Ein zärtlicher Partner kann Sie damit in Ekstase versetzen.

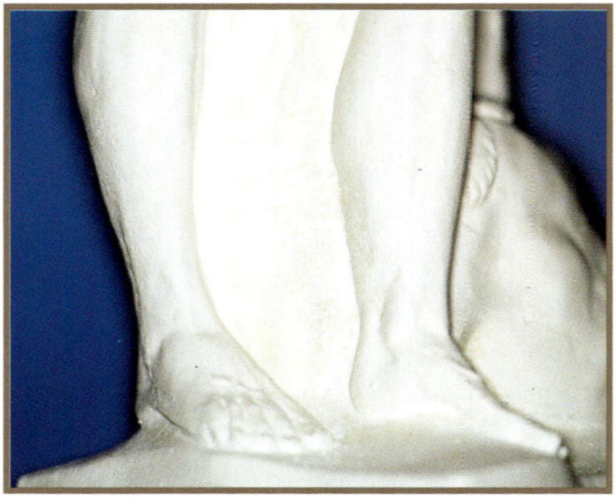

Waden und Knöchel sind die erogenen Zonen des Wassermanns, besonders wenn sie sanft gestreichelt werden.

Der Wassermann ist ein freiheitsliebendes Zeichen mit einem ausgeprägten Bedürfnis nach Freiraum. Sie lassen sich gern auf die Ehe ein, solange Ihnen genügend Zeit bleibt, um Ihre vielen Interessen zu pflegen. Bei einem Partner, der Ihre vielseitigen Aktivitäten teilt, fühlen Sie sich besonders wohl. Die geistige Vereinbarkeit ist Ihnen wichtiger als geteilte Gefühle. Bei zu starken physischen Ansprüchen ziehen Sie sich tief in Ihr Schneckenhaus zurück. Auch bei emotionalen Ausbrüchen fühlen Sie sich unwohl. Daher schätzen Sie jemanden, der auch in der Öffentlichkeit locker und liebevoll mit Ihnen umgeht.

Sie folgen gern ungestört Ihrem eigenen unkonventionellen Weg. Wer Sie in die Konformität drängen will, wird damit kein Glück haben. Sie können sehr dickköpfig sein, denn Sie wissen, was Sie mögen, und halten daran fest.

Sie verabscheuen Nörgeleien, Kritik oder wenn Ihnen jemand vorschreibt, was Sie tun sollen. Damit wird man bei Ihnen garantiert das Gegenteil erreichen.

♀	FEUER	ERDE	LUFT	WASSER	LUST	LIEBE	KÜHL
			👄			👄	👄

Die Phantasien des Wassermanns sind bizarr und weltfremd. Dieses freiheitsliebende Sternzeichen wäre glücklich, mit den geheimnisvollen Delphinen umherschwimmen zu können.

Sie hassen es auch, eingeschränkt zu werden. Obwohl Sie von Natur aus in einer Beziehung treu sind, kann Sie ein besitzergreifender Partner vertreiben. Ein Partner, der Ihnen beim Sex physische Einschränkungen auferlegen will, kann Sie möglicherweise an Ihre Belastungsgrenze bringen. Sogar das Körpergewicht des Partners, der auf Ihnen liegt, kann Ihnen schon zuviel werden.

♒

Die Phantasie des Wassermanns ist lebendig und einfallsreich. Als Luftzeichen spielt sich bei Ihnen viel im Kopf ab, daher sind Tagträumereien und Phantasien bei Ihnen an der Tagesordnung. Bei Ihrem innovativen Geist werden Sie eine Phantasie kaum zweimal durchleben, obwohl Ihr fixes Wesen vielleicht gern auf ein oder zwei Lieblingsphantasien zurückgreift.

Sie experimentieren gern, und in Ihrer Phantasie können Sie ein abartiges Szenario veranstalten, ohne den Partner zu sehr zu schockieren (obwohl Sie es möglicherweise später in der Realität gern umsetzen würden).

Der Wassermann hat etwas an sich, was irgendwie nicht von dieser Welt ist. Ihre Phantasien können sich um außerirdische Welten mit phantastischen Landschaften drehen; Szenen mit Aliens sind nichts Ungewöhnliches. Als Alternative zu den Geschichten über Entführungen durch Außerirdische könnten Sie

LEIDENSCHAFT	DIREKT	INDIREKT	AKTIV	PASSIV	PHYSISCH	MENTAL	EMOTIONAL

APHRODISIAKA

Marihuana
•
Weihrauch
•
Körpermalerei
•
Technomusik

sich vielleicht vorstellen, einen Außerirdischen zu finden und Ihre eigenen sexuellen Experimente an ihm durchzuführen…

Delphine haben eine große Ähnlichkeit mit Wassermännern. Zuerst schwimmen Sie mit einem, dann in eine andere Richtung.

Ihr Lieblingsplatz? Sexuell aufregend könnten für Sie Stonehenge oder andere antike heilige Orte sein – etwa Pyramiden oder Schlangenhügel. Umgeben von Kristallen und Kerzen hoffen Sie, die Tür zu einer anderen Welt aufzustoßen… Dann wäre da noch dieses außerirdische Raumschiff… oder ein Hanffeld in der Türkei oder in Afghanistan, Opiumhöhlen in Ostasien… ein anderer Planet… alles, was Sie weit von dieser Welt fortbringt.

Entweder haben Sie eine flüchtige Affäre, oder Sie finden den Partner fürs Leben – dazwischen gibt es nicht viel. Ihre Planeten bieten Ihnen zwei Möglichkeiten, wie Sie eine Beziehung beenden können. Wie Ihr Abgang dann tatsächlich ausfällt, hängt davon ab, welcher Planet den stärkeren Einfluß hat und wie lange Sie das Problem bereits verdrängt haben, denn Ihr fixes Wesen neigt dazu, emotionale Schwierigkeiten zu ignorieren, bis sie unerträglich werden.

Saturn trennt sich nur widerwillig und bleibt daher solange wie möglich. Da dieser Planet sehr pflichtbewußt ist, haben Sie zuweilen das Gefühl, eine Eisenkugel an einer Kette am Fuß herumzuschleppen. Sie versuchen daher, an der Vergangenheit festzuhalten, und beenden eine Beziehung nur sehr, sehr langsam.

Uranus hingegen verschwindet unvermittelt. Er ist der Planet des plötzlichen Umbruchs. Unter seinem Einfluß brechen Sie vollkommen mit Ihrer Vergangenheit. Sie gehen aus der Tür, ohne sich noch einmal umzudrehen, und fangen wieder von vorn an.

Der Löwe, Ihr Gegenüber, ist ein offenes und warmherziges Sternzeichen mit einer fast kindlichen Einstellung zum Sex. Vom Löwen können Sie lernen, sich zu entspannen und hin und wieder verspielter zu sein. Das lockert Ihr Sexualleben etwas auf und holt Sie aus der Reserve. Wenn Ihnen etwas Spaß macht, werden Sie viel gelöster sein. So bringt der Löwe Ihnen auch etwas über den Umgang mit Intimität bei.

ZEIT					KOMMUNIKATION					ERWIDERTE GEFÜHLE				

Yoko Ono brachte mit ihren »bed-ins« für den Frieden eine andere Seite von John Lennon zum Vorschein.

Yoko Ono, eine berühmte »Wasserfrau«, hat einen vielseitigen kulturellen Hintergrund. Ihr Vater lebte im Westen, und sie bekam ihn die ersten drei Jahre ihres Lebens nicht zu Gesicht. Dann zog die ganze Familie in die USA, behielt aber ihr Haus in Japan. Diese Diskrepanz zwischen der elterlichen Kultur und der neuen Wahlheimat äußerte sich später in ihrer Karriere als Avantgarde-Performance-Künstlerin.

Auf einer ihrer Kunstausstellungen lernte sie John Lennon kennen. John Lennon glaubte, sein geistiges Gegenstück gefunden zu haben, die Verkörperung all seiner Träume. Während der Rest der Welt eine seltsame Frau mit einer widerspenstigen Mähne sah, erblickte er seine orientalische Prinzessin. Die beiden heirateten, obwohl »wir vom Kopf her nicht an die Ehe glaubten, aber man liebt ja nicht nur mit dem Kopf«. Einige Tage später hielten die beiden in Amsterdam ihr berühmtes »bed-in« für den Frieden ab. Der Frieden ist ein Konzept der Waage (Lennon), die Art der Demonstration jedoch war typisch Wassermann. Er ist jeder Modeströmung weit voraus, und Yoko Ono wußte genau, wie sie ihre Beziehung und die Weltpresse einsetzen mußte, um die größtmögliche Publicity zu erhalten.

Auch nach ihrer Heirat behielt Yoko Ono als echte »Wasserfrau« ihre eigene Persönlichkeit. Nachdem die Beatles sich getrennt hatten, lebten sie und John in Amerika. Zunächst experimentierte sie mit bizarrer Musik, doch nach der Geburt ihres Sohnes führte Yoko das Imperium, während John Hausmann wurde. Wassermänner wollen eben stets anders sein.

GEISTIGE BEZIEHUNG	STABILITÄT	EHERING

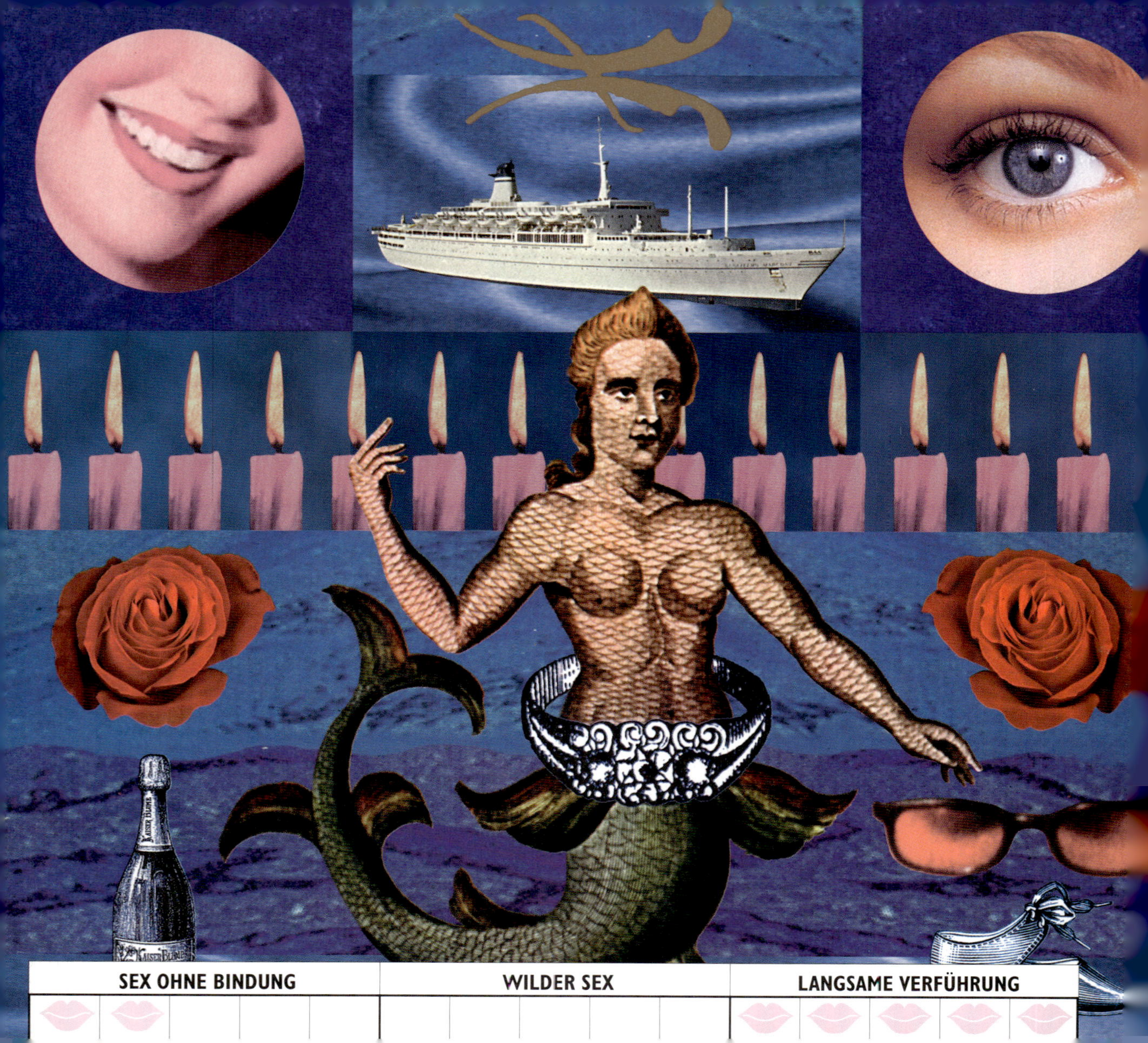
SEX OHNE BINDUNG
WILDER SEX
LANGSAME VERFÜHRUNG

VERLIEBTE FISCHE VERLIEREN SICH IN EKSTATISCHEN TRÄUMEN. UND DA LIEBE UND SEX IN IHREN AUGEN DASSELBE IST, DREHT SICH IN IHRER PHANTASIE ALLES UM SEX. DER FISCH IST VERFÜHRERISCH UND ROMANTISCH, ER SIEHT KEINE GRENZE ZWISCHEN SICH UND DEM PARTNER. LEIDER ENTPUPPT SICH SEIN TRAUM HÄUFIG ALS BLOSSE ILLUSION.

Für die unheilbaren Romantiker unter dem Zeichen der Fische sind Liebe und Sex miteinander verflochten. Wollen Sie eine sexuelle Beziehung, dann müssen sie verliebt sein.

Da Sie ein poetischer Liebhaber sind, mag Ihr Partner diese Beziehung anfangs für die Erfüllung seiner Träume halten. Stets flexibel und mit der Neigung zum Leben in einer Phantasie-Welt können Sie alles verkörpern, was Ihr Partner sich wünscht. Jedesmal, wenn Sie sich verlieben (oder jemanden sexuell attraktiv finden, was für Sie dasselbe ist), sind Sie davon überzeugt, Ihren Herzenspartner gefunden zu haben. Sie verschenken, als Wirkung des wechselhaften Wasserelementes, gleich Körper und Seele. Die Träume können jedoch schnell zu Alpträumen werden, wenn Ihnen klar wird, daß der Schein nicht der Realität entspricht, und die Illusion zerplatzt. Es ist beinahe unmöglich, sich selbst aus dieser Situation zu befreien. Sie verstricken sich derart, daß Sie nur mit größter Schwierigkeit wieder herausfinden.

Aufgrund Ihres Wasserwesens sind Sie hinsichtlich der unausgesprochenen Wünsche Ihres Partners sehr intuitiv und einfühlsam. Sie wissen, was er denkt und fühlt, und spüren, worauf er sexuell anspricht. Instinktiv verhalten Sie sich entsprechend. Sie bringen sich ganz in die Beziehung ein, zuweilen so weit, daß Sie sich selbst aus den Augen verlieren. Als wechselhaftes Wasserzeichen fehlen Ihnen klare Grenzen. Sie können derart konturlos werden, daß Ihr Partner an Ihnen nichts Konkretes mehr wahrnimmt, an dem er sich orientieren kann. Als das fließendste der Wasserzeichen brauchen Sie einen Partner, der Ihre tiefen emotionalen Energien sexuell kanalisiert und Sie zu sich selbst zurückführt. Doch Sie fürchten die Trennung, die das mit sich bringen könnte.

PRIORITÄT LIEBE	KÜHLE LEIDENSCHAFT	UMSTÄNDLICH

GEEIGNETE GESCHENKE

Vorratspackung Kerzen

•

Fußkettchen aus Platin

•

Handgefertigte Schuhe

•

Eine Kristallkugel

Der weltfremde Fisch hat das Talent, stets die unpassendsten Partner auszuwählen und schnell ein williges Opfer der Liebe zu werden. Sie könnten sich in etwa so rechtfertigen: »Ich konnte nichts dagegen tun, die arme Person brauchte dringend etwas Zuneigung.« Oder: »Es ist einfach wunderbar, wir sind wie füreinander geschaffen, nach ihm/ihr habe ich mein Leben lang gesucht. Ich bin so verliebt.« Und schon zappeln Sie an der Angel. Hier ist Neptun am Werk, der Planet höchster mystischer Verschmelzung. Doch er symbolisiert auch Träume und Täuschungen und verschleiert die Wahrheit. Durch seinen Einfluß sind Sie leicht zu beeindrucken und sehnen sich nach dieser mystischen Verbindung, von der Sie wissen, daß sie irgendwo existiert. Ihre Fähigkeit, Menschen objektiv zu betrachten, schwindet unter Neptuns hypnotischem Blick schnell dahin, so daß sich all Ihre Hoffnungen häufig als Kurzsichtigkeit entpuppen.

Ihr zweiter Planet, Jupiter, verstärkt Ihre Hoffnungen und Ihren Optimismus. Unter seinem Einfluß rutschen Sie von einer Beziehung in die nächste, wobei Sie stets davon überzeugt sind, endlich die vollendete Liebe gefunden zu haben. Und eines Tages steht Jupiter als Sieger da. Sie erleben das Wunder der Liebe. Neptun geleitet Sie in diese mystische Verbindung und gibt Ihnen das Gefühl, endlich angekommen zu sein.

Ihr Symbol zeigt zwei Fische, die gleichzeitig in entgegengesetzte Richtungen schwimmen, denn auch der Fisch hat ein duales Naturell. Sie schwimmen, wohin die Strömung der Gefühle Sie auch immer tragen mag. Häufig zerren die beiden Seiten Ihres Wesens Sie in gegensätzliche Richtungen, und Sie können sich nicht zur Wehr setzen.

Als duales Zeichen haben Sie keine Probleme damit, zwei Beziehungen gleichzeitig zu

♂	FEUER	ERDE	LUFT	WASSER	LUST	LIEBE	KÜHL

führen. Deshalb sind Sie kein guter Partner für Sternzeichen, die Wert auf Treue legen. Ihrer Ansicht nach gibt es so viel Liebe, daß man sich anderweitig umschauen muß. Eine außereheliche Affäre bedeutet nicht, daß Sie Ihren Partner weniger lieben, auch wenn er das anders sehen sollte.

Ein verliebter Fisch trägt eine rosarote Brille. Sie sehen die Welt durch einen schönen Schleier. Alles ist großartig, perfekt und so, wie Sie es sich immer erträumt hatten. Sie sind eben in die Liebe verliebt. An den klassischen Werberitualen findet Ihr romantisches Wesen große Freude: Briefe, Blumen, Geschenke. Wenn Sie schließlich heiraten, ist es mit der Romantik noch lange nicht zu Ende. Sie haben Spaß daran, Rendezvous zu organisieren, die jene geheimnisvolle und romantische Aura aufrechterhalten. Doch Sie können in eine zu große Abhängigkeit von Ihrem Partner geraten und Ihre eigenen Bedürfnisse gänzlich aus den Augen verlieren. Fische sind leichte Opfer der Liebe.

Sie geben für Ihren Partner alles auf. Sie brauchen das Gefühl, gebraucht zu werden, und fühlen sich deshalb zu Menschen hingezogen, die verletzlich oder hilflos sind. Unglücklicherweise kann Ihre Liebessucht Sie für die Eigenheiten der Person blind machen, der Sie Ihr ganzes Vertrauen geschenkt haben. So verlieben Sie sich vorbehaltlos und werfen Ihrem Partner dann all die Dinge vor, die Sie zuvor nicht an ihm bemerkt haben. Andererseits brechen Sie Versprechen, die Sie zuvor leichtfertig gegeben haben, um den anderen nicht zu verletzen. Wenn Sie dann merken, daß Sie ein Versprechen nicht halten können, hoffen Sie

Sex mit dem Fisch ist romantisch. Dieses Sternzeichen ist in die Liebe verliebt.

20. FEB.
20. MÄRZ

LEIDENSCHAFT	DIREKT	INDIREKT	AKTIV	PASSIV	PHYSISCH	MENTAL	EMOTIONAL

GEEIGNETE GESCHENKE

Eine Kiste Champagner
•
Rote Rosen
•
Liebesgedichte
•
Ein Ehering

ROMANTISCHE GESTEN

Satinbettwäsche

einfach, daß es vergessen wird. Letztlich fühlt sich Ihr Partner dann mehr im Stich gelassen und verletzt, als wenn Sie das Versprechen gar nicht erst gegeben hätten.

Der Fisch ist kein treues Sternzeichen. Mit Ihrem weichen Herz und Ihrem romantischen Wesen lassen Sie sich häufig in Affären verwikkeln. Es ist für Sie so schwierig, eine Beziehung zu beenden, daß Sie sich meist schon auf eine neue eingelassen haben, ehe die alte endgültig vorbei ist.

Die erogenen Zonen des Fisches sind die Füße. Sie lieben es, wenn Ihre Füße gestreichelt, massiert oder einfach gehalten werden. Wenn jemand an Ihren Zehen saugt, macht Sie das fast rasend vor Erregung. Schuhe können für Sie zu einem Fetisch werden.

Oft wissen Sie nicht so genau, was Sie eigentlich wollen, und es fällt Ihnen auch nicht leicht, Ihre sexuellen Wünsche zu äußern. Sie erwarten, daß Ihr Partner sie erahnt, denn Sie selbst kennen sie nicht so genau. Aus diesem Grund folgen Sie freudig den Vorschlägen und Phantasien anderer Leute. Mitunter werden Sie zum Spielball ihrer Launen, doch meist lernen Sie dadurch mehr über sich selbst – was Ihnen am Leben gefällt und was nicht.

Doch eine Sache mögen Sie ganz sicher – Romantik. Sie sprechen auf einen Partner an, der Ihnen liebe Worte ins Ohr flüstert, Liebesgedichte rezitiert und Ihre Schönheit lobt. Ein traumhaftes Plätzchen, gedämpftes Licht, Kerzen, Wein und die passende Hintergrundmusik bringen Sie in Stimmung. Nun können Sie Ihre körperlichen Vorlieben durch Berührungen und sinnliche Düfte entdecken.

Die erogenen Zonen der Fische sind die Füße. Fußmassagen oder Saugen an den Zehen bringen Fische auf Touren.

	FEUER	ERDE	LUFT	WASSER	LUST	LIEBE	KÜHL

Sie leben auch gern Ihre Phantasien aus. Je erotischer und sinnlicher, desto besser. Ideal wäre ein Partner, der vollkommen mit Ihnen in diese Phantasiewelt eintauchen kann.

Alles, was Sie mit einem Ruck auf den Boden der Tatsachen zurückholt, verabscheuen Sie zutiefst. Alles Derbe und Vulgäre zerstört jäh Ihre schönen Phantasien. Sie können dem harten Alltag nicht viel abgewinnen und übernehmen auch nicht gern Verantwortung. Wenn möglich, entziehen Sie sich jeder unangenehmen Situation. Als geborener Aussteiger voller Schuldgefühle verabscheuen Sie es, wenn Sie mit den Konsequenzen Ihrer Taten konfrontiert werden. Schließlich fühlen Sie sich ohnehin schon mies genug. Wenn Ihr Partner also versucht, Sie zur Rede zu stellen, schwimmen Sie einfach in die andere Richtung davon.

Sie haben eine blühende Phantasie, die Ihnen oft realer vorkommt als die Welt um Sie herum. Sie träumen ständig davon, was sein könnte und wie die perfekte Liebesgeschichte aussehen würde. Da kann es kaum überraschen, wenn der Alltag sich für gewöhnlich nicht einmal Ihrer Traumwelt annähert und wenn die Beziehungen, die Sie so voller Hoffnung eingehen, nicht Ihren Phantasien entsprechen.

Der Fisch steht auf Wasser und Romantik, daher wäre eine Kreuzfahrt auf einem Luxusliner als Kombination dieser beiden Elemente der ideale Hintergrund für eine schillernde Romanze.

Einige Ihrer Vorstellungen sind wirklich nicht von dieser Welt. Sie verlieren sich in Mythen und Zauberwelten. Ein märchenhaftes Königreich oder die legendäre Unterwasserwelt des Ozeans reizen Sie.

LEIDENSCHAFT	DIREKT	INDIREKT	AKTIV	PASSIV	PHYSISCH	MENTAL	EMOTIONAL

APHRODISIAKA

Alkohol
•
Austern
•
Muskat
•
Liebeslieder

Doch Sie schaffen sich auch Ihre eigene Phantasielandschaft. Ein Szenario mit Schlagsahne und Götterspeise in der Badewanne bringt Fische so richtig auf Touren. Grüne Götterspeise scheint besonders sinnlich zu sein, wenn sie sich im warmen Wasser auflöst und absetzt… Zwar läßt sie sich hinterher etwas schwierig entfernen, doch nimmt sich ein einfallsreicher Fisch dafür ein Hotelbadezimmer und überläßt das verbleibende Chaos dem Zimmermädchen.

Der Fisch liebt Wasser und Romantik, daher wäre eine Suite auf einem Luxuskreuzfahrtschiff im Indischen Ozean ideal. Ansonsten sind auch andere Orte in Wassernähe, vor allem am Meer, gut genug. Sie haben etwas Zigeunerhaftes in Ihrem Wesen, warum versuchen Sie es also nicht mit einer Rundreise in einem Wohnwagen durch Irland oder mit ein paar schönen Stunden in einem romantischen Restaurant begleitet von ungarischen Geigern?

Da sich Fische nur schwer von der Vergangenheit und von verflossenen Liebschaften befreien können, lösen sie auch selten definitiv ihre Bindungen. Aus diesem Grund plätschern viele Beziehungen einfach weiter vor sich hin und enden nie richtig. Fische lieben es, wenn sie eine alte Flamme wiedertreffen, um die Leidenschaft wenigstens einmal erneut aufleben zu lassen.

Sie sind so eng mit Ihrem Partner verbunden, daß die Trennung sehr schmerzhaft ist. Der Gedanke daran, andere Menschen zu verletzen, vor allem wenn Sie sie einmal geliebt haben, ist unerträglich. Also machen Sie sich und anderen vor, daß immer noch etwas von der Liebe glüht, die im Grunde längst erloschen ist. Entscheiden Sie sich dann engültig für die Trennung, gehen Sie vielleicht ohne ein Wort. Fische hassen Szenen, wenn Sie sie nicht selbst inszenieren können.

Ihr Gegenüber, die Jungfrau, ist das kritischste Sternzeichen im Tierkreis. Sie beleuchtet die Dinge von allen Seiten, ehe sie eine Entscheidung trifft. Schließlich entscheidet sie sich für die praktischste Lösung. Der Fisch sollte sich dies zum Vorbild nehmen. Er könnte sich dadurch viel Herzschmerz ersparen. Eignen Sie sich also die Talente der Jungfrau an, um ihrem gutgläubigen Ich entgegenzuwirken.

ZEIT	KOMMUNIKATION	ERWIDERTE GEFÜHLE